U0909629

科学乎 人文乎

——中国近代以来文化取向之两难

秦英君 著

河南大学出版社

图书在版编目(CIP)数据

科学乎　人文乎:中国近代以来文化取向之两难/秦英君著.—开封:河南大学出版社,2005.5
ISBN 7-81091-337-9

Ⅰ.科…　Ⅱ.秦…　Ⅲ.科学主义—对比研究—人道主义—中国—现代　Ⅳ.①G301②B089

中国版本图书馆 CIP 数据核字(2005)第 024894 号

责任编辑　马小泉
责任校对　冯爱莲
责任印制　王　慧
封面设计　张　胜
版式设计　竹　泉

出　版　河南大学出版社
地址:河南省开封市明伦街 85 号　邮编:475001
电话:0378—2864669(行管部)　0378—2825001(营销部)
网址:www.hupress.com　e-mail:bangong@hupress.com
经　销　河南省新华书店
排　版　河南大学出版社印务公司
印　刷　河南第一新华印刷厂
版　次　2005 年 5 月第 1 版　**印　次**　2005 年 5 月第 1 次印刷
开　本　787mm×980mm　1/16　**印　张**　24
字　数　300 千字　**印　数**　1—3000 册

ISBN 7-81091-337-9/B·113　**定　价**　29.00 元

(本书如有印装质量问题请与河南大学出版社营销部联系调换)

作者 1981 年于北京师范大学

秦英君　首都师范大学教授、《首都师范大学学报》(社会科学版)主编，兼北京高校社会科学学报研究会理事长。1998 年入选“北京市跨世纪优秀人才工程”。主要著作有:《中国现代史简编》、《中华人民共和国史》、《大浪淘沙》、《蒋介石读史批判》、《中国文明进程与世界》、《当代中国哲学思想史》、《东西方道德的转型与比较》等十余部著作。目前主要从事中西文化比较领域的学术研究，本书是这方面研究的一部新作。

目　　录

前　言

关于科学与人文

记得一位学者说过这样的话："推动人类历史前进的，大抵要靠两种东西，一种是科学的思想（思辨理性），一种是非科学的（但不是反科学的）思想（非思辨理性）。前者是和人类物质文明的面貌紧密联系着的，后者则是与人类精神文明的面貌密切相关的。"①这说的就是科学与人文。

一

何谓科学？"科学"science一词，源出于拉丁文scientia，即知识，这看似简单，却不是一个轻松的话题。许多人对这个问题都作过说明或探讨。其中有直接从事科学活动的科学家从自己的切身体验中对科学特点作说明的，有科学哲学家从经验和人类理性对科学特点作说明的，还有科学社会学家从科学的功能上去说明科学特点的。如科学家牛顿（1642～1727年）认为科学的目的"在于发现自然界的结构和作用，并尽可能把它们归结为一些普遍的法则和一般的定律，用观察和实验来建立这些法则，

---

① 何兆武：《西方哲学精神》，117页，北京，清华大学出版社，2002。

从而导出事物的原因和结果”①;培根(1561～1626年)认为科学是实验的科学,科学就在于用理性方法去整理感性材料,从感觉与特殊事物中把公理引申出来,然后不断地上升,最后达到普遍的公理;达尔文(1809～1882年)则认为科学就是整理事实,以便从中得出普遍的规律或结论。又如科学哲学家罗素(1872～1970年)认为:科学是诉诸人类理性而不是诉诸权威的那种知识,即关于有限领域的、具体对象的、一定程度精确的或有实证根据的知识,是从经验中得来的知识,而不是靠信仰得来的知识。“科学是依靠观测和基于观测的推理,试图首先发现关于世界的各种特殊事实,然后发现把各种事实相互联系起来的规律。”②再如科学社会学家默顿(1910～2004年)认为科学是具有独特精神气质的社会结构。贝尔纳(1901～1971年)则认为科学“不能用定义来诠释”,只能通过描述它的形象来加以说明,科学的主要形象有:科学可以作为“(1)一种建制;(2)一种方法;(3)一种累积知识的传统;(4)一种维持和发展生产的主要因素;(5)构成我们的诸信仰和对宇宙和人类的诸态度的最强大的势力之一”。③ 上述无论是科学家,还是科学哲学家或科学社会学家对科学及其特点的看法,一个普遍的认同就是:“在科学活动中,科学认识的主体通常要尽可能追求对客观对象的真实反映,获取真理性的知识;科学认识的方法通常是用概念、模型、推理等理性手段,追求对于对象及其规律的精确把握;科学通常还遵循简洁、实用、高效的原则。”④简言之,科学就是以范畴、定理、

① H. S. 塞耶:《牛顿自然哲学著作选》,扉页,上海,上海人民出版社,1979。

② 罗素:《宗教与科学》,1页,北京,商务印书馆,1982。

③ 贝尔纳:《历史上的科学》,6页,北京,科学出版社,1981。

④ 肖峰:《论科学与人文的当代融通》,93页,南京,江苏人民出版社,2001。

定律等形式反映客观现象的本质和运动规律的知识体系。

在中国的传统文化中，有所谓“格物致知”的说法。“格”是“穷究”之义，“致”是“获得”之义，“格物致知”含有探究外部世界奥秘以获取知识的意思。在近代西学东渐过程中，晚清时期的知识分子曾把研究声、光、电、化等自然现象的科学统称为“格致”。

19世纪下半叶，日本明治维新的启蒙思想家福泽谕吉(1835～1901年)首次把science译为“科学”，意思是分门别类进行研究的学问。1893年，康有为最早将“科学”一词引入汉语语汇，随后被中国社会公众接受，并广为使用。①

那么何为唯科学主义(scientism)？简单地说，就是把科学的方法扩展到一切领域并认为它是产生正确结论的唯一途径。正如J.韦莫斯(Johe Wellmuth)对唯科学主义所作的定义说：唯科学主义一词，“其意义可以理解为一种信仰，这种信仰认为只有现代意义上的科学和由现代科学家描述的科学方法，才是获得那种能应用于任何现实的知识的唯一手段”②。唯科学主义也称科学主义，就是把自然科学的方法、原则提到哲学的高度予以提倡，并且用来解决社会人生问题。

唯科学主义是在近代科学的基础上产生的。在唯科学主义者的视界中，要么认为社会科学根本不符合自然科学的标准而完全否认它是一种科学，要么认为应该按照自然科学的标准去改造社会科学从而使之成为和自然科学一样的真正科学，奥古斯特·孔德(1798～1857年)、约翰·穆勒(1806～1873年)、赫伯特·斯宾塞(1820～1903年)等实证主义者就是其代表。这种倾向曾在中国流行。19世纪末，由于甲午战争的失败，中国

---

① 余党绪：《人文探究》，4页，上海，上海教育出版社，2003。

② J.韦莫斯：《唯科学主义的本质与起源》，2页，麦韦克，1944年英文版。见[美]郭颖颐著，雷颐译：《中国现代思想中的唯科学主义》，16页，南京，江苏人民出版社，1989。

先进的知识分子开始认识到物质技术层面背后的科学精神，开始感到传统价值体系与科学之间存在着某种程度的不适。他们从追求科学到科学崇拜，极力倡导科学主义。五四新文化运动前后科学主义走向兴盛，其中严复、陈独秀、丁文江、胡适、吴稚晖等人都是科学主义的代表。本书中所使用的"科学"，不完全指"科学主义"，也不是现代意义上的"自然科学"概念，而是指的一种科学文化或"科学精神"，即从科学这门学科所具有的特性中提升出的客观精神、理性精神、实质精神和实效精神，①它是人类在科学的认识和实践活动中逐渐形成的一套价值观体系。

二

何谓人文？"人文"，《易·贲》中讲："观乎天文，以察时变；观乎人文，以化成天下。"《后汉书·公孙瓒传论》中又讲："舍诸天运，征乎人文。"以上引文说明"人文"的含义：一指与自然天象相对的人类文明或文化；二指与自然物事定数相对的人事人理。本书中使用的"人文"，主要是指人文文化或人文精神，即从人文这门学科或从人文这门文化中提升出来的一系列价值观念、共同准则和规范特点等等，也即体现以人为中心（开掘主体的内在感受）、推察觉智、追求美好、重在达就良善、实现浪漫情怀、向往健全完美的人格等价值理想。人文精神的这种特点，标志了它的鲜明的指向性就是人自身，而不是客观外界的精确状况。人文精神就是对专属于人的那些特性的弘扬与开掘，就是推动起一种有别于科学认识的探究活动，去展现人的内心世界以及它与外间世界的交相辉映。②

---

①②　肖峰：《论科学与人文的当代融通》，115页，125～151页，南京，江苏人民出版社，2001。

中国文化源远流长，蕴涵着无限丰富的精神资源，绝大多数学者对中国传统文化之具人文精神（或人本主义）持认同和肯定的立场。如庞朴在他的《中国文化的人文精神（论纲）》一文中，将希腊、印度、中国三大古老文明作比较，认为以伦理、政治为核心，不甚追求自然之所以，缺乏神学宗教体系的中国文化，是富有人文精神的文化。同时，他还指出：重视人伦，重视现世世俗生活，注重人与自然的和谐合一等思想，构成中国的人文主义。这种人文精神给我们民族和国家增添了光辉，也设置了障碍；它向世界传播了智慧之光，也造成了中外沟通的种种隔膜；它是一笔巨大的精神财富，也是一个不小的文化包袱。①

中国的人文精神与西方人文精神（或人本主义）不同。在西方，“人文”源出于拉丁文 humanus。15 世纪意大利人文主义者开始在与“神的研究”对立的意义上使用 studiahumanitatis 或 humanitas，即人文学科的研究。在英文里，“人文”写作 humanity，有四个基本意思：人道或仁慈；人性；人类；人文学（又称“人文学科”或“人文科学”）或人文学的研究。“人文”与“人文学科”在西方有多重的含义。一般认为，人文或人文学科主要是关于人类价值判断和精神追求的学科，其研究的目的在于探求人生的价值，寻找人生的意义，确立正确的人生观、价值观，使社会、人生更趋完美和谐。② 西方的人文主义因反对以神为本的旧观念，宣传人是宇宙的主宰，是万物之本，用“人权”对抗“神权”，所以也称人本主义。

中西人文精神尽管具有都承认人是人，而不是神，人道不同于神道等诸多相同点，但中西人文精神却有着很大的不同。西

---

①　庞朴：《中国文化的人文精神（论纲）》，载《光明日报》，1986 年 1 月 6 日。

②　余党绪：《人文探究》，17 页，上海，上海教育出版社，2003。

方的人文主义是针对于宗教神学而言，它强调的是人有独立于上帝或自然之外的价值；而中国的人文主义一开始就建立在人和自然的和谐之上。正如一些学者指出：中国传统思想文化中，存在着一种人本主义倾向，但这种人本主义不同于文艺复兴以来西方那种反对神本主义，讲究独立人格，天赋人权，强调个人解放，带有强烈的个人主义色彩的人本主义。中国古代的人本主义，人在宇宙中有其重要的核心地位，所谓“人”与“天”、“地”并立为“三才”，只有人才可以“参天地赞化育”，强调人的历史使命和社会责任，但人的作用是限定在“五伦”关系中，人只有在所限定的范围内才有主动性、自觉性。因此，人实际上是被动的，没有独立的人格。① 所以，中国传统人文思想的主题是伦理道德，而不是政治的平等自由和人权。中国儒家文化的思想中，也有“人贵物贱”、“民为邦本”、“民贵君轻”的命题，但决不同于近代西方民主意义上的人本主义思想。总之，西方的人文主义是由科学作支撑的，是建立在科学基础上的人文主义。

三

由上所述，科学给我们展示了一幅客观自然界井井有条的图案，使我们能用“规律”、“定理”，乃至“方程”等等去把握这幅图案。而“人文”则给我们展示了另一个世界，即思考人生的价值和意义，探究人类社会的组织和活动方式，以及社会存在和发展的规律等等。

正是由于科学与人文关注的对象不同，在文化的层次上构成两种不同类型的文化，即所谓“科学文化”和“人文文化”。这种划分使我们对于人类纷繁复杂的文化现象获得了一个总括的

① 汤一介：《略论中国文化发展的前景》，载《理论月刊》，1987(1)。

和相互比较的角度，但同时也带来了另一个问题，即两种文化的关系问题：科学与人文之间是截然对立的，还是可以融通的？就这个问题，从古至今为不少哲人和学者所追问。如在西方，法国数学家、物理学家、笃信宗教的哲学家帕斯卡(1623～1662年)认为：几何学精神(科学精神)是从科学活动中提升出来的，其特点是善于精确地分析，从公理出发并依据它去推演出结论，显示出原理的明晰性和演绎的必然性。敏感精神(人文精神)则是指敏锐的洞察力和微妙的感受性，是在人文活动尤其是艺术活动中得到体现的，其特点是靠感觉进行判断，靠直觉把握事物的本质。他说，"抽象科学是不适应于人的"，人生问题比知识问题更重要，仅仅通过科学不可能把握和理解仁爱的心灵。① 又如英国经验主义思想家休谟(1711～1776年)，在《人性论》中提出要严格区分"实然"("是什么")和"应然"("该不该")两类命题，认为两类命题不能互推，科学与人文的区分就以"是"与"应当"的方式得到表达。② 再如德国古典哲学的奠基人、哲学家康德(1724～1804年)在"纯粹理性"(科学理性)之外为"实践理性"(道德理性)和"判断力"(审美能力)保留了地盘，并用"绝对命令"来说明用科学所不能说明的人的道德行为的原则，从而把人类的理性法则分为"自然法则"和"道德法则"。可以说，康德的这种区分，造成了以后科学与道德、事实与价值，甚至自然科学与人文科学的对立，也是现代哲学中科学主义思潮与人文主义思潮长期以来对立的理论根源。③

由上所述，两人文化系统的割裂，导致人们在认识世界的方法、观念和精神上的分野。在经历了漫长的"分析时代"后，人们

---

① 帕斯卡：《思想录》，74页，商务印书馆，1985。参见肖峰：《论科学与人文的当代融通》，45～46页，南京，江苏人民出版社，2001。

②③ 肖峰：《论科学与人文的当代融通》，46～47页，南京，江苏人民出版社，2001。

越来越感到分化了的两极的局限性和互补性，从而一个新的综合时代正在到来。当前出现的如雨后春笋般的边缘学科、横断学科、交叉学科，以及产生出的新知识、新方法、新观念就是科学与人文相互融通的说明。但是，只要科学与人文还不能完全互相取代，只要它们各自都有相对独立存在的价值，那么它们之间的区分就是一个不可回避的问题。总之，科学作为一种文化，主要体现的是人对自然的认识和改造以及由此积累起来的知识和方法，而人文文化则主要是认识与发展人类自身的价值和由此而创造的精神成果。

科学和人文构成了通常意义上的人类两大文化现象，然而，自从有了“社会科学”之后，就时常会面临它是科学还是人文的问题。社会科学最初是从道德哲学之类的人文研究中分化出来的，大约在 18 世纪下半叶，“社会科学”一词才在西方文字中出现。到了 19 世纪，逐渐形成了包括经济学、社会学、政治学等学科在内的系统群体之后，它似乎应该归入科学而不是人文的范畴。如法国哲学家、实证主义的创始人孔德将科学分为五类，即天文学、物理学、化学、生物学和社会学。在孔德看来，社会现象比自然现象复杂得多，但它在本质上同样“服从不变的规律”，因此可以把社会现象当做科学来研究，可以运用自然科学的实证方法，即观察法、实验法和比较法去研究社会，使社会科学成为像自然科学一样的实证科学。但是，将社会科学归入科学又引起来自科学阵营的反对，他们批判社会科学不是科学，因为它不精确，缺乏预测性，认为“社会科学”所研究的对象和自然科学显然是不同的，因而应归入“人文”的范畴。本书不去争论“社会科学”的归属问题，根据中国习惯的基础学科划分，把数学、物理、化学、生物等归入理科；把语文、历史、政治、艺术等归入文科，所以，将“社会科学”归入人文文化范畴。

四

由于东西方文明的历史传统在两种文化中的偏重不同，所以，长期以来在涉及东西方文化的差异时，也表征着科学文化与人文文化的区别。对此，不少学者有精辟论述。如何兆武在他的《西方哲学精神》一书中认为，中国文化属于"主德"的文化，西方文化属于"主智"的文化。他说："从一开始起，西方的哲学与中国的哲学就走上两条不同的路。中国哲学走的是'主德'的路，西方哲学走的是'主智'的路。'主德'的路重点放在德行上面，中国古代哲学的重点都是归本于德行。西方哲学从古希腊一开始，就是走的一条知识的道路。最早的一批自然哲学家，他们研究自然是怎么回事。我们中国很少有自然哲学家，有兴趣的人也只占很少一部分，并非主流。……哲学所关心的问题是宇宙和人生的根本问题。'德'是人生的根本问题，'智'是宇宙的根本问题。'德'要靠内心的修养，'智'要靠思辨的探求。""中国传统精神所祈求、所趋向的，往往并不是一座求知之门，而是一座入德之门。……在中国，是伦理道德在君临着知识，知识本身并没有其独立的价值和地位，它的价值仅只存在于它为伦理服务，或者说科学为政治服务。"①

中国文化和西方文化，属于两种异质文化。两千多年来，由于东西方地理环境、社会结构等条件不同，各自按各自的"路向"走，形成一方重自然、一方重道德的文化形态。西方文化是主智的文化，中国文化是主德的文化；西方文化的特点就是其思辨的理性精神，中国文化的特点则是它的人伦道德精神。但不能说

---

① 何兆武：《西方哲学精神》，38页、125页，北京，清华大学出版社，2002。

西方没有人文精神，中西人文精神的不同处在于西方的人文精神是以科学为支撑的，而中国的主德文化恰恰缺乏科学精神。近代以来的一百多年中，由于西学东渐，中国文化的取向围绕着科学文化与人文文化的选择，往往陷于两难境地。从“道器”之争到“体用”之争，从“科玄”之争到“本位”之争，从“人道”、“异化”之争到“现代新儒学”的讨论，一路下来，每一个阶段都把中国文化的发展向前推进一步。

东西方文化对立与融合的进程已进入 21 世纪，而关于科学文化与人文文化的关切和争辩，似乎仍然困惑着人们。科学乎、人文乎？从比较东西方到超越东西方，人类的文明总是先进的带动落后的，然后落后的再进行超越，这是文明发展的规律，希望中国文化的超越时代早日到来。

第一章　西方文化的东渐

——19世纪末叶的科学与人文思潮

中国之传统的科学和技术向近代的科学和技术的转变，是在西方科学文化影响下完成的。这一转变大致经过了三个阶段，即传教士的科学输入、洋务派官员的技术引进和觉悟了的知识分子的科学化运动。19世纪末叶的科学与人文内容也自始至终贯穿着中西文化的冲突和知识分子的心态调整。西学东渐过程中"道与器"、"体与用"、"激进与保守"的争论都是这种心态变化的反映。

一、西方文化东渐
——早期传教士对西方文化的输入

欧洲近代科学文化在中国的传播，首先是由基督教传教士以渗透的方式进行的。以1687年为界，这种传播大致分为两个阶段。第一阶段以利玛窦(M. Ricci)、汤若望(J. A. Schall von Bell)、南怀仁(F. Verbiest)等人为代表，他们以科学作为传教的手段，在传教的同时也向中国传授了一些西方的天文学、数学、地理学、生物学等方面的科学知识。第二阶段以1687年法国路易十四派遣的五位传教士踏上中国土地开始，他们是洪若翰(Jean de Fonaner)、张诚(J. Fr. Gerbillon)、白晋(Joacbin

Bouret)、李明(L. Le Comte)、刘应(C. de Risdelon)等人。第二阶段天主教在中国的传教事业,随着耶稣会在"礼仪问题"之争中节节失败,终于由于在1759年乾隆皇帝下令禁止天主教在中国的传播而终止。清朝的禁教会一直延续到鸦片战争。由于闭关政策的限制,传教士多被驱逐,少数留下者,亦大多转入秘密活动,介绍科学文化的活动未能延续。①

自利玛窦于万历十年(1582年)进入中国内地,到乾隆二十四年(1759年)颁布并厉行《防范外夷规条》,闭关自守,禁传天主教,据不完全统计,在这近二百年间,西方传教士的中文著译约有370种之多,其中有关科学技术的约占120种左右。最突出的是天文学、几何学、地理学,内容涉及数学、力学、光学、解剖学、逻辑学、实验仪器以及水利、机械、建筑、采矿、兵器等技术,还有哲学、音乐、绘画、历史方面的知识。如在天文学方面,利玛窦1607年著《乾坤体义》一书,叙述了亚里士多德—托勒密体系;汤若望著《历法西传》,涉及托勒密、哥白尼、伽利略等人的学说。又如在地理学方面,利玛窦绘制《坤舆万国全图》,介绍了五大洲的概念和寒温热五带的划分及地圆学说,惊醒了长期沉迷于"天圆地方说"的中国知识分子。

在西学东渐过程中,最初接纳西方特别是西方科技的中国人是徐光启(1562～1633年)、李之藻(1565～1630年)等人。他们不仅参与了传教士的译述工作,而且在科技上也独有创造。如在天文学方面,利玛窦、汤若望等人协助徐光启、李之藻修改历法,运用比较先进的数学知识和精密的天文仪器,完成了《崇祯历书》;又如在数学方面,利玛窦与徐光启合译《几何原本》(前六卷),又与李之藻合译《同文算指》。《几何原本》是古希腊数学

---

① 刘大椿、吴向红:《新学苦旅——科学·社会·文化的大撞击》,7～8页,南昌,江西高校出版社,1995。

家欧几里得有关平面几何的数学著作，它的译出丰富了中国的几何学。《同文算指》则介绍西方数学中的算术知识，补充了中国传统数学的缺门。

上述明清之际耶稣会士传播的西方学术，不但有欧洲古典科技知识，还有近代的科学思想和方法。尽管传教士宥于宗教的目的所限，不可能完整和准确地介绍西方近代哲学和科学，但仅就这些介绍的内容看，这些西方学术属于和中国传统文化不同的学术体系，在不同程度上直接或间接地启发了中国的思想界。如在徐光启等有识之士的倡导下，中国涌现出一批了解西学的科学家和启蒙思想家，如李贽、方以智、王夫之、黄宗羲、顾炎武、王锡阐、梅鼎成等人，促使他们重新审视中国的传统文化。

明清之际的西学东渐，给中国人送来了一线科学文化曙光，但传播的范围仅限于宫廷、上层封建士大夫和少数知识分子，没有深入到社会各阶层去。随着清政府的禁教与闭关政策，中西学术思想之间的接触和交流中断。禁教与闭关政策的实施，尽管对西方国家的早期殖民侵略是一个抵制，但其消极影响是不容忽视的。它阻断了中国与先进文化的交流和学习，致使西方18世纪和19世纪上半叶因工业革命迅速发展的科学技术知识未能传入中国，中国在科学文化方面与西方的差距愈拉愈大，扼杀了刚刚起步的中国近代科学，使中国丧失了一次走向世界的机会。

二、从“师夷长技”到“采西学”——早期经世派对西学的认知

所谓“经世”即强调经世思想和批判精神，它是晚清的一种经世致用思潮。经世派主要代表人物有林则徐、魏源、姚莹、冯桂芬等人。

19世纪中叶，清朝的闭关锁国政策在执行百年后终于被西方列强的“船坚炮利”打破，近代西方文化以雄厚的实力，显示出自己的优越性。这一次与上一次不同的是，进入中国内地的已不是西方的传教士，而是以野蛮的方式轰开中国大门的列强。此时的中国，突显国力的衰颓和科学技术的落后。在国家危亡的紧要关头，一部分先进知识分子，如林则徐、魏源、姚莹、冯桂芬等人，表现了他们对西方近代实用科学的接纳和务实作风。

（一）“师夷长技”——林则徐、魏源对西方文化的认知

林则徐（1785～1850年），字元抚，又字少穆，福建侯官（福州）人。他是一位卓尔不群的经世之才，曾在浙江、江苏、河南、湖北、广东、陕西、云南等地做官，在二十多年的宦海生涯中，一直扮演一个改革派实干家的角色。在广州，林则徐领导了禁烟、抗英的斗争，在同西方资本主义发生的直接接触中，他逐渐认识到闭关锁国是“因噎废食”，不可能“固疆强国”，只有了解西方，知己知彼，才能抵御外患。为此，他有组织、有计划地搜集编译外文书报期刊，积极了解西方文化，所译资料先后辑有《四洲志》、《各国律例》、《华事夷言》、《澳门新闻纸》（又选辑为《澳门月报》）等等。他由此获得了不少有关西方国家政治、军事、经济等方面的知识，并在此基础上提出了“师敌长技以制敌”的主张。

林则徐以一位钦差大臣的身份求知于外人，可谓惊世骇俗。但林则徐对西方文化的认知还只是在技艺层面上，他仍试图以历史悠久、博大精深的华夏传统文明去同近代工业文明相对抗。例如他招募乡勇，寄希望于唤起他们的忠君报国精神，相信可以凭这股精神来打败敌人。又如他购买西方大炮、战船，以加强军事力量，事实上中西的差距“决不仅仅是一两件武器上的差距，而是整个国家科技水平与工业实力的差距，还涉及社会制度上的差距”。这不能苛求林则徐，“中国人要等到50年后甲午之耻

时，才能真正领会到这个道理”①。

魏源(1794～1857年)，字默深，湖南邵阳人，一位著名经世学家。中国在鸦片战争中失败，魏源痛心疾首，从而开始放眼华夏九州之外，到一个新的陌生世界探求救时之策，主要代表作为《海国图志》。

1842年，魏源在《四洲志》基础上编成《海国图志》50卷，以后不断搜集资料，1844年扩编为60卷，1847年则汇成百卷本巨著。魏源在扩编《海国图志》的过程中，不但辑录和引用中国历代史志有关域外著述，而且对明清之际以及鸦片战争前后外人的中文著述也十分注意，如意大利传教士利玛窦的《坤舆图说》、艾儒略的《职方外纪》、德国传教士郭士立的《贸易通志》、美国传教士高理文的《美理哥合省国志略》、培端的《地球推方图说》、葡萄牙人玛吉士的《地理备考》、英国人小马礼逊的《外国史略》、英美传教士合作创办的《每月统计传》、佚名《万国地理全图集》等。正是这些大量的外人输华中文著述，使魏源的《海国图志》比较准确地介绍了世界各国的史地沿革、疆域大小、政教风俗、物产制造、科技教育、交通贸易等方面的知识。《海国图志》在国内被人叹为“奇书”。魏源自己也惊叹，不读这些西人之书，即“不知宇宙之大、南北极上下之浑圆”②。

“欲制夷患，必筹夷情”，这是魏源编写《海国图志》的指导思想。其开篇两卷即是系统阐述“师夷长技以制夷”理论的《筹海篇》，后半部近20卷多系鸦片战争时期讲求兵器制造及“师夷长技”等方面的内容。如关于外夷“长技”，魏源在总结鸦片战争的经验和了解、审视当时西方国家状况的基础上，明确指出：“夷之

---

① 刘大椿、吴向红：《新学苦旅——科学·社会·文化的大撞击》，124页，南昌，江西高校出版社，1995。

② 见胡滨主编：《西方文化与近代中国》，70页，长春，吉林文史出版社，1995。

长技三：一战舰，二火器，三养兵练兵之法。”并对“师夷长技”的合理性，即“师夷长技”是否必要、是否违反中国传统文化精神、是否违背清朝“祖制”等问题，一一作了论证。上述《海国图志》表现了魏源积极学习西方文化的强烈愿望，但他的思想仍是扎根于中国传统文化土壤，对清朝还有很强的依附性，其骨子里仍是属于中国传统的。在魏源看来扭转中国败颓局面，虽然需要西方的科学技术——器物层面，但根本的仍是要振兴中国的人文精神，正如他在评价自己《海国图志》时写道：

> 然则，执此书即可驭外夷乎？曰：唯唯，否否！此兵机也，非兵本也；有形之兵也，非无形之兵也。明臣有言：欲平海上之倭患，先平人心之积患。人心之积患如之何？非水非火非刃非金，非沿海之奸民，非吸烟贩烟之莠民。……去伪，去饰，去畏难，去养痈，去营窟，则人心之寐患祛其一。……①

(二) 从“师夷长技”到“采西学”——冯桂芬对西方文化的认知

冯桂芬（1809～1874年），字林一，又字梦奈，号景亭，江苏吴县人，是继林则徐、魏源等人又一位主张开眼看世界的著名经世学家。

冯桂芬留给后人许多学术著作，如《说文解字段注考证》、《使粤行记》、《两淮盐法志》、《苏州府志》、《弧矢算术细草图解》、《西算新法直解》、《校正李氏恒星图》、《测定咸丰纪元恒星表》、《丈田绘图章程》等。但在社会上影响最大的是他53岁时写的《校邠庐抗议》（以下简称《抗议》）一书。

《抗议》共42篇，分为卷上和卷下两部分，其内容无不是针

① 《魏源集》(上)，“海国图志叙”，207～208页，北京，中华书局，1983。

对当时社会的政治、经济、军事等方面的最尖锐社会问题，提出自己的见解。其中《制洋器议》、《善驭夷议》、《采西学议》以及后来被人们收入到附录部分的《借兵俄法议》、《上海设立同文馆议》等篇，是冯桂芬主张学习西方文化的代表作。冯桂芬沿循着林则徐、魏源等人的思想轨迹，首先强烈感受到的就是中国所处的落后地位。与林、魏不同的是，冯桂芬已经意识到不止是军事力量对比上落后，与西方世界相比起来，整个中国的国力都处于十分落后的地位。何以"国最大，天时地利物产无不甲于地球"的中华，如今竟然受制于俄、英、法、美四国之下呢？冯桂芬强调，这种"不如"是必须直面的客观存在，"忌嫉之无益，文饰之不能，勉强之无庸"。冯桂芬进而将其分述为数端，即"人无弃材不如夷，地无遗利不如夷，君民不隔不如夷，名实必符不如夷"，以及"军旅之事、船坚炮利不如夷，有进无退不如夷"。① 冯桂芬在传统的政治思想"禁区"，就如此敏感的重大问题进行中西比较，并得出"不如夷"的结论，真使人有振聋发聩之感。

冯桂芬认为中国"不如夷"的地方还不止上述这些方面，值得注意的是他从"师长技"上升到"采西学"的思考，将西方的文化作为儒家之外的一个独立的学问体系来看待，明确提出了"西学"这一概念。冯桂芬认为，尽管从明朝开始，一些夷文洋书开始被陆续介绍进来，但翻译的渠道太窄，使得人们对西方先进的科学知识了解得太少。他果断提出"法苟不善，虽古先吾斥之；法苟善，虽蛮貊吾师之"的向西方学习原则，呼吁向西方学习科学技术。他在《采西学议》篇中说：

> 顾今之天下，非三代之天下比矣。……今则地球九万里，莫非舟车所通，人力所到，《周髀》、《礼》疏、驺衍所称，一

① 冯桂芬：《校邠庐抗议》，"制洋器议"，198 页，郑州，中州古籍出版社，1998。

一实其地。据西人舆图所列，不下百国。此百国中经译之书，惟明末意大里亚及今英吉利两国书凡数十种。其述耶稣教者，率猥鄙无足道，此外如算学、重学、视学、光学、化学等，皆得格物至理，舆地书备列百国山川厄塞风土物产，多中人所不及。……今欲采西学，宜于广东、上海设一翻译公所，选近郡十五岁以下颖悟文童，倍其廪饩，住院肄业，聘西人课以诸国语言文字，又聘内地名师课以经史等学，兼习算学。①

又说：

一切西学皆从算学出，西人十岁外无人不学算。今欲采西学，自不可不学算，或师西人，或师内地人之知算者俱可。……闻西人见用地动新术，与天行密合，是可资以授时。又如河工前造百龙搜沙之器，以无效而辍，闻西人海港刷沙，其法甚捷……是可资以行水。又如农具、织具，百工所需，多用机轮，用力少而成功多，是可资以治生。其它凡有益于国计民生者皆是。②

上述冯桂芬对西学的探索，实际上已经上升到对西方文化加以肯定的层面。在他看来，西方船坚炮利现象的背后，是浑厚的科学传统作支撑。他特别强调学习算学的意义，认为是西方科学技术中的一门基础学科；尤其是他那著名的与夷人相比四个“不如”中的“君民不隔”和“名实必符”两方面情况的提出，这已涉及中西政治制度的比较。在他看来，除了旧日人们常加以议论的“船坚炮利”之外，在内政方面，清王朝的制度也并非那么完善，即在人力资源和物质资源的利用上，在君民之间的沟通方面，在理论和实践方面，西方国家都有超过中国的地方。冯桂芬

①② 冯桂芬：《校邠庐抗议》，“采西学议”，209～210页，210页，郑州，中州古籍出版社，1998。

对向西方学习科学技术充满自信。他说:“夫九州之大,亿万众之心思材力,殚精竭虑于一器,而谓竟无能之者,吾谁欺?”①又说:“至西人之擅长者,历算之学,格物之理,制器尚象之法,皆有成书,经译者十之一二耳,必能尽见其未译之书,方能探赜索隐,由粗迹而入精微。我中华智巧聪明,必不出西人之下,安知不冰寒于水,青出于蓝。”②

从冯桂芬的经历看,他是沿循着由诵读四书五经等儒家经典的路径,通过科举考试在社会上取得名位的,是一个受过封建正规教育的士大夫。中国数千年的文化传统,铸就了他思想上根深蒂固的正统观念,尽管他从“师夷长技”上升到“采西学”的认识层面,但他对夷人之术用其器的认识,还未能完全摆脱封建伦理观念的窠臼。

综上所述,在西方文化的冲击和影响下,早期经世派人物对西方文化的认识,走过了从“师夷长技”到“采西学”的漫长过程,表现了一些忧时之士与开明士大夫开始打破自我封闭的旧传统,积极了解和学习西方文化的努力。但无论是林则徐、魏源,还是冯桂芬等人,由于时代的局限,他们的主张和建议,或许是为了救弊,或许是为了补偏,就当时的思想而言,他们都无意从根本上对封建政治制度加以改变,也不可能提出效法西方政治制度的明确建议,对于中学(道德文化)与西学(科学文化)的关系的认识,只能是“如以中国伦常名教为原本,辅以诸国富强之术”③的“中本西辅”表述。

---

① 冯桂芬:《校邠庐抗议》,“制洋器议”,198页,郑州,中州古籍出版社,1998。

② 冯桂芬:《校邠庐抗议》,“上海设立同文馆议”,251页,郑州,中州古籍出版社,1998。

③ 冯桂芬:《校邠庐抗议》,“采西学议”,210页,郑州,中州古籍出版社,1998。

三、"道器"与"体用"——洋务派对西学的认知

19世纪中叶,西欧和北美的许多国家已实现了从权势社会到经济社会的转变,成为世界舞台的中心,而中国仍处在封闭的权势社会之中。面对西方"文明"的扩张和渗透,中国统治集团中的一些清醒之士,在与洋人打交道的过程中,逐渐把眼光转向外国的科技,沿着林则徐、魏源指引的"师夷长技以制夷"的方向,走上了"求强"、"求富"的洋务之道,开始了向西方学习的实践——洋务运动。洋务运动期间,洋务派对西方科学文化的认知始终局限在"道器"与"体用"层次。

"道"与"器"这对概念,属于哲学的范畴。"道"与"器"的关系问题,是中国古代哲学中的根本问题。《易·系辞》中说,"形而上者谓之道,形而下者谓之器"。"器"是指有形的具体事物,"道"是无形的,指事物的道理或规律。如何认识"道"与"器"的关系问题是中国早期思想家们经常辩论的哲学命题。鸦片战争后,尤其是洋务运动兴起后,西学的引入已经成为人们普遍关注的问题,传统的"道器论"便成为近代人理解中学和西学关系中的一种认识方法。① "体"和"用"这对概念,也是哲学的范畴,在《论语》和《易经》中就已使用,唐代经学家崔憬对"体"、"用"二词有明晰的解释。"体"指实际的形质,"用"指形质的运用。到了宋代体用成了常用的范畴,并且从崔憬的具体意义变为比较抽象化的意义。这时,所谓体指永恒的、根本的、深微的东西,而所谓用指流动的、从属的、外发的东西。体是永恒的基础,用是外在的表现。这样,体用的概念,一般说来,体是根本的,第一位

① 王先明:《近代新学——中国传统学术文化的嬗变与重构》,252页,北京,商务印书馆,2000。

的，用是从属的，第二位的。[①] 洋务运动时期，“中体西用”说的本质是把西学放在中学之下，置于从属的地位。洋务运动期间，洋务派就是在“道器”、“体用”认知层面引进西方科学文化的，李鸿章、张之洞的洋务思想体现了洋务派这一文化主张。

（一）变“器”而不变“道”——李鸿章对西方文化的认知

李鸿章（1823～1901 年），字少荃，安徽合肥人，道光二十七年进士（1847 年）。早年曾师事曾国藩，受“义理经世之学”影响甚深，1861 年受命到皖北编练淮勇，因镇压太平军和捻军有功，先后由江苏巡抚升到两江总督、湖广总督。1870 年被任命为直隶总督兼北洋通商大臣。他掌握清政府军事、政治、外交大权将近三十年，成为办洋务的实力派人物。

洋务派的政治主张一是“自强”，二是“求富”。“自强”就是学习和利用西方资本主义的科学知识和生产技术，以应付西方文化的挑战。李鸿章说：“思欲以西法导中国利用之，以求自强。”[②]“求富”就是创办民用工业。李鸿章说：“今日当务之急，莫若借法以富强，强以练兵为先，富以裕商为本。”[③]李鸿章认识到清王朝所面临的严重危机。对于“内乱”，即农民起义，他自恃依靠封建武装可以镇压；而对于“外侮”，他认为以中国之实力难与列强抗衡。惟有通过“借法”，即借西方国家之法，也就是办洋务，方能图强。但中国封建士大夫中的大多数人，对于改变“祖宗成法”总是持否定态度。李鸿章指出中国士大夫应改变沉湎于无用之学的积习，“借法图强”。他说：

① 董光璧：《传统与后现代》，125 页，济南，山东教育出版社，1996。

② 吴汝纶：《李文忠公神道碑铭》，《李文忠公全集》卷首，光绪三十一年金陵本。

③ 盛宣怀：《上海奏建专祠疏》，《李文忠公全集》卷首，光绪三十一年金陵本。

鸿章窃以为天下事穷则变，变则通。中国士大夫常浸于章句小楷之积习，武夫悍卒又多粗蠢而不加细心，以致所用非所学，所学非所用。无事则斥外国之利器为奇技淫巧，以为不必学；有事则惊外国之利器为变怪神奇，以为不能学。①

李鸿章接着以日本通过变法而强盛的例子接着说：

前者英法各国以日本为外府，肆意诛求。日本君臣发愤为雄，选宗室及大臣子弟之聪秀者，往西国制器厂师习各艺，又购制器之器，在本国制习。现在已能驾驶轮船，造放炸炮。去年英人虚声恫吓，以兵临之。然英人所恃为攻城之利者，彼已分擅其长，用是凝然不动，而英人固无如之何也。日本以海外区区小国，尚能及时改辙，知所取法，然则我中国深惟穷极而通之故，夫亦可以皇然变计矣。②

洋务派创办工业企业活动遭到顽固守旧派的反对。顽固派视西方资本主义国家的生产技术为“奇技淫巧”，害怕传入中国，败坏人心，认为“以忠信为甲胄，以礼义为干橹”，足以对付西方资本主义。对于顽固守旧派的指责和陈腐的主张，李鸿章在给一守旧分子的信中，做出了明确回答，认为西方的科学技术“何可藐视”，“洋学实逾于华学者”。他在信中写道：

算学比于天文，生为六艺之一，圣人未尝不讲究。兄却未见圣人留下几件好算术器艺来！……“格致测算无非欲其用诸制造”。然天地万物万事，皆有制造之法之意，何可藐视？……“统名之洋学局，疑于用夷变夏，名不正则言不顺。”是必华学即可制夷，即可敌夷；若尚不足以制敌，则取彼之长益我之短，择善而从，又何嫌乎？姑不必以赵武灵王胡服为比，即须综核名实，洋学实逾于华学者，何妨开此一

①② 《李文忠公全集·朋僚函稿》，卷1，光绪三十一年金陵本。

涂？且夷人已入内地，驻京师，公尚于夷夏之防，则必真有攘夷之本领，然后不为用夷之下策。请问公有何术乎？①

外来势力的侵入更激发了洋务派的自强欲望，尤其1874年一贯被天朝大国瞧不起的日本，居然发兵侵入台湾，朝野震动。李鸿章惊讶说，这是“数千年未有之变局”。李鸿章强调“穷则变、变则通”，“办洋务、制洋兵，若不变法，而徒骛空文，绝无实济”。②“今各国一变再变而蒸蒸日上，独中土以守法为兢，即败亡灭绝而不悔。天耶？人耶？恶得而知其故耶？”③

李鸿章以“自强”和“求富”为旗帜，大力提倡和推行洋务运动，学习西方资本主义的科学知识和生产技术，“惟中国积弱由于患贫。西洋方千里数百里之国，岁入财赋动以数万万计，无非取资于煤铁五金之矿，铁路电信丁口等税”，中国必须“早图变计，择其至要者逐渐仿行”。④ 他先后主持创办了江南制造总局、金陵机器局、天津机器局（先由崇厚开办，李鸿章接办）、轮船招商局、开平矿务局、天津电报总局、唐山胥各庄铁路、上海机器织布局（原为商办，后由李鸿章控制）、天津铁路公司、华盛机器纺织总厂等军用和民用企业。

李鸿章积极操办洋务，推行“变法”，但一个根本思想是很明确的，那就是变“器”而不变“道”。李鸿章只承认西方的“技艺”，而否定西方的制度和思想。他认为中国的政治制度、纲常名教“不必变”，因为中国的礼义教化远胜西洋诸国，“中国文武制度，

---

① “正月初八日复刘仲良中丞”，《李文忠公全集·朋僚函稿》，卷17，光绪三十一年金陵本。

② “此筹议海防折”，《李文忠公全集·奏稿》，卷24，光绪三十一年金陵本。

③ “复王壬秋山长”，《李文忠公全集·朋僚函稿》，卷19，光绪三十一年金陵本。

④ “复丁稚璜宫保”，《李文忠公全集·朋僚函稿》，卷16，光绪三十一年金陵本。

事事远出西人之上，独火器万不能及”①，即西学为用，必须以中学为体。

（二）“中学为体、西学为用”——张之洞对西方文化的认知

张之洞（1837～1909 年），字孝达，号香涛，直隶南皮人。同治二年（1863 年）进士，授翰林院编修。先后任山西巡抚、两广总督、湖广总督等职，成为洋务运动后期的重要人物。

张之洞对西方科学文化的认知，集中反映在他的《劝学篇》一书。此书虽写于中国在中法、中日战争中失败，洋务运动行将结束之际，却体现了张之洞对中西文化的基本立场，也被称为洋务运动的基本纲领。

《劝学篇》全书共 4 万字，24 篇，分为内篇与外篇两大部分。内篇 9 篇文章，意在“务本”以正人心，即主张教导天下臣民坚持传统的纲常名教；外篇 15 篇，意在“务通”以开风气，即主张学习和引进西政和西艺，在不触动中国传统的纲常名教和统治秩序的前提下，举办工商、学校、铁路等，达到救亡图强的目的。全书以“中体西用”为思想主线，构成一个完整的思想体系。

“中体西用”思想，并非张之洞首先提出。前面已述，魏源、林则徐的“师夷长技”之说已经隐含着“西学为用”的观念。冯桂芬的“以中国之伦常名教为原本，辅以诸国富强之术”和王韬的“器则取诸西国，道则备自当躬”等提法中已经明确地具有“中体西用”思想。但是，张之洞却是“中学为体、西学为用”文化模式的最主要阐述者。

首先，什么是张之洞心中的“中学”与“西学”？他在《劝学篇》论及新式学堂的制度时说：“其学堂之法……一曰新旧兼学。四书、五经、中国史事、政书、地图为旧学；西政、西艺、西史为新

---

① 《筹办夷务始末·同治朝》，卷 25，北京，中华书局，1964。

学。旧学为体，新学为用，不使偏废。”①上段引文，张之洞所说的“旧学”指的就是中学，“新学”指的就是西学。“中学”（“旧学”）包括“四书、五经、中国史事、政书、地图”等，但张之洞视为“中学”之根基和核心内容的乃是以四书五经为代表的“孔门之学”。他说：

> 盖圣人之道大而能博，因材因时，言非一端，而要归于中正。故九流之精，皆圣学之所有也；九流之病，皆圣学之所黜也。②
>
> 三纲为中国神圣相传之至教，礼政之原本，人禽之大防。③
>
> 五伦之要，百行之原，相传数千年，更无异义。圣人所以为圣人，中国所以为中国，实在于此。故知君臣之纲，则民权之说不可行也；知父子之纲，则父子同罪免丧废祀之说不可行也；知夫妇之纲，则男女平权之说不可行也。④

上述可见，张之洞视中国文化之“体”的“中学”、“旧学”，实质上指的是中国的纲常名教。

关于“西学”（“新学”），张之洞说它包括“西政”、“西艺”。他说：

> 学校、地理、度支、赋税、武备、律例、劝工、通商，西政也。算、绘、矿、医、声、光、化、电，西艺也。⑤

上段引文，张之洞所谓“西政”，指的是西方国家在工业、商

---

①⑤　张之洞：《劝学篇下·设学第三》，121页，121页，郑州，中州古籍出版社，1998。

②　张之洞：《劝学篇上·宗经第五》，78页，郑州，中州古籍出版社，1998。

③　张之洞：《劝学篇·序》，42页，郑州，中州古籍出版社，1998。

④　张之洞：《劝学篇·明纲第三》，70页，郑州，中州古籍出版社，1998。

业、财政、教育、军事、法律等方面的有关制度和政策，而不包括西方社会的政治制度。“西艺”则是指西方的科学技术和生产工艺。因此，张之洞反复强调“中学为内学，西学为外学；中学治身心，西学应世事”①。在他看来，中国所要取法于西方的主要是其“制造之长”，“今欲强中国，存中学，则不得不讲西学。然不先以中学固其根柢，端其识趣，则强者为乱首，弱者为人奴，其祸更烈于不通西学者矣。……今日学者，必先通经以明我中国先圣先师立教之旨，考史以识我中国历代之治乱、九州之风土，涉猎子集以通我中国之学术文章，然后择西学之可以补吾缺者用之、西政之可以起吾疾者取之”。②

张之洞在西学为“外学”，以“应世事”思想指导下，洋务活动期间，他创办了广东缫丝局（1886 年）、机铸制钱局和银元局（1887 年）、广东织布局和广东制铁厂（1889 年）、湖北炼铁厂（1890 年）、湖北织布局（1890 年）等近代企业。同时，张之洞还主持修筑铁路，编练新军，设立新式学堂，兴办商务，成为名重一时的洋务派实力人物。张之洞死后，谥号“文襄”，人称张文襄公，他一生的著述，汇编为《张文襄公全集》。

上述 19 世纪 60 年代至 90 年代的洋务运动，是中国近代东西方文化碰撞、交融的必然结果，也是中国知识分子继林则徐、魏源、冯桂芬等人向西方学习科技文化的进一步发展。尽管洋务派用的是“中学为体、西学为用”的文化模式，但不可否认这种全新的文化模式，改变了中国固有的文化结构。它对于改变中国人的封闭虚骄、盲目排外的心态，对于沟通中西，尤其是西方科学文化的输入，发挥了重要作用。正是在中体西用文化观的

① 张之洞：《劝学篇下·会通》，161 页，郑州，中州古籍出版社，1998。

② 张之洞：《劝学篇上·循序第七》，90 页，郑州，中州古籍出版社，1998。

指导下，中国开始近代化的历程。洋务运动期间，洋务派兴办了近20个近代军用企业，近40个民用企业。这些企业都采用从西方学来的近代技术进行生产。洋务派所办的企业在为中国近代工业的发展打下基础的同时，还造就了中国最早的一批近代产业工人，并为中国的工业化初步地培养了一批科技和工艺人才。洋务派提倡学习西方的近代科学技术，他们组织人才译出400多部西方科技著作，创办了20多所新式学堂，并向欧美国家派遣数百名留学生。洋务运动时期，还出现了一批从事西方近代自然科学知识介绍和研究的科学家，如李善兰、徐寿、华蘅芳、华世芳、徐建寅等人。他们在介绍西方科学，发展中国科学技术方面做出了重要贡献，成为中国近代自然科学的先驱。如李善兰翻译的《谈天》是我国近代最早介绍西方天文学的著作，《重学》是第一部介绍西方经典的力学著作，《代微积拾级》则是最早介绍解析几何与微积分的著作，他的《方圆阐幽》、《弧矢启秘》、《对数探源》、《天算或问》等数学著作也代表了当时中国的最高水平。一切都表明在中国社会步入近代以后，历时30年的洋务运动率先掀起的学习西方文化热潮，不仅引进了西方科学知识，而且开拓了人的眼界。这种认识不仅有利于中国科学技术的发展，而且潜移默化地促进了人们思维模式的改变。在中国知识阶层中一些人开始认识到，除了以经、史、子、集为内容的“国学”之外，这世界上还有能直接用之于国计民生的近代科学技术亟待学习掌握。

“中学为体、西学为用”的文化模式，也不断受到来自顽固派与维新派的批评和指责。如顽固派代表人物、清廷大学士倭仁在奏折中说：

> 立国之道，尚礼义不尚权谋；根本之图，在人心不在技艺。……今求一艺之末，而又奉夷人为师，无论夷人诡谲，未必传其精巧，即使教者诚教，所成就者不过术数之士。古

> 今来未闻有恃术数而能起衰振弱者也。天下之大，不患无才。如以天文、算学必须讲学，博采旁求必有精其术者，何必夷人，何必师事夷人？……所恃读书之士，讲明义理，或可维持人心。今复举聪明隽秀，国家所培养而储以有用者，变而从夷，正气为之不伸，邪氛因而弥积。数年后，不尽驱中国之众咸归于夷不止。①

倭仁站在封建主义立场上，宣扬的是封建社会以礼义治国的思想，反对“奉夷人为师”，认为这样的结果，将使华夏之众变而从夷。

维新派严复批评说：

> 体用者，即一物而言之也。有牛之体，则有负重之用；有马之体，则有致远之用。未闻以牛为体，以马为用者也。中西学之为异也，如其种人之面目然，不可强谓似也。故中学有中学之体用，西学有西学之体用，分之则并立，合之则两亡。议者必欲合之而以为一物，且一体而一用之，斯其文义违舛，固已名之不可言矣，乌望言之而可行乎？②

严复是用“牛体马用”之讥，意在说明中体西用论在学理和逻辑上的错误。

总之，洋务运动时期的“新学”与“旧学”之争，是中国文化走向近代历程中的必然产物，是两种异质文化的冲突。其“中体西用”文化模式是“洋务运动中兴起的一种旨在提倡西学的独特的文化观念形态”，“中体西用，意在西用”。③ “中体西用论基本上不存在学理和逻辑的错误，体用派以此调和中西，确立了以中学

---

① 《筹办夷务始末·同治朝》，卷25，北京，中华书局，1964。

② 严复：《与〈外交报〉主人书》，《严复集》，第3册，558～559页，北京，中华书局，1986。

③ 丁伟志：《中体西用论在洋务运动时期的形成和发展》，《中国社会科学》，1994(1)。

为主体，中西兼容的文化体系，解决了中西文化融合的关键，其文化保守意义是突出的。"①

四、"援西入中"——维新派对西学的认知

1894 年中日甲午战争爆发，战争以中国失败而结束，并签订了可耻的卖国条约——马关条约。甲午战争后，全国掀起了救亡图存的爱国热潮。1895 年 5 月 2 日，康有为联合在北京会试的举人一千三百多人集会，联名上书光绪皇帝，痛陈割地弃民的严重后果，要求变法，史称"公车上书"。到 1898 年，维新变法运动达到高潮。1898 年 6 月 11 日，光绪帝下"明定国是"诏，发出了一系列除旧布新的诏令，至同年 9 月 21 日慈禧发动政变，软禁了光绪，康有为、梁启超逃亡国外，谭嗣同、杨锐、刘光第、康广仁、林旭、杨深秀被捕，惨遭杀害，史称"戊戌六君子"，历时 103 天的"百日维新"运动以失败而告终。

维新派的主要代表人物是康有为、梁启超、谭嗣同、严复等人。维新派在推进维新变法运动时必须回答一个时代课题，这就是中国自同治后讲变法，至光绪甲午年已历时三十余年，为什么皆"不见改革之效，而徒增其弊"②呢？在维新派看来，欲克服以往变法之不足，图变法之成效，必须转变变法方向，即由一味地向西方学器物技艺变为注重向西方学制度文化，从而将近代以来中国向西方学习文化的水平推进了一大步。

---

① 喻大华：《晚清文化保守思潮研究》，25 页，北京，人民出版社，2001。

② 梁启超：《戊戌政变记》，第三章，见《饮冰室合集》，第 6 册，专集之一，北京，中华书局，1936。

(一)从传统文化到西方制度文化——康有为的"托古改制"与"托洋改制"

康有为(1858～1927年),原名祖诒,字广厦,号长素,广东南海人,戊戌变法的著名领袖。他创立了历史进化论、民权观、大同思想等一整套融合中西文化的理论。正如他的学生梁启超所说,康有为"以孔学、佛学、宋明学为体,以史学、西学为用……每论一学,论一事,必上下古今,以究其沿革得失,又引欧美以比较证明之"①。

1. 托古改制

如上所述,中国自同治至光绪甲午年历时三十余年讲变法,为什么"不见改革之效,而徒增其弊"?康有为要回答这个问题,他送给中国人的答案就是《新学伪经考》中提出的"六经皆伪"和《孔子改制考》中的"托古改制"。

康有为主张向西方学习,要求变法,但顽固派的哲学信条是"天不变,道亦不变",坚持"祖宗成法不可变","轻言变法,非愚即妄"。在这种形势下,完全照搬西方的学说是不行的,还需要从中国传统文化中求索,使之"言古切今",他终于找到了今文经学这个思想武器。

今文经是针对古文经而言的。今文经的"今文",指用汉代隶书写的经书,古文经的"古文"指用籀文写的经书,即是春秋战国时期通行的篆文。今文经与古文经不仅是所用文字不同,字句不同,篇章不同,而主要是文风不同。古文经学注重名物训诂,即"我注六经",以文字训诂、名物考释等为手段,来阐释文本的意义。今文经学注重"微言大义",即"六经注我",借助经典来

---

① 梁启超:《南海康先生传》,《饮冰室合集》,第1册,文集之六,62页,北京,中华书局,1989年影印本。

阐释时代精神或发挥自己的见解，程朱理学、陆王心学都是这一路下来。康有为便从经学打破缺口，这便是他的《新学伪经考》和《孔子改制考》。

《新学伪经考》初刊于1891年，共14卷。这里所谓"新学"，不是新、旧的新，而是指王莽篡汉以后，建立新朝，此"新学"即指王莽"新朝之学"。这里所谈的"经"，是指孔子编订的儒家六经——诗、书、易、礼、乐、春秋。"伪经"是指古文经，即以古文字书写的儒家六经。

康有为在《新学伪经考》中提出一个骇人听闻的观点，叫"六经皆伪"。他说，东汉以来流传的古文经，都是刘歆篡改了的，刘歆是王莽的国师，伪造经文的目的是为帮助王莽篡汉而制造舆论，是为王莽新朝服务的。因此，经过刘歆伪造的经典，湮没了孔子的微言大义，不是孔子真经，而是刘歆自造的"伪经"，故古文经乃是王莽一朝之学，与孔子无关，所以叫"新学"。"自此视之，凡后世所指目为汉学者，皆贾、马、许、郑之学，乃新学，非汉学也；即宋人所尊述之经，乃多伪经，非孔子之经也。"①这就是说，贾逵、马融、许慎、郑玄所注释的经书都是新学、伪学，宋以来的经，也是伪经，并不是孔子本来的意思。这样，不仅把"六经"否定了，连清朝的两大官方学派的汉学、宋学都失去了价值。

六经是儒家的经典著作，自汉武帝罢黜百家独尊儒术以来，儒家经书就居于独尊的地位，宗经思想一直支配了中国2000年封建社会。人们对于经书，只能背诵，只能解释，决不敢有非分之想，更不敢怀疑经的真伪。康有为从旧营垒里出来，公然疑经违义，破除了人们对于经学的迷信，使古文经学在思想学术界的统治地位发生根本动摇，沉重打击了高唱"恪守祖训"的顽固派，为扫除变法维新的思想障碍准备了条件。

---

① 康有为：《新学伪经考》，3页，北京，中华书局，1956。

康有为的考证方法并不科学，古文经不一定都是伪经。但康有为的考证意义不在于他的学术价值，它不是单纯的学术著作，不是单纯的“辨伪专著”，而是披着“经学”外衣，作为“托古改制”、变法维新的理论著作。所以它一经刊行，立即在思想界引起极大震撼，成为“思想界一大飓风”，正如梁启超所说：“南海之功安在？则亦解二千年来人心之缚，使之敢于怀疑，而导之以入思想自由之涂径而已。”①

六经皆伪，那么六经中真正的微言大义是什么呢？这就是康有为的第二本巨著《孔子改制考》中通过公羊三世说所表达的托古改制思想。

《孔子改制考》全书共21卷，康有为从1891年开始撰写，直到1898年才正式刊行。主要内容就是把孔子打扮成“托古改制”的大师，利用孔子的权威来论证维新变法的合理性。今文经学有主张变易的特点，其内容一是包含有历史循环论思想特征的“三统说”，一是含有历史进化论思想因素的“三世说”，而变革社会的方法就是“托古改制”。所谓“托古改制”，就是把自己想要建立的社会制度，假托古代就曾实行过，借以争取人们的信服。“托古”是手法，“改制”才是目的，而“改制”就是变法。康有为的《孔子改制考》就是发挥今文经学的“托古改制”遗风，为其变法维新政治服务。

康有为认为，孔子本是一位改革的主张者，六经皆孔子为进行社会变革按自己的理想假托先王的言行写成的。他在《孔子改制考》中指出：中国虽号称文明古国，但“‘六经’以前，不复书记”，上古茫昧洪荒，一切事迹都无从稽考了。中国历史，从秦汉以来才可考信。所以到了春秋战国时期，诸子百家纷纷起来创

---

①　梁启超：《论中国学术思想变迁之大势》，《饮冰室合集》，第1册，文集之七，99页，北京，中华书局，1989年影印本。

立教义，改制立度，企图凭自己的理想来建立自己认为是最好的社会制度，并把这种制度假托为古代曾经实行过，借此让人信服。比如墨子假托夏禹，“以尚俭之故”；老子假托黄帝，“以申其‘在宥’、‘无为’之宗旨”；许行假托神农，韩非也“以法为法，故附会古圣”。① 而其中最突出的就是孔子，他亲自作了《诗》、《书》、《易》、《礼》、《乐》、《春秋》六部经典，作为托古改制的典章，从而成了“万世教主”、“布衣改制”的“素王”。历史上究竟有无尧、舜其人已无可知，是因为孔子需要借助尧、舜这样的人物来宣传自己的政治理想，才使尧、舜成为传说中的古圣先王。康有为意在说明，托古改制并非今日才有，变法也并非今日才有，孔子才是托古改制和变法的创始人。这样，康有为在《孔子改制考》一书中，吸取今文经学的“变易思想”，结合《公羊传》中所谓的“通三统”、“张三世”学说，又糅进西方一些进化论思想，形成了他的“据乱世”、“升平世”、“太平世”社会历史发展的三阶段思想。②

《新学伪经考》和《孔子改制考》是康有为变法理论的两部奠基著作，是前后呼应、互相补充的姊妹篇。如果说《新学伪经考》主要是否定两千多年来封建统治势力所崇奉的经典，其作用在于“破”，那么，《孔子改制考》则主要是创立维新变法的理论的依据，其作用在于“立”。在康有为的笔下，述而不作的孔子成了

---

① 《孔子改制考》，姜义华编校：《康有为全集》，第3集，81页、82页、99页，上海，上海古籍出版社，1992。

② 康有为认为：《春秋》的精义是“改制”，最能正确阐明这一点的是《公羊传》，其中有所谓“通三统”、“张三世”之说。前者说的是夏商周三代不同，当因时变革；后者说的是中国社会的发展有据乱世、升平世、太平世三个阶段。康有为以三世说解释人类社会的进化，认为秦统一以前为“据乱世”；秦汉以后至戊戌时期为“升平世”；经过维新变法，实行君主立宪为“太平世”。戊戌变法失败后，康有为先后写了《春秋笔削大义微言考》等著作，并最后完成了《大同书》，改变了变法时期的大同“三世说”，认为据乱世是君主专制时代，升平世是君主立宪时代，太平世则是民主共和时代。

“托古改制”的“素王”，儒学也成为向往将来进步的学说。对此，康有为的学生梁启超曾作过精辟的评论：康有为“以为生于中国，当先救中国，欲救中国，不可不因中国人之历史习惯而利导之。又以为中国人公德缺乏，团体涣散，将不可以立于大地，欲从而统一之，非择一举国人所同戴而诚服者，则不足以结合其感情，而光大其本性，于是乎以孔教复原为第一著手。先生者，孔教之马丁·路得也”。①

2. 仿洋改制

康有为在戊戌变法期间，宣传变法思想的手法，一是“托古改制”，二就是“仿洋改制”。所谓“仿洋改制”，就是借鉴外国历史经验来推动中国的维新变法运动。康有为在撰写宣传变法的文章和上皇帝书中，用了很大精力写成了一批俄、日、波兰、法、德、英等国的变政考，以供中国变法维新运动的借鉴、采用。如《俄彼得变政记》这是康有为所著各国变政考中惟一公开刊行过的一种。俄国当时和中国一样，也是一个君主制国家，沙皇彼得一世的改革是“以君权变法”。康有为希望光绪皇帝也“乾纲独断”，“雷厉风行”，自上而下来实现变法。又如《日本变政考》，是一部编年体史书。从明治元年(1868 年)起，至明治二十三年(1890 年)止，按时间顺序，分条记载日本明治维新以后发生的大事。康有为在书前有“序”，书后有“跋”，正文中也加了许多按语。这些按语一方面是对日本维新措施的评论，另一方面则结合中国的实际情况，提出变法维新的具体建议。再如《列国政要比较表》，一函一册，全书由序言、比较表格及按语三部分组成。通过世界各国政治、经济、文化、领土以及人口、民族、自然环境、交通通讯等情况的比较，康有为指出，欧美列强所以能不断扩张

① 梁启超：《南海康先生传》，《饮冰室合集》，第 1 册，文集之六，67 页，北京，中华书局，1989 年影印本。

领土，是因其“变法之故”，亚非各国所以日益丧失领土，是因其“守旧不变或少变而不全变，缓变而不骤变之故”。中国欲“图保自存之策，舍变法外，别无他图”。①

上述康有为的“仿洋改制”进一步论证了中国变法的极端迫切性，并试图找出一两个与中国国情相近的国家作为中国变法的模式。

3．“援西入中”——康有为“新学”中的西学

中国儒学在两千多年的发展过程中，也是不断被诠释、改造的过程。儒学的改造不在于对儒学经典的诠释是否合于其原始意义，而主要在于是否合于时代精神。康有为顺应时代发展变化的需要，参合中西学理，引进西方资产阶级文化观念，“援西入中”，对儒学进行了重新诠释和改造。

首先，他赋予儒学以变革、进化的主题。康有为出生于一个“世以理学传家”的书香门第，幼从著名理学家朱次琦问学，专攻程、朱、陆、王思想，有扎实的旧学根底。此外，他还曾参禅问道，面壁求佛，有较深的佛学造诣。康有为“以孔学、佛学、宋明学为体，以史学、西学为用”，其著作有《新学伪经考》、《孔子改制考》、《春秋董氏学》、《孟子微》、《大学注》、《中庸注》、《礼运注》、《论语注》、《大同书》等，几乎对儒家的经典都作了重新诠释。康有为赋予儒学以变革、进化的内容。正如上述，在《孔子改制考》中，康有为认为“六经”皆孔子为进行社会变革按自己的理想假托先王的言行写成的，因此，孔子本是一位改革的主张者。在《新学伪经考》中，康有为以《公羊传》中的“三世说”解释人类社会的进化，认为据乱世是君主专制时代，升平世是君主立宪时代，太平世则是民主共和时代。这虽不免牵强，但说明社会是进化的，从

① 参见刘振岚：《戊戌维新运动专题研究》，114～123页，北京，首都师范大学出版社，1999。

太古蒙昧落后状态到文明时代，从低级社会发展到高级社会，未来到达大同世界，是个越变越文明的过程。康有为还指出：不能墨守成规，要日新又新，与日俱进，"旧则塞滞，新则疏通，旧则腐败，新则鲜明，旧则颓败，新则整饬，旧则散漫，新则团结，旧则窳落，新则发扬，旧则形式徒存、人心不乐，新则精神振作、人情共趋"。所以"中国之俗，向患于远而不近，旧而不新，失此灵药，致成痼疾，可以为鉴也"。① 远至历史，"千年一大变，百年一中变，十年一小变"②；近至政治，"能变则全，不变则亡，全变则强，小变仍亡"③。

其次，他赋予儒学以资产阶级民主、自由思想。康有为讲西学的著作主要是《康子内外篇》、《实理公法全书》、《诸天讲》等。《康子内外篇》写成于 1886 年，全书 15 篇，"内篇言天地人物之理，外篇言政教艺乐之事"④，是康有为接纳西学后比较完整地融会中西文化的著作。全书涉及西学的知识十分广泛，几乎包括了光、电、声、化的自然科学知识，自然进化理论，人体生物解剖知识，天物地理新说和生物演化学说等。如在宇宙的起源问题上，康有为借用西学中的自然科学知识化西为中，以西释中。他说："立气之道，曰阴与阳，曰热与重；立人之道，曰仁与义。""仁者，热力也；义者，重力也；天下不能出此二者。"⑤"若积气而成为天，摩励之久，热、重力生矣，光、电生矣，原质变化而成焉，

① 《论语注》，卷十三，中华书局，1984。

② 《变则通通则久论》，汤志钧编：《康有为政论集》上册，110 页，北京，中华书局，1981。

③ 《上清帝第六书》，汤志钧编：《康有为政论集》上册，211 页，北京，中华书局，1981。

④ 《康南海自编年谱》，《戊戌变法》（四），北京，119 页，中华书局，1992。

⑤ 《康子内外篇·人我篇》，《康有为全集》，第一集，188 页，上海，上海古籍出版社，1987。

于是生日，日生地，地生物。”①

《实理公法全书》则主要表达了康有为社会政治思想中的西学特征。他套用欧几里得《几何原本》，从简单的几何公理出发，借助逻辑推理来解释人文社会问题。他指出，世界上存在着两种法则，一是“公法”，即自然界和人类社会运行的客观规律，人们“循物质之纹理以求之，则其处置之法，便自然而有，不须取舍，不须制裁者，此为几何公理所出之法。此等法不能谓人立，乃天地所固有之法也”。一是“人立之法”，即现实生活中既有的各种法规，人们“循乎物质之纹理，实无一定处置之法，必须取物质之纹理熟视之，然后加以灵魂之知识，或取彼去此，或裁之制之，乃有可行之法，且有益于人道者，此乃人立之法，不能谓天地所固有也”②。那么，最有益于人道的法是什么呢？康有为认为就是西方的人权思想。

《诸天讲》写成于1886年，是一部关于天文学著作。康有为在书中依据西方近代科学家对天体运行的观测和研究，对宇宙模型，太阳系起源，行星与太阳的关系，月亮的圆缺，彗星、流星、太阳黑子等等现象都作了一定的解释。

另外，康有为“新学”中的西学民权思想，在上述《日本变政考》中也有阐述。康有为说，“泰西之强”在于“政体之善”，即西方的三权分立学说。他指出：“其言政权有三：其一立法官，其一行法官，其一司法官。立法官，议论之官，主造作制度、撰定章程者也；行法官，主承宣布权、率作兴事者也；司法官，主执宪掌率、

① 《康子内外篇·人我篇》，《康有为全集》，第一集，196页，上海，上海古籍出版社，1987。

② 康有为：《实理公法全书·师弟门》，参见胡滨主编：《西方文化与近代中国》，204页，长春，吉林文史出版社，1995。

绳愆纠谬者也。三官立而政体立，三官相侵而政事举。"①

在《礼运注》、《中庸注》、《孟子微》、《大学注》、《论语注》等著作中，也表现了他的西方民权思想。如在《孟子微》中，他借注释《孟子》而阐发人类的平等自由，他说："人人独立、人人平等、人人自主，人人不相侵犯、人人交相亲爱，此为人类之公理。"②

综上所述，从康有为的著作和上书，还看不出他在这时已经形成一个融合中西的思想体系，中学与西学在他的思想中还是彼此隔离的。但他提出的融合中西的变法理论超越了洋务派，正如他批评洋务派所说："泰西之所以富强，不在炮械军兵，而在穷理劝学。"③过去"只言治术，未及教旨"，"须自制度法律先为改定，乃谓之变法"④。康有为这种"援西入中"尤其是对儒学的改造，标志着中国的近代改革开始从表层转向深层，以物质层面转向制度层面和思想层面。康有为试图为西方思想披上一件儒学的外衣，或者将西方思想中国化，尽管这一步迈得还不够好，但它毕竟是中西文化结合的一种可喜尝试。

(二)"以西释中"和"化西为中"——谭嗣同《仁学》中的西学

谭嗣同(1865～1898年)，字复生，号壮飞，湖南浏阳人。戊戌六君子之一。著有《仁学》二卷、《廖天一阁文》、《莽苍苍斋诗》、《远遗堂集外文》、《石菊影庐笔识》等传世，其中尤以《仁学》

---

① 《日本变政考》卷一，见刘振岚：《戊戌维新运动专题研究》，119页，北京，首都师范大学出版社，1999。

② 康有为：《孟子微》，23页，北京，中华书局，1987。

③ 《上清帝第二书》，汤志钧编：《康有为政论集》上册，130页，北京，中华书局，1981。

④ 《康南海自订年谱》，《戊戌变法》(四)，145页，北京，中华书局，1992。

影响最大。

《仁学》内容极其丰富，在内容上“将科学、哲学、宗教冶为一炉”，以西学释“仁”或以“仁”释西学，形成“以太—仁—通—平等”的思想体系。正如他自己所说，凡为仁学者，应通佛书、西书（宗教及自然科学）、儒、道、墨等诸家学说。

谭嗣同少年师从欧阳中鹄，受过封建正统文化的教育。后来民族危机日益严重，特别是受中日甲午战争的刺激，谭嗣同的思想发生很大变化，他自述说：“三十之年，适在甲午，地球全势忽变，嗣同学术更大变。”他自此开始倡导新政，研习新学，接纳西方文化。

《仁学》中的西学思想，主要体现在谭嗣同在哲学和政治内容上的阐述。

1.“以太”为“仁”之始，“仁”为“以太”之显用

“以太”一词最早是由古代希腊的毕达哥斯派提出来的。19世纪欧洲科学家为了说明物质运动的连续性和相互间的关系，将“以太”假定为一种可以传导光、热、磁、电的媒质。英国传教士傅兰雅先后翻译了《光学图说》、《光学须知》两书，将“以太”概念引入中国，把它理解为物质的始基，认为相当于中国的“一清之气”，是不增不减、不生不灭的。20世纪初期，在爱因斯坦相对论基础上建立起来的电磁和光学理论，推翻了关于“以太”的解释。①

1896年2月，谭嗣同在上海访问了傅兰雅，接受了关于“以太”的解释，并将“以太”之说吸收为自己《仁学》中的思想资料。谭嗣同在《仁学》中对“以太”的论述为以下几点：

“以太”是一个哲学范畴，它本身既不是一种物质，也不是什

---

① 谭嗣同著，印永清评注：《仁学》，287页，郑州，中州古籍出版社，1998。

么精神，但它具有物质实体的性质；“以太”无形无色，无始无终，不生不灭，“以太”是永动的而不是静止的；“以太”对精神具有作用性；“以太”是一种“联系”，如人脑中的“电线”作用，“原质”之间的“化合”作用等；“以太”是性。① 谭嗣同在《仁学》中指出：

> 遍法界、虚空界、众生界，有至大、至精微，无所不胶粘、不贯洽、不筦络而充满之一物焉，目不得而色，耳不得而声，口鼻不得而臭味，无以名之，名之曰“以太”。②

但是，谭嗣同的《仁学》主要不是研究“以太”本身，而是通过“以太”推出“仁”，“学者第一当认明以太之体与用，始可与言仁”。③

“仁”是中国古代一种含义极为广泛的道德观念，不同时期具有不同的内涵。如先秦时期孔子的“己欲立而立人，己欲达而达人”，“仁者爱人”，孟子的“仁政”说；宋明时期，程颢著《识仁篇》，认为“仁者浑然与物同体”，朱熹著《仁说》一文，认为“仁”为“心之德、爱之理”，王阳明讲“仁”离不开格致，而明德之本体，即是良知等等。

谭嗣同对“仁”的阐述有鲜明的时代特色，正如一些学者研究指出，《仁学》中的“仁”，贯穿于全书始终，表现八方面的内容：

第一，“仁”是万物之源，天地之始。为了说明此点，谭氏从文字学上加以证明和发挥，他认为“仁”从二从人，“元”从二从儿，“儿”为古“人”字，故两者通，“仁”即“元”，“元”为根源。

“仁”是概念，属于精神和理性范畴，怎么能成为“万物之源”呢？因为“仁”是“以太”之用，“以太”是万物源，“以太”带有物的属性，“仁”带有人的属性，是“心”之体，“识”之本。

第二，“仁”是人际关系的原则。“仁”既是“二人相偶”，其中

---

①②③ 谭嗣同著，印永清评注：《仁学》，288页，81页，81页，郑州，中州古籍出版社，1998。

就有人和人的相关之道，亦即包含着人际关系的原则。

第三，“仁”是通。《仁学》中说“仁以通为第一义”，所谓“通”，在于事物之间相合为一，彼此互相联结通达。“通”的目的，在求宇宙浑括相融。“通”的表象是“平等”。“平等”的意义，在于不生不灭，不有不空，一切平等。这就要破除“对待”，破除“名”。“通”的反面是“塞”，是“不仁”，是“对待”。“通”的理论基础是《春秋》、《易经》及佛学义理。

第四，“仁”为“心”之体，“仁”本质性善。“性”是“以太之用”，这就是“仁”，因而“仁”也具有“相成相爱之能力”，人性是善的，仁爱是人生来就有的本性。

第五，“仁”是“以太”表现出来的作用，“以太”才是成物之源，“仁”是依附于“以太”的。“仁”本身是心识，但通过“以太”的联系，“仁”就具有实在的观念，非仅仅心识而已。

第六，“仁”表现为“日新”，即宇宙万物时时处在“日新”之中，成物“日新”的根源在于“以太”的“日新”。

第七，“仁”的精神在于“冲决网罗”，特别是要冲决封建专制制度、封建伦理和落后习俗的网罗。

第八，“仁”的一个重要法则是“通”和“平等”。①

上述，谭嗣同借用西方文化“以太”概念，并从本原层次上认为“以太”是构成物质的本原，是“体”，“仁”为“以太”之用，有精神的一面，两者互为依存，相辅为用。同时，谭嗣同虽对“以太”规定了许多物质性的特点，但同时又作了许多精神性的解释，其目的在于将“以太”作为背景，而着重推出“仁”的概念，并通过对“仁”的解释，形成他的以太—仁—通—平等思想体系。

2. “冲决网罗”

---

① 谭嗣同著，印永清评注：《仁学》，291 页、292 页，郑州，中州古籍出版社，1998。

谭嗣同以体用范畴讲“以太”和“仁”的关系，是为了进一步发扬“仁”的“通—平等”思想，用“通—平等”的思想来对抗“天理”和一切网罗，这才是谭嗣同《仁学》思想的精髓。

关于平等民权思想，谭嗣同在《仁学》中指出：

生民之初，本无所谓君臣，则皆民也。民不能相治，亦不暇治，于是共举一民为君。夫曰共举之，则非君择民，而民择君也。夫曰共举之，则其分际又非甚远于民，而不下侪于民也。夫曰共举之，则因有民而后有君；君末也，民本也。天下无有因末而有累及本者，亦岂可因君而累及民哉？夫曰共举之，则且必可共废之。君也者，为民办事者也；臣也者，助办民事者也。赋税之取于民，所以为办民事之资也。如此而事犹不办，事不办而易其人，亦天下之通义也。观夫乡社赛会，必择举一长，使治会事，用人理财之权咸隶焉。长不足以长则易之，虽愚夫愿农，犹知其然矣；何独于君而不然？……君亦一民也，且较之寻常之民而更为末也。①

谭嗣同这段话表明，在国家出现之前，人们的社会地位是平等的，人与人之间的关系是西方自然理论所说的“自然状态下的平等”，无所谓尊卑贵贱之分。国家和君臣的出现，是因为公共事物的增加，需要有专人处理。君来之民，是先有民后有君，如果君不为民办事，则可由民“共废之”。

谭嗣同用“以太—仁—通—平等”的思想来对抗封建伦理道德中的“天理”观，号召冲决一切之网罗，特别是要冲决封建专制制度、封建伦理和落后习俗的网罗。他说：“网罗重重，与虚空而无极。初当冲决利禄之网罗，次冲决俗学若考据、若词章之网罗，次冲决全球群学之网罗，次冲决君主之网罗，次冲决伦常之

① 谭嗣同著，印永清评注：《仁学》，177～178页，郑州，中州古籍出版社，1998。

网罗，次冲决天之网罗，次冲决全球群教之网罗，终将冲决佛法之网罗。"①

中国历代封建统治者都将祖宗之法视为神圣不可变更，君主专制制度和孔孟思想为核心的意识形态，是他们安身立命的根本。鸦片战争以来的改革者，虽主张向西方学习，但仍摆脱不掉变"器"而不变"道"的羁绊，谭嗣同的平等民权观为民主政治取代封建专制提供了思想武器，在理论上有很大突破。

谭嗣同"主权在民"的平等民权观一方面是来自传统的民本论，另一方面则是受西方文化的影响。如谭嗣同在写《仁学》之前，曾读过严复的《辟韩》一文，《辟韩》中所表达的正是《民约论》的社会契约思想。

综上所述，谭嗣同虽然没有形成一套完整的、系统的、严密的思想体系，他对西方文化思想和科学技术的思考尚未成熟，但他在《仁学》一书中引进了许多西方的科学知识，介绍了西方的思想。正如梁启超所说：他"将科学、哲学、宗教冶为一炉，而更使适于人生之用。"②又如蒋维乔先生在他所著《中国近三百年哲学史》中所说："在彼之时代，以彼之年令，即能直观东西人种之长短，且图东西思想之融合，其慧眼及直觉力之强，真可惊叹。倘能卒其天年，其发展当未可限量。"③

（三）"参采中西"、"会通古今"——梁启超对西学的认知

梁启超（1873～1929年），字卓如，号任公，广东新会人。早年在康有为主讲的长兴学舍、万木草堂学习，是康有为的得意弟子，戊戌变法时期受命办大学堂及译书局，追随和协助康有为主持新政，史称"康梁"。曾先后任《时务报》、《清议报》、《新民丛

---

①②③　谭嗣同著，印永清评注：《仁学》，68页，61页，12页，郑州，中州古籍出版社，1998。

报》主笔，广泛介绍西学，进行思想启蒙。

1890年春，梁启超第一次会试落榜，归途路经上海，翻阅了江南制造局译出的西学书籍，“始知有五大洲各国”。1891年到1893年，梁启超“学于草堂者凡三年”，接触的西学主要是江南制造局译出的声、光、化、电、工艺、兵法、医学等工程技术类和自然科学类著作。1894年，梁启超曾担任英国传教士李提摩太的中文秘书，在李提摩太的家里和强学会，梁启超看到了当时中国译出的几乎所有西学书籍。1896年，梁启超编撰了《西学书目表》，其中包括法政、医学、工程、史志、算学等20余类，354种，比较全面地辑录了当时已经译出的各类西学书籍。①

梁启超根据他掌握的西学知识，将西学内容概括为三个方面：艺、政和教。他认为“中国需要西政胜于西艺”。他说：“今日之学，当以政学为主义，以艺学为附庸……政治之用较广，艺学之用较狭。”②尤其是对变法维新道理的宣传，他认为：世界上万事万物都处在变化之中，变是历史进化的规律，“凡在天地之间者莫不变”。“故夫变者，古今之公理也。”他对比了印度、土耳其、非洲、波兰和日本对待“变”的不同态度，以及由此而形成的强弱异势。他在《变法通议》中指出：

> 印度大地最古之国也，守旧不变，夷为英藩矣。突厥地跨三洲，立国历千年，而守旧不变，为六大国执其权，分其地矣。非洲广袤，三倍欧土，内地除沙漠一带外，皆植物饶衍，畜牧繁盛，土人不能开化，拱手以让强敌矣。波兰为欧西名国，政事不修，内讧日起，俄、普、奥相约，择其肉而食矣。中亚洲回部，素号骁悍，善战斗，而守旧不变，俄人鲸吞蚕食，

---

① 胡滨主编：《西方文化与近代中国》，221页，长春，吉林文史出版社，1995。

② 梁启超：《变法通议》，《饮冰室合集》，第1册，文集之一，62页，北京，中华书局，1989年影印本。

殆将尽之矣。越南、缅甸、高丽，服属中土，渐染习气，因仍弊政，痡靡不变，汉官威仪，今无存矣。今夫俄宅苦寒之地，受蒙古钤辖，前皇残暴，民气凋丧，岌岌不可终日，自大彼得游历诸国，学习工艺，归而变政，后王受其方略，国势日盛，辟地数万里也。……今夫日本，幕府专政，诸藩力征，受俄、德、美大创，国几不国，自明治维新，改弦更张，不三十年，而夺我琉球，割我台湾也。又如西班牙、荷兰，三百年前，属地遍天下，而内治稍弛，遂即陵弱，国度夷为四等。暹罗处缅、越之间，同一绵薄，而稍自振厉，则岿然尚存。①

由此，梁启超强调"法者天下之公器也，变者天下之公理也"。如何变？他说："变之途有四：其一如日本，自变者也；其二如突厥，他人执其权而代变者也；其三如印度，见并于一国而代变者也；其四如波兰，见分于诸国而代变者也。"他认为主动变改，"变之权操诸已，可以保国，可以保种，可以保教"；而被动变革，"变之权让诸人，束缚之，驰骤之"，必将导致亡国灭种的悲惨命运。维新变法的内容除了废科举、兴学校、育人才，开民智、开官智，立农工商政，修铁路，开矿山，开武备学堂，练陆海新军等措施外，最重要的就是抑君权，兴民权，兴绅权，实行政治制度变革。

戊戌维新时期，梁启超对中西文化表现了"参采中西"和"会通古今"的态度。第一，吸取中西学中一切有价值的成分，既不承认中学具有"唯我独尊"的地位，一概继承；也不将西学看做"奇技淫巧"，一概排斥，而是主张无论中学西学，只要有利于富强，皆可为我所用，即"采西人之意，行中国之法；采西人之法，行中国之意"。第二，用儒学语言表达西方思想，强调西方思想中

① 梁启超：《变法通议》，见丁守和主编《中国近代启蒙思潮》上卷，193～194页，北京，社会科学文献出版社，1999。

国古已有之，如梁启超用公羊三世说来表达进化史观，用孟子的“民为贵”的民本思想来阐述西方近代的民主思想等。①

戊戌维新变法失败后，梁启超逃亡日本，进一步接触一些西方文化。之后，梁启超发表一系列以“新”命名的著作，如《新民说》、《新民议》、《新史学》、《新中国未来记》和创办的新杂志，如《新民丛报》、《新小说》等，成为中国近代“新学”的代表人物之一。在他的“新学”宣传和创建中，大量引入了西方社会政治学术方面的内容，如亚里士多德、培根、笛卡儿、霍布士、斯宾诺沙、孟德斯鸠、卢梭、康德、边沁、伯伦知理、颉德、达尔文等人的学术和思想，均通过梁启超编撰的“学案”或“学说”介绍和引进中国。

五、由变“器”到变“道”——革命派孙中山对西学的认知

辛亥革命时期，西学在中国得到前所未有的传播，不论在数量上或质量上都超过了以往任何时期。如在译书方面，1904 年出版的《译书经眼录》收录了 1900 年至 1904 年间出版的主要译著，分 25 类，所载译书书目 533 种。又如在办报刊上，《译书汇编》、《开智录》、《国民报》、《湖北学生界》、《浙江潮》、《新湖南》等纷纷并起，估计辛亥革命时期的报刊不下千余种。西学传播的内容，也日趋全面系统，不仅系统介绍了近代数学、物理学、化学、生物学、天文学、地质学、地理学、医学等西方的科技知识，尤其还把西方的哲学、政治学、经济学、伦理学、社会学、法学、美学、逻辑学、文学等人文社会科学也介绍到中国，出现了一批质量较高的译著，如杨廷栋译的《民约论》、马君武译的《女权篇》、

① 胡滨主编：《西方文化与近代中国》，224 页，长春，吉林文史出版社，1995。

吴兴让译的《政治哲学》、冯自由译的《政治学》等等。

辛亥革命时期西学传播对中国的影响，总体特征主要集中在制度层面。中国资产阶级思想家和知识分子在西方近代政治思潮的影响和启示下，冲破封建专制主义桎梏，在中国确立了近代资产阶级思想体系，如否定“朕即国家”的传统思想，确立资产阶级的国家观；又如否定封建的“人治”思想，确立“以法治国”的法制观；再如否定封建专制主义和等级制度，确立平等自由的政治观等。孙中山就是其中的重要代表人物。

孙中山（1866～1925 年），名文，字逸仙，广东香山人。青少年时代，他求学于家乡和香港等地，这使他较多地接触了西方自然科学、物质文明和民主思想。他后来回忆第一次出海时的心情时说：“始见轮舟之奇、沧海之阔，自是有慕西学之心，穷天地之想。”①又说：“至檀香山，就傅西校，见其教法之善，远胜吾乡，故每课暇，辄与同国同学诸人相谈衷曲，而改良祖国，拯救同群之愿，于是乎生。”②1894 年，孙中山曾上书李鸿章，提出仿照西方资本主义制度，实行社会改良的主张，未被理睬。随着中国在甲午战争中的失败，孙中山放弃了改良主张，决心发动革命，以暴力推翻满清王朝。1894 年 11 月，孙中山在檀香山创立中国第一个资产阶级的小团体——兴中会。1895 年，孙中山策划广州起义，结果未及发动即告失败。此后，他流亡海外 10 年，在欧、美、日本、南洋等地从事革命活动。此时，孙中山有机会研究了西方各国的政治、经济等书籍，浏览了政治、经济、哲学、历史、法律、外交、军事以至农业、矿业、畜牧业等书，并考察了欧美的社会制度。1903 年 8 月，孙中山提出“驱逐鞑虏、恢复中华、创立民国、平均地权”的革命宗旨。1905 年 8 月，中国同盟会在东

---

① 《孙中山全集》，第 1 卷，47 页，北京，人民出版社，1981。

② 《孙中山年谱》，12 页，北京，中华书局，1980。

京成立，孙中山将上述革命宗旨作为同盟会的革命纲领。11月，同盟会机关报《民报》正式发行，孙中山在《民报》发刊词中，第一次将上述革命宗旨概括为民族、民权、民生三民主义。

孙中山三民主义思想是中西文化结合的产物，三民主义的西学思想主要包括以下内容：

(一)“世界万物皆由进化而成”

孙中山接受达尔文的生物进化论，认为“物竞天择，优胜劣败”是生物进化的基本原则。他说：“夫进化者，自然之道也。”这里的“自然”，不仅指自然界，而且指整个世界，包括人类社会。他把世界的进化分为三个时期，“其一为物质进化时期，其二为物种进化时期，其三为人类进化时期”。他说：“元始之时，太极(此用以译西名以太也)动而生电子，电子凝而成元素，元素合而成物质，物质聚而成地球，此世界进化之第一期也”，“地球成后以至于今，按科学家据地层之变动而推算，已有二千万年矣。由生元之始生而至于成人，则为第二期也”，“人类初生之时，亦与禽兽无异。再经几许万年之进化，而始长成人性，而人类之进化，于是乎起源。此期之进化原则，则与物种之进化原则不同。物种以竞争为原则，人类则以互助为原则”，从动物性到人性，从竞争到互助，是世界进化第三时期。

如上所述，孙中山用“太极”，即他认为西方哲学中的“以太”，来说明世界的起源和进化，认为“世界万物皆由进化而成”，进化是不以人的意志为转移的自然规律；并将进化论的这种基本观点用于观察人类社会，得出“由神权流到君权，由君权流到民权”是世界政治潮流必然趋势的结论。所以中国也不例外，而发动革命，推翻君权，实行民权，正是为了顺应这一世界潮流，顺应进化规律。

(二)“主权在民”的民权观

民权主义是孙中山三民主义的核心。孙中山在《中国同盟会革命方略》中对民权主义作了具体阐明:“今者由平民革命以建国民政府,凡为国民皆平等以有参政权。大总统由国民公举。议会以国民公举之议员构成之。制定中华民国宪法,人人共守。敢有帝制自为者,天下共击之。”并说,国体民生“虽经纬万端,要其一贯之精神则为自由、平等、博爱”。①

孙中山的民权主义主要来源于西方资产阶级民主主义思想和民主共和国方案,但孙中山在设计民主共和国蓝图时,又有自己的创见,这就是他提出的军政、训政、宪政三个时期循序以进之建立民主共和国的步骤,以及五权宪法、“主权在民”的原则和权能区分的设想。所谓三个时期的军政时期,是以军法为依据,由革命的军政府率领国民扫除一切旧势力的时期;所谓的训政时期,是以约法为依据,由革命的“军政府授地方自治权于人民,而总揽国事之时代”,地方产生“人民选举”的“地方议会”和“地方行政官”,实行地方自治权,军政府总揽全国政权。“军政”和“训政”,分别为三年和六年,待地方自治完备,国民得以组织国会,选举总统,制定宪法时,于是军政府解除权柄,全国进入宪政时期。② 五权宪法是孙中山从西方资产阶级三权分立演化而来,即除立法、行政、司法三权外,再加上考试权和监察权,成为“五权分立”。根据这个原则,在国家机构中,设立行政、司法、立法、考试和监察五院,彼此独立又互相联系,成为国家机构的主要组成部分。孙中山提出五权宪法的出发点,是为了纠正西方国家三权分立的弊病。他认为西方国家通过选举和委任选拔官

①② 《孙中山全集》,第1卷,296～297页,297～298页,北京,人民出版社,1981。

吏，有很大流弊，因为选举可以作弊，委任则不免任人唯亲，所以他提出设立独立的考试机构，使经过选举和委任产生出来的官吏，都必须经过考试合格才能有效。设立独立的监察机构，则是以便于对官吏进行监察和弹劾。“主权在民”的思想，则是指国家政权必须真正掌握在人民手中，凡事要由人民做主，“民国”的称号，就是以民为主，“人民管理政事，便叫做民权”。孙中山认为政治上的权力包括政权与治权（即权与能）两个方面，政权即人民享有的选举、罢免、创制、复决四权，治权指的是政府设立的行政、立法、司法、监察、考试五权。这样，人民有“权”，政府有“能”，权能区分，这才是一个完全的民权政治机关。

（三）“王道”文化和“霸道”文化

如何认识对待西方文化，尤其是如何处理西方文化与中国传统文化的关系，这是孙中山无法回避的问题。孙中山提出了自己的文化主张，这就是：“发扬吾固有之文化，且吸收世界之文化而光大之，以期与诸民族并驱于世界，以驯致于大同。”①

孙中山承认中国文化的落后，反对抱残守缺，自我陶醉，主张对西方文化持“开放态度”。但孙中山主张向西方学习，而不是全盘西化，他批评一些留美学生“到了美国之后，不管中国为什么要派留学生，学成了以后，究竟对中国有什么用处，以为到了美国，只要学成美国人一样便够了。所以他们在外国的时候，便自称为什么‘佐治’、‘维廉’、‘查理’，连中国的姓名也不要。回国之后，不徒是和中国的饮食起居，不能合宜，就是中国的话也不会讲……甚至有在美国的时候，连中国人住的地方都不敢去，逢人说起国籍来，总不承认是中国人”②。孙中山评价中西

① 《孙中山全集》，第7卷，60页，北京，人民出版社，1981。

② 《孙中山全集》，第8卷，538～539页，北京，人民出版社，1981。

文化的标准有两个方面，即道德评判和物质评判。孙中山认为西方社会各方面的发展是极不平衡的，他对西方社会的科学发达、物质昌盛给予充分的肯定和赞扬，但对西方历史的进步与道德的脱节提出批评。他说："欧美的文明，只在物质的一方面，不在其它的政治各方面。""近两百多年以来，欧美的特长只有科学。"物质的进步，科学的发达，不仅没有促进人们道德水平的提高，相反造成了道德的沦丧和倒退。用什么办法能够改变西方社会中这一矛盾现象，孙中山认为中国传统的道德文化可以补西方文化的不足。他说："中国是四千余年文明古国，人民受四千余年道德教育，道德文明比外国人高若干倍，不及外国人者，只是物质文明。"①正是由于东西方科学文化与道德文化的差异，孙中山把东方文化和西方文化的区别概括为"王道"文化和"霸道"文化。他说：

> 专就最近几百年的文化讲，欧洲的物质文明极发达，我们东洋的这种文明不进步。从表面的观瞻比较起来，欧洲自然好于亚洲。但是从根本上解剖起来，欧洲近百年是什么文化呢？是科学的文化，是注重功利的文化。这种文化应用到人类社会，只见物质文明，只有飞机炸弹，只有洋枪大炮，专是一种武力的文化。……这种专用武力压迫人的文化，用我们中国的古话说就是"行霸道"，所以欧洲的文化是霸道的文化。……还有一种文化，好过霸道的文化，这种文化的本质，是仁义道德。用这种仁义道德的文化，是感化人，不是压迫人，是要人怀德，不是要人畏威。这种要人怀德的文化，我们中国的古话就说是"行王道"。②

孙中山用上述"王道"和"霸道"来划分东西方文化，概括文

---

① 《孙中山全集》，第2卷，533页，北京，人民出版社，1981。

② 《孙中山全集》，第11卷，405页，北京，人民出版社，1981。

化的本质,是不科学的,没有阐明东西方文化的阶级和时代特征。事实上,西方文化不仅仅是物质文明,还有与物质文明相适应的精神文明,即建立在科学文化基础上的民主传统。中国传统的道德文明不可能去补西方精神文明的不足。但就孙中山的思想体系的性质而言,则是力图把西方文化,即西方的资产阶级革命理论、社会学说、政治学说以及资本主义国家制度、社会模式同中国历史、现状结合起来,由变“器”到变“道”,在中国建立资产阶级民主共和国。

六、唯科学主义的抬头——严复对西学的认知

严复(1854～1921 年),曾名宗光,字又陵,又字几道,福建侯官(今闽侯)人。他出身贫困,没有条件走科学入仕的正途,1866 年考入左宗棠、沈葆桢创办的中国近代第一所海军学校——福州船政局附设的海军学堂,在那里他接触了西方的自然科学,包括数学、物理学、地质学、天文学。1877 年严复又被洋务派保送到英国留学,先后就读于抱穆士德和格林尼次海军大学,学习科目有高等数学、化学、物理、海军战术、海战公法及枪炮营垒诸学。学习之余,他考察英国的政治,大量阅读了西方的学术著作,如亚当·斯密、孟德斯鸠、卢梭、边沁、穆勒、达尔文、赫胥黎、斯宾塞等人的论著,比较系统地了解了西方的哲学和政治学说。在戊戌时期的思想家中,严复是唯一到过西方,接受过比较系统的西方教育的人,对西方社会和西方文化有比较真切的了解。严复认为中国所需要的不是从古代的圣贤那里为西方思想寻找理论依据,而是尽量系统全面地介绍西学。从 1895 年至 1909 年,严复翻译的西方著作有赫胥黎的《天演论》、亚当·斯密的《原富》、约翰·穆勒的《名学》和《群己权界论》、斯宾塞的《群学肄言》、甄克思的《社会通诠》、孟德斯鸠的《法意》、

耶芳斯的《名学浅说》等书。他成为中国近代史上第一个比较系统介绍西方文化的思想家，中国的科学主义思潮也从严复始。

（一）翻译和介绍《天演论》

严复翻译的赫胥黎的《天演论》，于 1898 年 4 月出版。赫胥黎的《天演论》是介绍和宣传达尔文进化论的，天演就是进化的意思。进化论是 19 世纪西方生物学界的一种关于生物界物种发生与发展的一种理论，也叫达尔文的生物进化论。达尔文（1809～1882 年）以实地考察所得的第一手材料为研究对象，于 1859 年出版《物种起源》一书。该书运用实证的科学方法，论证了世界从无机界到有机界，从生物到人的自然演进过程，指出植物和动物的种不是永恒的，而是变异的。生物在其生存竞争中，主要是通过自然选择，那些对生物有利的变异固定下来，由积累和遗传产生新的物种，那些不利于生存的变异则逐渐被淘汰。达尔文的物种起源说以唯物主义的发展观来观察生物界和自然界，有力地驳倒了上帝创造万物和人类的神话，开拓了生物学的广阔领域，给予自然科学以深刻的影响。然而，达尔文并没有将进化论运用到社会，把达尔文进化论运用到社会的是达尔文的好友、著名的英国生物学家赫胥黎。用达尔文的进化论解释社会就是社会达尔文主义。赫胥黎（1825～1895 年）是达尔文学说的积极支持者。严复翻译的《天演论》，原名叫《进化论与伦理学》，原为赫胥黎一本演说录的集子。赫胥黎认为自然界是弱肉强食，物竞天择，适者生存，而人类社会的发展则是对自然界进化的一种抑制，人类社会的发展进程可以称之为伦理的过程。

严复翻译《天演论》时，每一节或每一段都加上自己长长的案语，案语中对中西文化的异同，对西方学术的源流，一一加以评述和介绍。因此，《天演论》不单纯是一本译著，而且也反映了严复本人的思想。严复认为事物变化的总趋势是："以天演为体，而其用有二：曰物竞，曰天择，此万物莫不然，而于有生之类为尤著。物竞者，物争自存也，以一物以与物物争，或存或亡，而其效则归于天择。天择者，物争焉而独存……‘天择者，存其最宜者也’。”①严复也将达尔文的进化论用来解释社会，他说：“动植如此，民人亦然，民人者，固动物之类也。”②用此道理向中国人敲起警钟，告诫人们不能再妄自尊大，号召人民起来自强图存。

西方进化论思想迎合了近代中国救亡图存的现实需要。从19世纪末到20世纪初，大多数先进的中国知识分子都接受了进化论思想，不仅是康有为、梁启超、谭嗣同等维新人士，孙中山、章太炎等革命派也抱有进化论思想。胡适在《四十自述》中回忆当时进化论对整个社会的影响时说：

> 《天演论》出版之后，不上几年，便风行到全国，竟做了中学生的读物了。读这书的人，很少能了解赫胥黎在科学史和思想史上的贡献。他们能了解的只是那“优胜劣败”的公式在国际政治上的意义。在中国屡次战败之后，在庚子辛丑大耻辱之后，这个“优胜劣败，适者生存”的公式确是一种当头棒喝，给了无数人一种绝大的刺激。几年之中，这种思想像野火一样，延烧着许多少年人的心和血。“天演”、“物竞”、“淘汰”、“天择”等等术语，都渐渐成了报纸文章的熟语，渐渐成了一班爱国志士的“口头禅”。还有许多人爱用这种名词做自己或儿女的名字。陈炯明不是号竞存吗？我有两个同学，一个叫做孙竞存，一个叫做杨天择。我自己的名字，也是这种风气底下的纪念品，我在学堂里的名字是胡洪骍。有一天的早晨，我请我二哥代我想一个表字，二哥

---

① 《天演论》，2～3页，北京，商务印书馆，1981。

② 《严复集》(一)，16页，北京，中华书局，1986。

一面洗脸，一面说："就用'物竞天择，适者生存'的'适'字好不好？"我很高兴，就用"适之"二字。

严复除了翻译《天演论》宣传进化论思想外，还先后发表了《论世变之亟》、《原强》、《辟韩》、《救亡决论》等一系列重要文章，宣传进化论思想，以此激励国人，变法图强。西方进化论思想迎合了近代中国救亡图存的需要，为资产阶级的社会改革与革命提供了有力的理论依据，也是近代西学东渐过程中影响最大的一种思想。

（二）系统介绍西学

严复译著很多，除《天演论》外，他翻译的孟德斯鸠的《法意》、亚当·斯密的《原富》、约翰·穆勒的《群己权界论》，斯宾塞的《群学肄言》、约翰·穆勒的《穆勒名学》、耶芳斯的《名学浅说》和甄克思的《社会通诠》。以上八部著作通称严译八大名著，从不同方面系统地介绍了西方文化。

《法意》（又名《论法的精神》），是孟德斯鸠 1748 年写的著作。严复于 1900 年翻译，并于 1904～1905 年分册出版。孟德斯鸠（1689～1755 年）是法国著名的启蒙思想家。他在《法意》一书中，猛烈抨击君主专制主义，提倡三权分立，强调由人民通过议会掌握立法权，只有这样才能避免专制，保障人民的政治自由。

《原富》（本名为《国民财富的性质和原因的研究》），是亚当·斯密 1776 年出版的著作。亚当·斯密（1723～1790 年）是英国著名古典政治经济学家，提倡资产阶级功利主义和经济自由主义。严复从 1898 年开始译该书，直到 1902 年出版。严复对《原富》的翻译使西方古典政治经济学第一次介绍到中国。

《群己权界论》（本名为《论自由》）为约翰·穆勒的著作。严复在介绍西方的自由学说时，将"自由"译成"自繇"，把"自由"解释为是在大群和小己之间立折衷至当的权界。

《群学肄言》(本名为《社会学研究》)是英国哲学家斯宾塞的著作,群学就是社会学。社会学的创始人是法国孔德,斯宾塞比孔德晚一些,也是社会学的创始人之一。严复最早将社会学介绍到中国来。严复还翻译了西方逻辑学方面的书籍,如约翰·穆勒所著的《名学》和耶芳斯的《名学浅说》等。

严复翻译这些著作都是经过慎重挑选的。如他翻译《天演论》是为了保种,求自强;翻译《原富》是为了在中国发展资本主义;翻译《名学》是为了用新的思想方法打破程、朱、陆、王理学的束缚;翻译《法意》是为了反对君主专制主义,提倡君主立宪。①尤其是严复在系统介绍西学时,十分注重对西方科学方法论的介绍。他认为西方国家的政治经济制度之所以优越,科学技术之所以发达,是因为它有各种理论科学(自然科学、社会科学)作基础;而这些理论之所以正确,又在于他们有新的方法作为指导,而这种新的方法就是形式逻辑的归纳法和演绎法,“二者即物穷理之最要深术也”②。他说:“及观西人名学,则见其于格物致知之事,有内籀之术焉,有外籀之术焉。内籀云者,察其曲而知其全者也,执其微以会其通者也;外籀云者,据公理以断众事者也,设定数以逆未然者也。”③“内籀”即归纳法,是从特殊到一般,通过对许多特殊的个别事物研究,得出普遍的结论。“外籀”即演绎法,是从一般到特殊,根据普遍的公理,推断出个别事物的性质变化。严复认为物理、化学、数学、医学、天文学各种学科都是反复运用这两种方法的结果。严复用这种方法反对宋明理学,反对以书本为对象的经学方法。他说:“西学格致……一理

---

① 桑咸之、林翘翘:《中国近代政治思想史》,208页,北京,中国人民大学出版社,1986。

②③ 《译〈天演论〉自序》,《天演论》卷首,北京,商务印书馆,1981。

之明，一法之立，必验之物物事事而皆然，而后定之为不易。其所验也贵多，故博大；其收效也必恒，故悠久；其穷极也，必道通为一，左右逢原，故高明。”“夫陆王之学，质而言之，则直师心自用而已”，“自以为不出户可以知天下，而天下事与其所谓知者，果相合否？不径庭否？不复问也。自以为闭门造车，出而合辙，而门外之辙与其所造之车，果相合否？不龃龉否？又不察也”。① 严复认为西欧用科学的方法，事事经过实验，认识也随着事物的变化而改变。而陆王心学只是“师心自用”、“强物就我”，即要客观事物迁就他们的主观意识，而不问是否与事实相符合，只知背诵八股文，埋头考据训诂，讲义理、词章，严复称之为“无用”、“无实”的学问。

严复是近代史上第一位比较多地介绍西方文化的思想家，他的译著大约近二百万字左右，极大地扩大了中国人的眼界，使中国人获得了西方资产阶级的哲学、政治经济学、法学、政治学、社会学、逻辑学等各个领域的知识。尤其是通过严复对西方自然进化论和逻辑学的介绍，这种近代的科学方法论，给中国人一种新的思维方式，即不再以易经的阴阳说和公羊家的三世说的历史循环论对西方思想加以附会，而是如何通过演绎推理与归纳推理得到可以确信的科学知识。可以说，严复已经触及科学哲学的两个基本点：重视试验和讲究逻辑。这种科学的理性精神，为中国人接受近代思想奠定了科学的认识基础。同样，严复将达尔文的自然进化论运用到社会，把归纳法扩展到一切科学领域，这种对科学方法理解的偏颇认识，这种过分地推崇方法的作用，也可以说是近代以来在西学东渐过程中，唯科学主义的抬头。

---

① 《救亡决论》，《戊戌变法》，第3卷，64～65页，北京，中华书局，1992。

第二章　唯科学主义的张扬

——20世纪初的科学与人文思潮

所谓唯科学主义(也称科学主义),简言之,就是认为宇宙万物的所有方面都可以通过科学方法来认识。中国唯科学主义的出现正如前面所述,是近代以来一代又一代知识分子从追求科学到科学崇拜的结果。鸦片战争以来,中国救亡图存的需要,导致了一代代知识分子对科学的迫切渴求,他们认为西方之所以强大,是由于科学发达的原因,中国要赶上西方,就必须努力学习西方的现代科学技术,如洋务派张之洞等人提出的“中学为体、西学为用”,改良派严复对西方进化论以及归纳法和演绎法的介绍等,这些都体现了当时人们对传统价值观念与科学关系的认识,尤其是严复对西方科学的理解,已不仅仅是停留在表层的物质技术和器物层面,而是把它看作为一种认识方法、一种理性精神。

如果说19世纪末,中国的先进分子对科学的理解还是一种追求的话,那么到了20世纪初便成为一种崇拜。在他们看来,科学不仅仅是一种认识方法,同时更是一种新的人生观、世界观,一种完全可以取代传统价值的新观念。胡适先生曾这样描述道:“这三十年来,有一个名词在国内几乎做到了无上尊严的地位;无论懂与不懂的人,无论守旧和维新的人,都不敢公然对他表示轻视或戏侮的态度。那个名词就是'科学'。这样几乎全国一致的崇信，究竟有无价值，那是另一问题，我们至少可以说，自从中国讲变法维新以来，没有一个自命为新人物的敢公然毁谤'科学'的。"①这就是20世纪初的唯科学主义思潮。

一、科学与民主的呐喊
——陈独秀的唯科学主义

陈独秀(1879～1942年)，字仲甫，号实庵，安徽怀宁县人，为世家书香门第，幼受封建文化的熏陶。1915年9月在上海创办《新青年》杂志，倡导科学、民主思想，从而拉开了新文化运动的序幕。陈独秀最富于思想性的论著主要发表于新文化运动和20年代初的几次思想大讨论中。从文化思想角度讲，主要有《敬告青年》、《东西民族根本思想之差异》、《法兰西人与近世文明》、《吾人最后之觉悟》、《宪法与孔教》、《孔子之道与现代生活》、《再论孔教问题》、《人生真义》、《旧思想与国体问题》、《圣言与学术》、《调和论与旧道德》、《资产阶级的革命与革命的资产阶级》、《〈科学与人生观〉序》、《答张君劢及梁任公》等，有《独秀文存》文集问世。

在新文化运动中，新文化的倡导者们高举科学与民主这两面大旗，用近现代西方的科学理性来反对传统文化的蒙昧主义，用近现代西方的人文主义来反对传统的以家族观念为本位的伦理观念，全面输入和摄取西方文化，科学与民主是他们对西方科学文化与人文文化的总结性认识，陈独秀是其中最突出的代表。

---

①　胡适：《〈科学与人生观〉序》，《科学与人生观》，2～3页，上海，上海亚东图书馆，1923。

也,则急起直追,当以科学与人权并重"。先看陈独秀对"科学"的认识,他说:

> 科学者何?吾人对于事物之概念,综合客观之现象,诉之主观之理性而不矛盾之谓也。想象者何?既超脱客观之现象,复抛弃主观之理性,凭空构造,有假定而无实证,不可以人间已有之智灵,明其理由,道其法则者也。①

这里,陈独秀把"科学"诠释为一种理性精神,一种与迷信、盲从对立的客观精神。

陈独秀对"科学"概念的使用非常广泛,既包括自然科学,也包括社会科学和哲学,几乎适用于社会生活各个领域,如科学对士农、工商、医的作用,他说:

> 士不知科学,故袭阴阳家符瑞五行之说,惑世诬民;地气风水之谈,乞灵枯骨。农不知科学,故无择种去虫之术。工不知科学,故货弃于地,战斗生事之所需,一一仰给于异国。商不知科学,故惟识罔取近利,未来之胜算,无容心焉。医不知科学,既不解人身之构造,复不事药性之分析,菌毒传染,更无闻焉……其想象之最神奇者,莫如"气"之一说;其说且通于力士羽流之术;试遍索宇宙间,诚不知此"气"之果为何物也!②

又如,科学与宗教,陈独秀认为,关于人生的两大基本问题是"为什么"存在和怎样存在,对这个问题的回答有三种,一是宗教的解释,二是哲学的解释,他赞成第三种态度,即科学的解释。他指出,世人多信宇宙人生之秘密,非科学所能解释,"决疑释忧,厥惟宗教",然而"真能决疑,厥惟科学"。他说:

> 人类将来真实之信解行证,必以科学为正轨,一切宗

---

①② 陈独秀:《敬告青年》,《陈独秀文章选编》(上),77页,78页,北京,生活·读书·新知三联书店,1984。

教，皆在废弃之列；其理由颇繁，故略言之。盖宇宙间之法则有二：一曰自然法，一曰人为法。自然法者，普遍的，永久的，必然的也，科学属之；人为法者，部分的，一时的，当然的也，宗教道德法律皆属之。……人类将来之进化，应随今日方始萌芽之科学，日渐发达，改正一切人为法则，使与自然法则有同等之效力，然后宇宙人生，真正契合。……宗教之能使人解脱者，余则以为必先自欺，始克自解，非真解也。真能决疑，厥惟科学。①

再如，科学与人生观，陈独秀认为只有科学的人生观是可信的，有证据的。他说：

人生在世，个人是生灭无常的，社会是真实存在的。社会的文明幸福，是个人造成的，也是个人应该享受的。社会是个人集成的，除去个人，便没有社会；所以个人的意志和快乐，是应该尊重的。……一切宗教、法律、道德、政治，不过是维持社会不得已的方法，非个人所以乐生的原意，可以随着时势变更的。人生幸福，是人生自身出力造成的，非是上帝所赐，也不是听其自然所能成就的。……个人之在社会，好象细胞之在人身；生灭无常，新陈代谢，本是理所当然，丝毫不足恐怖。②

“民主”（人权）是陈独秀对西方文化的认知除“科学”外提出的另一面旗帜。他将二者的关系比做是“若舟车之有两轮”，二者缺一不可，他说：“近代欧洲之所以优越他族者，科学之兴，其功不在人权说下，若舟车之有两轮焉。……国人而欲脱蒙昧时

---

① 陈独秀：《再论孔教问题》，丁守和主编：《中国近代启蒙思潮》中卷，90页，北京，社会科学文献出版社，1999。

② 陈独秀：《人生真义》，《陈独秀文章选编》（上），239～240页，北京，生活·读书·新知三联书店，1984。

代，羞为浅化之民也，则急起直追，当以科学与人权并重。”①

陈独秀高举科学与民主两面旗帜，号召青年以崭新的面貌与旧世界决裂，必然遇到传统论者的责难，陈独秀为此写了《本志罪案之答辨书》一文，表示了坚决捍卫科学和民主的气概，文中写道：

> 这几条罪案，本社同人当然直认不讳。但是追本溯源，本志同人本来无罪，只因为拥护那德莫克拉西(Democracy)和赛因斯(Science)两位先生，才犯了这几条滔天大罪。要拥护那德先生，便不得不反对孔教、礼法、贞节、旧伦理、旧政治。要拥护那赛先生，便不得不反对旧艺术，旧宗教。要拥护德先生又要拥护赛先生，便不得不反对国粹和旧文学。大家平心细想，本志除了拥护德、赛两先生外，还有别项罪案没有呢？若是没有，请你们不用专门非难本志，要有气力、有胆量来反对德、赛两先生，才算是好汉，才算是根本的办法。②

“民主”与“科学”是近现代西方文化的特征，早在19世纪末，严复在《论世变之亟》一文中曾讲过，西方文化是“于学术则黜伪而崇真，于刑政则屈私以为公”，把西方的近代文化精神归结为“科学”与“民主”。随着“民主”、“科学”思想在中国的传播，人们对“民主”、“科学”的认识也渐深入。陈独秀在《新青年》中提倡的“科学”与“民主”精神，正是继承了前人对西方文明的总体认识，既把西方文明归结为“民主”与“科学”思想，又把两者作为文化变革的思想内容和改造中国社会制度的理论工具。“陈独秀用这两种观念来动摇旧社会、旧思想——科学使中国人的

① 陈独秀：《敬告青年》，《陈独秀文章选编》(上)，73页，北京，生活·读书·新知三联书店，1984。

② 陈独秀：《〈新青年〉罪案之答辨书》，丁守和主编：《中国近代启蒙思潮》中卷，391页，北京，社会科学文献出版社，1999。

智慧由专注于辞章之学和伦理体系转向对自然的分析探索；民主使中国人由组织制度中心变为个人中心的民族”，但陈独秀所感兴趣的只是“一般意义的尊崇科学。他对科学方法可靠性的偏见和他对科学本身的一知半解，都导致一个僵化的信仰：一种唯物论的、教条的唯科学主义”①。

二、实验主义传播的代言人——胡适的唯科学主义

胡适（1891～1962 年），字适之，安徽绩溪人。1904 年，胡适离开家乡来到上海，先后就读于梅溪学堂、澄衷学堂、中国公学和中国新公学。1910 年 8 月赴美留学，先入康乃尔读农科，后攻读文科，1915 年入哥伦比亚哲学系研究部，师从实用主义哲学家杜威，1917 年回国，任北京大学教授。

20 世纪初的中国，在极力推崇科学精神及科学方法的人中，胡适称得上是最典型的一位，这不仅是因为他率先发起白话文运动和文学革命，还因为他系统地介绍了实用主义（胡适称之为实验主义），尤其是实用主义的“科学方法”，成为中国经验主义最重要的代表。

何为实用主义？实用主义是西方实证主义哲学发展演变中的一个分支。

实证主义作为西方的一种哲学思潮，兴起于 19 世纪中叶。以历史的发展看，实证主义理论的先导可以上溯到近代西方的经验主义，而其更广的历史背景则包括近代科学的发展。经验论传统使实证主义将哲学的领域主要限制在现象界（现象主

① ［美］郭颖颐著，雷颐译：《中国现代思想中的唯科学主义》，68 页，南京，江苏人民出版社，1989。

义),拒绝讨论经验现象之外的问题(形而上学);近代西方科学的发展,则使实证主义极为注重实验科学及与之相关的逻辑与方法论,力图实现科学的统一及哲学的科学化。总之,既重视科学,又对科学作现象主义的诠释,是实证主义的基本致思倾向。这是在相当宽泛意义上对实证主义的规定。在这种规定下,实证主义涵盖了包括孔德和穆勒的实证哲学、马赫主义、实用主义、新实在论、逻辑实证主义等在内的众多哲学流派。①

19 世纪末 20 世纪初,西方的实证主义开始出现不同的分支,实用主义即其中之一。实用主义在不同的哲学家那里情形各异,其主要代表人物有皮尔士(1839～1914 年)、詹姆士(1842～1910 年)及杜威(1859～1952 年)。杜威是胡适在哥伦比亚大学学习时的老师。杜威实用主义对胡适影响极大。尤其是 1919 年 5 月,杜威应中国教育团体之邀在中国讲学,足迹遍布北京、奉天(今辽宁)、直隶(今河北)、山西、山东、江苏、江西、湖北、湖南、浙江、福建、广东等十一省市,作了数十次演讲,传播实用主义哲学,时间竟达两年零两个月。杜威在华讲学期间,胡适一方面为杜威讲演作翻译,另一方面通过演说和发表文章传播实用主义。胡适和杜威有着深厚的友谊和情感,他对杜威的学说给予极高的评价,称杜威是中国人的“良师益友”,自中国与西方文化接触以来,“没有一个外国学者在中国思想的影响有杜威先生这样大的”。

胡适在五四前后,通过翻译、演说和发表文章,传播皮尔士、詹姆士和杜威三位代表人物的实用主义哲学,着力提倡西方文化的科学主义。

① 高瑞泉主编:《中国近代社会思潮》,132 页,上海,华东师范大学出版社,1996。

(一) 实验主义与近代科学

胡适认为,“实验主义”这种“新哲学完全是近代科学发达的结果”。他在《实验主义》一文中指出:19 世纪乃是科学史上最光荣的时代,不但科学的范围更扩大了,器械更完备了,方法更精密了;最重要的是科学的基本观念都经过了一番自觉的评判,受了一番根本的大变迁。这些科学基本观念之中,有两个重要的变迁,都同实验主义有绝大的关系。

一是科学家对于科学律例、态度的变迁,一是达尔文的进化论引起科学观念的变迁。胡适认为:从前崇拜科学的人,大概有一种迷信,以为科学的律例都是一定不变的天经地义,这些天理发见之后,便成了科学的律例。但是这种“天经地义”的态度,近几十年来渐渐变更了,科学家逐渐认识到这种“天经地义”的迷信态度,很可能阻碍了科学的进步。科学家从研究科学的历史过程中,感觉到“科学上许多发明都是运用‘假设’的效果,因此他们渐渐的觉悟,知道现在所有的科学律例不过是一些最适用的假设”。既然科学的律例“原不过是人造的假设用来解释事物现象的”,那么“解释的满意,就是真的;解释的人不满意,便不是真的,便该寻别种假设来代他了。不但物理学、化学的律例是这样的,就是平常人最信仰、最推崇为永永不磨的数学定理,也不过是一些最适用的假设”。由此,胡适认为科学家对于科学律例态度的变迁含有三种意义:“(一)科学律例是人造的;(二)是假定的——是全靠他解释事实能不能满意,方才可定他是不是适用的;(三)并不是永永不变的天理——天地间也许有这种永永不变的天理,但我们不能说我们所拟的律例就是天理;我们所假设的律例不过是记载我们所知道的一切自然变化的‘速记法’

……这就是'科学试验室的态度'。"①对于第二种变迁，即达尔文进化论引起科学观念的变化，胡适认为：自古以来，讲进化的人本不少，但总不曾明白主张"物种"变迁进化的结果。哲学家大概把一切"物种"(Species)认作最初同时发生的，发生以来，永永不变，古今如一。如中国的荀子主张"物类不悖，虽久同理"。西方学者如亚里士多德等人也主张物种不变的。这种物类不变的观念，在哲学史上有很大影响，学者们不去研究变的现象，却去寻找变化背后那个不变的、统一的类，最终之因，即万物的"本原"。"因此古来的哲学家可以随便乱说：这个人说是'道'，那个人说是'理'，第三人说是'气'，第四人说是'无'，第五人说是'上帝'，第六人说是'太极'，第七人说是'无极'。……自从达尔文以来，各种学问都受了他的影响。……到了实验主义一派的哲学家，方才把达尔文一派的进化观念拿到哲学上来运用；拿来批评哲学上的问题，拿来讨论真理，拿来研究道德。进化观念在哲学上应用的结果，便发生了一种'历史的态度'(The genetic method)。"以上实验主义的两个根本观念，胡适总结说："第一是科学试验室的态度，第二是历史的态度。这两个基本观念都是19世纪科学的影响。所以我们可以说：实验主义不过是科学方法在哲学上的运用。"②

(二) 实验主义的方法论

胡适认为实验主义有三种意义：一是方法论；二是真理论；三是实在论。胡适在介绍和传播实验主义的方法论时，主要是以杜威作为代表。

胡适认为，实验主义的方法就是杜威提出的五步说，即"一，

①② 胡适：《实验主义》，见胡明主编：《胡适精品集》(1)，278～281页，281～282页，北京，光明日报出版社，1998。

疑难的境地；二，指定疑难之点究竟在什么地方；三，假定种种解决疑难的方法；四，把每种假定所涵的结果，一一想出来，看哪一个假定能够解决这个困难；五，证实这种解决使人信用；或证明这种解决的谬误，使人不信用"①。胡适对这五步作了详细阐释和发挥，他说：

> 一、思想的起点是一种疑难的境地。——上文说过，杜威一派的学者认定思想为人类应付环境的工具。人类的生活若是处处没有障碍，时时方便如意，那就用不着思想了。但是人生的环境，常有变换，常有不测的变迁。到了新奇的局面，遇着不曾经惯的物事，从前那种习惯的生活方法都不中用了。譬如看中国白话小说的人，看到正高兴的时候，忽然碰着一段极难懂的话，自然发生一种疑难。……这些疑问便是思想的起点。一切有用的思想，都起于一个疑问的符号。一切科学的发明，都起于实际上或思想界里的疑惑困难。
>
> 二、指定疑难之点究竟在何处。——有些疑难是很容易指定的……但是有许多疑难，我们虽然觉得是疑难，但一时不容易指定究竟哪一点是疑难的真问题。……杜威以为这一步是很重要的。这一步就同医生的"脉案"，西医的"诊断"，一般重要。……若不如此，他便是犯了武断不细心的大毛病了。
>
> 三、提出种种假定的解决方法。——既经认定疑难在什么地方了，稍有经验的人，自然会从所有的经验、知识、学问里面，提出种种的解决方法。……这些假定的解决，是思想的最要紧的一部分，可以算是思想的骨干。我们说某人

① 胡适：《实验主义》，见胡明主编：《胡适精品集》(1)，306～307页，北京，光明日报出版社，1998。

能思想，其实只是说某人能随时提出种种假定的意思来解决所遇着的困难。……

四、决定哪一种假设是适用的解决。——有时候，一个疑难的问题能引起好几个假设的解决法。……遇着几种解决法发生时，应该把这种假设所涵的意义，一一的演出来：如果用这一种假设，应该有什么结果？这种结果是否能解决所遇的疑难？如果某种假设，比较起来最能解决困难，我们便可采用这种解决。……

五、证明。——第四步所采用的解决法，还只是假定的，究竟是否真实可靠，还不能十分确定，必须有实地的证明。……有时候，一种假设的意思，不容易证明，因为这种假设的证明所需要的情形平常不容易遇着，必须特地造出这种情形，方才可以试验那种假设的是非。凡科学上的证明，大概都是这一种，我们叫做“实验”。……思想的结果，到了这个地步，不但可以解决面前的疑难，检[应为“简”]直是发明真理，供以后的人大家受用，功用更大了。①

上述，胡适的疑难、假设、求证的一套思想方法，就是胡适从杜威实验主义以及英国经验主义那里继承的科学方法论，胡适把这种科学方法论归结为“大胆的假设，小心的求证”、“十字真言”。实验主义的方法论对胡适一生产生重大影响，胡适晚年在他《口述自传》中说：“我治中国思想与中国历史的各种著作，都是围绕着‘方法’这一观念打转的。‘方法’实在主宰了我四十多年来所有的著作。”②

---

① 胡适：《实验主义》，见胡明主编：《胡适精品集》(1)，307～311页，北京，光明日报出版社，1998。

② 《胡适哲学思想资料选》(下)，106页，上海，华东师范大学出版社，1981。

(三) 实验主义的实在论

“实在”(Reality)——是客观存在还是主观产物,历来是哲学家讨论的一个重要问题,如“实在论”、“变形实在论”、“新实在论”、“批判实在论”、“科学实在论”等。实验主义实在论,是实验主义哲学家(主要是詹姆士)对我们之外的物质世界的看法。胡适在介绍和传播实用主义时,对实验主义的实在论进行了阐释和发挥。

胡适认为:如何看待实在,实验主义和以往的唯物主义哲学家不同。“从前的旧派哲学家都说实在是永远不变的。詹姆士一派人说实在是常常变的,是常常加添的,常常由我们自己改造的。”胡适将实验主义的“实在”概括为三大部分:感觉;感觉与感觉之间及意象与意象之间的种种关系;旧有的真理。并对此进行论证。

先说感觉,胡适在《实验主义》一文中指出:感觉之来,就同大水汹涌,是不由我们自主的。但是我们各有特别的兴趣,兴趣不同,所留意的感觉也不同。因为我们所注意的部分不同,所以各人心目中的实在也就不同。一个诗人和一个植物学者同走出门游玩,那诗人眼里只见得日朗风轻,花明鸟媚;那植物学者只见得道旁长的是什么草,篱上开的是什么花,河边栽的是什么树。这两个人的宇宙是不大相同的。

再说感觉和意象的关系。胡适指出:一样的满天星斗,在诗人的眼里和在天文学者的眼里,便有种种不同的关系数。一样的两件事,你只见得时间的先后,我却见得因果的关系。一样的一篇演说,你觉得这人声调高低得宜,我觉得这人论理完密。一百个大钱,你可以摆成两座五十的,我可以摆成四座二十五,也可以摆成十座十个的。那旧有的真理更不用说了。胡适还指出:实验主义的实在也同理性派实在论不同。理性主义认为,实在是现成的，永远是完全的；实验主义以为实在还正在制造之中，将来造到什么样子便是什么样子。

总之，胡适说："实在是我们自己改过的实在。这个实在里面含有无数人造的分子。实在是一个很服从的女孩子，他百依百顺的由我们替他涂抹起来，装扮起来。'实在好比一块大理石到了我们手里，由我们雕成什么像'。"①

(四) 实验主义的真理论

什么是真理(Truth)，这也是西方哲学史上一个重要问题。胡适在介绍和传播实验主义的真理论时，主要是以詹姆士作为代表。

胡适首先分析了詹姆士等人的真理观同旧派哲学家"符合论"真理观的不同。他指出：那些旧派的哲学家说真理就是同"实在"相符合的意象。这个意象和"实在"相符合，便是真的；那个意象和"实在"不相符合，便是假的。这话很宽泛，我们需要问，什么叫做"和实在相符合"？旧派的哲学家说"真的意象就是实在的摹本(copy)"，詹姆士问道："譬如墙上的钟，我们闭了眼睛可以想像钟的模样，那还可以说是一种摹本。但是我们心里想起的钟的用处的观念，也是摹本吗？摹的是什么呢？又如我们说钟的法条有弹性，这个观念摹的又是什么呢？这就可见一切不能有摹本的意象。"由此，胡适进而指出：实验主义哲学家批评这种真理观，认为"这学说是一种静止的、惰性的真理论。"因为这种真理观"好像是只要把实在直抄下来就完了事；只要得到实在的摹本，就够了，思想的功用就算圆满了。好像我们中国在

① 胡适：《实验主义》，见胡明主编：《胡适精品集》(1)，297～298页，北京，光明日报出版社，1998。

前清时代奏折上批了‘知道了，钦此’五个大字，就完了”①。

胡适还介绍了詹姆士关于真理是工具、是媒婆、是摆渡的观点，进而阐述实验主义的真理论。胡适引用詹姆士的话说：“凡是真理都是我们能消化受用的；能考验的，能用旁证证明的，能稽核查实。凡假的观念都是不能如此的。”“真理的证实在能有一种满意的摆渡作用。”什么叫摆渡作用呢？胡适引述詹姆士的话说：“如果一个观念能把我们一部分的经验引渡到别一部分的经验，连贯的满意，办理的妥贴，把复杂变简单了，把烦难的变容易了，——如果这个观念能做到这步田地，他便‘真’到这步田地，便含有那么多的真理。”譬如我们走到一个大森林里，迷了路，饿了几日走不出来，忽然看见地上有几个牛蹄印子，我心里便想：若跟着牛蹄印子走，一定可寻到有人烟的地方。这个意思在这个时候非常有用，我依了做去，果然出险了。这个意思便是真的，因为他能把我从一部分的经验引渡到别部分的经验，因此便自己证实了。由此，胡适强调，“真理‘和实在相符合’并不是静止的符合，乃是作用的符合：从此岸渡到彼岸，把困难化为容易，这就是‘和实在相符合’了。符合不是临摹实在，乃是应付实在，乃是适应实在”②。

胡适还对詹姆士的“媒婆”论作了发挥。他说：这种“摆渡”作用，又叫做“做媒”的本事。一个新的观念就是一个媒婆，他的用处就在于能把本来未有的旧思想和新发见的事实拉拢来做夫妻，使他们不要吵闹，使他们和睦过日子。譬如我们从前糊糊涂涂的过太平日子，以为物体从空中掉下来是很自然的事，不算稀奇。不料后来人类知识进步了，知道我们这个地球是悬空吊在空中，于是便发生了疑问：这个地球何以能够不掉下去呢？地球

---

①② 胡适：《实验主义》，见胡明主编：《胡适精品集》(1)，292页，293页，北京，光明日报出版社，1998。

既是圆的，圆球那一面的人物屋宇何以不掉到太空中去呢？这个时候，旧思想和新事实不能相容，正如人家儿女长大了，男的吵着要娶媳妇了，女的吵着要嫁人了，正在吵闹的时候，来了一个媒婆，叫做"吸力说"，他从男家到女家，又从女家到男家，不知怎样一说，于是遂成了夫妇，重新过太平的日子。所以詹姆士说："观念成为真理全靠他有这做媒的本事。一切科学的定理，一切真理，新的旧的，都是会做媒的，或是现任的媒婆，或是已退职的媒婆。纯粹物观的真理，不曾替人做过媒，不曾帮人摆过渡，这种真理是从来没有的。"①

胡适还把实验主义的真理论称为"历史的真理论"（Genetic Theory of Truth）。他说：为什么叫做"历史的"呢？因为这种真理论注重的点在于真理如何发生，如何得来，如何成为公认的真理，真理并不是天上掉下来的，也不是人胎里带来的。真理原来是人造的，是为了人造的，是人造出来供人用的，是因为他们大有用处所以才给他们"真理"的美名。万一明天发生他种事实，从前的观念不适用了，他就不是"真理"了。胡适举例说，譬如"三纲五常"的话，古人认为真理，因为这种话在古时宗法的社会很有点用处。但是现在时势变了，国体变了，"三纲"便少了君臣一纲，"五伦"便少了君臣一伦。还有"父为子纲"、"夫为妻纲"两条，也不能成立。古时的"天经地义"现在变成废语了。② 上述就是胡适传播和阐释的真理是一种工具，真理是一种效用的实验主义真理观。

胡适说，"实验主义不过是科学方法在哲学上的应用"，这确是一句精辟的见解。20 世纪初，英美实用主义哲学是作为一种科学主义思潮被引进中国的，在五四新文化运动中，实验主义的

①② 胡适：《实验主义》，见胡明主编：《胡适精品集》(1)，294 页，294 页，北京，光明日报出版社，1998。

传播，打破了传统儒家思想独尊的局面，因而具有开一代风气的功绩，艾思奇曾在《二十二年来的中国哲学思潮》中说："新的思想方法之出现，是在'五四'的炮声发出以后，实验主义的治学方法在某种意义上可以说是与传统迷信针锋相对，因此就成为'五四'文化中的天之骄子。在这种意义上，与其说胡适对于新文化有何种新的创见，不如说他的功绩仅仅在于新的思想方法之提出。"

胡适不仅对实验主义进行多次介绍和传播，同时还始终坚持实验主义的科学精神，把实验主义的方法论直接应用于他的学术研究中。1922 年，胡适在《我的歧路》一文中写道："我这几年的言论文字，只是这一种实验主义的态度在各方面的应用。我的惟一的目的是要提倡一种新的思想方法，要提倡一种注重事实，服从证验的思想方法。古文学的推翻，白话文学的提倡，哲学史的研究，《水浒》、《红楼梦》的考证，一个'了'字或'们'字的历史，都只是这一个目的。我现在谈政治，也希望在政论界提倡这一种'注重事实，尊崇证验'的方法。"①

当然，胡适在介绍和阐释实验主义时，也存在一定的缺陷，如实验主义的真理论，把真理纯粹看成是对付环境的工具，完全否认科学定律的客观性，进而导致主观主义、相对主义的效用真理观。又如，实验主义的实在论，胡适对论证"实在"的理由与方法，涉及人们认识事物时如何理解认识的主体与被认识的客体的关系问题。由于人的需要、兴趣、知识结构以及生活经验等不同，对同样一个事物的认识就能产生不同的看法，甚至相反的看法，这说明认识主体的能动性和复杂性，但不能由此否认事物的客观性。但这丝毫都不会影响实验主义作为一种科学主义文化

① 胡适：《我的歧路》，见胡明主编：《胡适精品集》(4)，63 页，北京，光明日报出版社，1998。

思潮，在20世纪初的中国思想界所产生的开一代风气作用。

三、“宇宙一切，皆可以科学解说”——吴稚晖的唯科学主义

吴稚晖（1865～1953年），原名朓，又名敬恒，江苏武进人，清代举人，早年留学日本弘文师范学院。1902年10月，他和蔡元培一起在上海成立了爱国学社，并创办《苏报》。因反对清廷，是年5月离开上海亡命欧洲。1903年9月，抵达英国爱丁堡，1905年春，与孙中山首次相见于伦敦，并加入同盟会。1907～1910年与李石曾、张静江等人在巴黎创办“世界社”，主编《新世纪》周刊。吴稚晖留居欧洲八年多，在此期间，吴稚晖耳濡目染，接触到大量的西方文化，这为他以后思想的发展奠定了基础。1915年9月，《新青年》创刊时，吴稚晖已50岁，但“先生生活朴素、刻苦；言谈讽刺、滑稽；思想清澈、新颖；年虽老而思想并不落后，青年颇受其影响，故当时有‘白发青年’之绰号”①。

（一）对西方科学文化的认知

吴稚晖是西方科学文化的崇拜者，对于中西文化的态度，从他对梁漱溟《东西文化及其哲学》讲演的评价便可清楚。1920年，梁漱溟在北大开讲“东西文化及其哲学”，将世界文化分成西方、中国、印度三系。认为：西方文化是以意欲向前要求为其根本精神的；中国文化是以自为调和持中为其根本精神的；印度文化是以反身向后要求为其根本精神的。梁漱溟主张“往东走”——走孔子的路。吴稚晖则正好相反，他认为这三条路中，唯一的正路乃是西洋的第一路，因为它才合乎宇宙日新又新、步

① 郭湛波：《近五十年中国思想史》，163页，北平人文书店，1936。

步上升而又永不止息的进化大势。如果不能走上这条路，则与其走那不死不活的第二条，倒不如干脆走上灭绝的第三路。吴稚晖认为人类文化内容大致可以分为三类：第一类，美学、文学、宗教，方便上可以称之为“情感学”；第二类，玄学、哲学，方便上可以称之为“情理学”；第三类，科学，方便上可以称之为“理智学”。他认为文学、美学、宗教等乃是完全出于情感的事物。玄学、哲学则是理智和情感携手合作所造成的产物：它一方面受着情感的推动，对宇宙人生做出了种种大胆的想像，一方面又能凭藉理智对这些想像的合理性做一番衡量，去其不合理的部分，而保留其合理的部分而构成“假设”。科学又是哲学、玄学这些合理的“假设”之被证明为可信的部分。所以“玄学是尚未论定之科学，科学是已论定之玄学。”这“证明”的手续当然是理智所行的，所以科学几乎完全出于理智。因此，“科学者，让美学使人间有情，让哲学使情能合理，彼即由合情合理而得到真正合理的一部分”①。

吴稚晖站在科学与现代文明的立场，激烈地反对空谈“心性”的“理学”以及所谓的心理学，对于所谓的“整理国故”，也在他的反对之列。他说：“同善社，道德社，大同教……皆猖獗得远超过于戊戌以前，你要得孔颜乐趣，他的坛上，便孔子神位，颜子神位，早供上座。你要致王阳明良知，他乩盘里便王文成的静坐法，王心斋的泰州躬耕诗，早登在卍字杂志，他刮你们的面皮，从老先生的梁任公、梁漱溟、张君劢，刮到小先生谢赞尧、谢国馨。使我仍切齿痛恨，以为弄到蛇鼠黄狼，一齐显灵；廿四夜灶君皇帝的上天，耀武扬威，农民的辛苦米粒，都装入妖巫道姑袋里；皆是东西文化哲学、欧游心影录，清华大学的演说稿，间接直接鼓

① 吴稚晖：《答李石岑书》，见《现代中国思想家》第5辑，42～44页，台北，巨人出版社，1978。

吹出来。”①又说：“这国故的臭东西，他本同小老婆吸鸦片相依为命。小老婆吸鸦片，又同升官发财相依为命。国学大盛，政治无不腐败。因为孔孟老墨便是春秋战国乱世的产物。非再把他丢在毛厕里三十年，现今鼓吹成一个干燥无味的物质文明，人家用机关枪打来，我也用机关枪对打，把中国站住了，再整理什么国故，毫不嫌迟。”②上述，吴稚晖相信西洋文明超过中国文明，因此，对于旧文化、旧思想以及旧思想的拥护者的攻击不遗余力。

吴稚晖相信科学可以解决一切难题，物质文明都是科学的结果。《民国日报》副刊《科学周报》是份通俗的杂志，由北平师范大学青年学生的科学研究社创办，吴稚晖担任这份周刊的编辑和指导工作，杂志的前言中写道：

> 科学在世界文明各国皆有萌芽。文艺复兴以后，它的火焰在欧土忽炽。近百年来，更是火星迸裂，光明四射。一切学术，十九都受它的洗礼。即如言奥远的哲学，言感情的美学，甚至瞬息万变的心理，琐碎纠纷的社会，都一一立在科学的舞台上，手携手的向前走着。人们的思想终究易疏忽，终究易笼统，受着科学的训练，对于环境一切，都有秩序的去观察、整理；对于宇宙也更有明确的了解；因此就能建设出适当的人生观来。
>
> 以往的人们，受自然威权的制限太多了，因此而生出神权、黑暗的时期。得科学来淡下神权的崇拜，人们的思想，遂得一大解放。独立自尊的观念，未来的理想世界，都仗着

① 吴稚晖：《一个新信仰的宇宙观及人生观》，见郭湛波：《近五十年中国思想史》，173页，北平人文书店，1936。

② 吴稚晖：《箴洋八股化之理学》，见郭湛波：《近五十年中国思想史》，175页，北平人文书店，1936。

它造因。欧美各国的兴盛，除了科学，还能找出别的原动力吗？①

（二）以科学为基础的人生观

吴稚晖受西方科学文化的影响，构建了他的物质一元论思想体系。谈他的人生观，便不能不首先了解他的宇宙观。他的人生观是建立在唯物论基础之上的，最能代表这一思想的是他题为《一个新信仰的宇宙观及人生观》一文。

吴稚晖在《一个新信仰的宇宙观及人生观》一文中，用“一个”这个概念来表述宇宙的“本体”。为什么吴稚晖不使用一般哲学上惯用的术语，来指涉宇宙的本体，而使用老百姓日常熟悉的“一个”字眼，这是由于他“看不起那配式子，搬字眼，弄得自己也头昏脑胀的哲学”，而宁可拿“乡下老头儿靠在柴積上，晒日黄、说闲空的态度”②来谈这个题目。

吴稚晖认为，这“一个”就是宇宙的本体。宇宙间的一切都是由它变成的，不但“万有世界”（有）是由它变成的，就是“没有世界”（无）也是由它变成的；不但“适用时间空间的”事物是由它变成的，就是“不适用时间空间的”（即带有时间性空间性的）事物也是由它变成的；不但“能直觉的”事物是由它变成的，就是“不能直觉的”事物也是由它变成的。所以，一般哲学中所谓的存在都越不过这“一个”的范围。这里值得注意的是：吴稚晖认为一切事物并不是由这“一个”产生的，而是由它“分化”而成的。因此，“自从‘一个’变成了万有世界及没有世界，照论理是但有万有世界及没有世界，更无‘一个’存在”。换言之，在“一个”分

---

① ［美］郭颖颐：《中国现代思想中的唯科学主义》，35～36页，南京，江苏人民出版社，1989。

② 吴稚晖：《一个新信仰的宇宙观及人生观》，见李日章：《现代中国思想家·吴稚晖》第5辑，22页，台北，巨人出版社，1978。

化为万物之后，它也就成了万物；在万物之外，再也没有“一个”，所以他说：“整个的‘一个’已是瓜分了，你莫认他存在”，也正因为这样，所以他认为存在的一切无一不就是这“一个”。他说：“你要完全明白：‘一个’就是我，就是你，就是毛厕里的石头，就是你所可爱的清风明月及一切物质文明，精神文明，就是你所憎的尘垢秕糠及一切蛇狼虎豹政客丘八。”因此，这“一个”不是一般宗教中所崇拜的“上帝”或“神”，因为照一般宗教的说法，“上帝”或“神”是在万有之外、之上的，但在吴稚晖，这“一个”却就是你，就是我，就是毛厕里的石头。①

吴稚晖又进一步指出，这“一个”是一个“活物”。同时，“从他‘一个’变成现象世界、精神世界、万有世界、没有世界，无论是适用时间空间的、不适用时间空间的、顺理成章的、往来矛盾的、能直觉的、不能直觉的，恒河沙数的形形色色、有有无无，自然也通是活物”。为证明“一个”是活物，吴稚晖为“活物”下了定义：一是必须有质地；二是必须能直觉。吴稚晖在肯定万有世界中的人类、动物、植物等是有质地、有感觉的活动时，以人类中的才子与矿物中的石头为例说明矿物同样有感觉。他说才子在吃饱着暖以后，遇见佳人，“便能产发爱情，肉麻兮兮的加以歌颂赞美”，表示才子是有感觉的。而石头被化学家收入玻璃瓶，用酒精的“食料供给着”，就会发生变化，“排斥一部分故体”，“一部分去寻着新的她，发起大大的爱情”，可见石头是有感觉的，是活物。由此，吴稚晖推论说：“凡活物才能产生活物，换过来说，亦就可说活物乃产生自活物”，因此，“吴稚晖是活物，推原他的产生，可以直追到‘一个’，所以知道那‘一个’亦是活物”。②

①② 吴稚晖：《一个新信仰的宇宙观及人生观》，见李日章：《现代中国思想家·吴稚晖》第5辑，22～23页，23～24页，台北，巨人出版社，1978。

“一个”为什么能变成万物呢？吴稚晖认为这是“质力之交推”或“质力之相应”的结果。他说：“我们的万有，方其为‘一个’之时，就其体而言曰质，就其能而言曰力，加以容易明白的名称，则曰活物。及此一个活物，变而为万有，大之如星日，质力并存；小之如电子，质力俱完。故若欲将感觉的名词，专属动植物，亦无不可，惟我还须作一甚可骇怪之词，我以为动植物皆且本无感觉，皆止有质力交推，有其辐射反应，如是而已。譬之于人，其质构而为如是之神经系，即其力生如是之反应。所谓情感、思想、意志等等，就种种反应而强为之名，美其名曰心理，神其事曰灵魂，质直言之曰感觉，其实统不过是质力之相应。”①那么由“一个”变成“万物”的目的究极目的何在呢？吴稚晖认为，其目的便是达成“真”、“善”、“美”，“一个”(或宇宙活动)的倾向，既然是以真善美为目的，那么“万有中有人，人必其性皆善”。② 以上是吴稚晖的宇宙观，这种宇宙观是“一个”，是活物，是一个大生命，是永远的流动，向着“真善美”的目标流动。

吴稚晖的人生观由他宇宙观而来，主要包括两个部分：一是对人生的认识，二是人生的理想。

第一部分，关于“人”是什么？他说：“人便是外面止剩两只脚，却得到了两只手，内面有三斤二两脑髓，五千零四十八根脑筋，比较占有多额神经系质的动物。”关于人生是什么？他说：“所谓人生，便是用手用脑的一种动物，轮到‘宇宙大剧场’的第亿垓八京六兆五万七千幕，正在那里出台演唱。请作如是观，便叫做人生观。这个大剧场，是我们自己建筑的。只一出两手动物的文明新剧，是我们自己编演的。并不是敷衍什么后台老板，贪图趁几个工钱，乃是替自己尽着义务。倘若不卖力，不叫人

①② 吴稚晖：《一个新信仰的宇宙观及人生观》，见李日章：《现代中国思想家·吴稚晖》第5辑，25页，26页，台北，巨人出版社，1978。

'叫好'，反叫人'叫倒好'，也不过反对了自己的初愿。因为照这么随随便便的敷衍或者简直踉踉跄跄的闹笑话，不如早还守着漆黑的一团。何必轻易的变动，无聊的绵延，担任演那兆兆兆兆幕，更提出新花样，编这一幕的两手动物呢?"①吴稚晖这一段文字，自是由前述的宇宙观为基础，那宇宙观说：宇宙万物原是"一个"不情愿永远处于"漆黑一团"的状况，自己不知不觉破裂而变出来的。它的目的是要造出一个毫无缺点的好宇宙。所以它便从无到有，从没有生命到有生命，从简单而复杂，从粗陋而精致，终于变出"用手用脑的动物"。如果随随便便地把一生草草了事，岂不是违背了"一个"变出他来的初衷。那么人生的最要问题是什么呢？吴稚晖标出三个题目：吃饭、生小孩、招呼朋友。"吃饭"是维持个体存在，"生小孩"是维持人种的存在，"招呼朋友"则是照顾自己以外的一切的存在，他说：

> (一)我们老祖宗爷爷，那位漆黑一团先生，摇身一变，今天变，明天变，这样变，那样变，变的日子已经没有法子数得清，变的东西亦是没有法子数得完。内中有个我，我将占着号称的一百年？……然我没有饭吃，七天便死了。……(二)据说猴子变了人，已有三百万年，如果人变超人，还有三百万年，于是六百万年便是人的世界。……人是怎样有呢？最便当，就是请人来自己创造。这创造义务，叫做生小孩，便是存在六百万年的人。(三)在一百年里，宇宙也不专门止要一个我，是在六百万年里，宇宙又不是专门止要我来生小孩，或止要我生的小孩。……数不清的"非人的"我，也都要生小孩……如此，……招呼朋友便是存在老祖爷爷——漆黑一团先生所爱恋的宇宙。换言之，就是存在万

①②　吴稚晖：《一个新的信仰的宇宙观及人生观》，见李日章：《现代中国思想家·吴稚晖》第5辑，28～29页，29页，台北，巨人出版社，1978。

有。②

以上是吴稚晖对人生客观事实的认识，除这之外，就是他对人生理想的见解。那么什么才是最好的人生观？即究竟如何吃饭、如何生小孩、如何招呼朋友，才算最圆满，吴稚晖标出三个题目：（一）清风明月的吃饭人生观；（二）神工鬼斧的生小孩人生观；（三）覆天载地的招呼朋友人生观。

何谓“清风明月的吃饭人生观”？换言之，就是生活问题，他希望人人的生活问题都能解决，他提出四个吃饭标准：（一）吃饭要用自己的劳力换得；（二）我的吃饭，不阻碍别人的吃饭；（三）化了劳力吃不到饭，还是不愿夺别人的饭来吃；（四）想出许多饭来给人吃。吴稚晖认为，吃饭原不过维持个体存在的代名词，个体存在的需要类乎饭的很多，如饱吃白米饭固然肥头胖耳，但饱看明月，饱领清风，亦神济气爽，所以白米饭同清风明月，在生命上同一重要。不过，吴稚晖并不满意“清风明月的吃饭人生观”，他认为这只是消极的道德极轨，还应该有更积极的做法，这做法就是发展“物质文明”，使衣食住的资料即使不能够像清风明月一样取之不尽，用之不竭，至少可以充分供应，即“想出许多饭来给人吃”，要做到这一点，吴稚晖最后得出的答案就是要“仰仗于科学”。

所谓“神工鬼斧的生小孩人生观”，就是“生小孩”要运用这一点“鬼斧神工”的技巧，简单地讲，就是“生小孩科学化”，也就是把更多的理智引进“生小孩”这原本几乎完全受着情感支配的事情上。吴稚晖认为，宇宙在漆黑一团之际，“自然先有意志，才起变动，”而变动之初，“自然是先瞎撞，胆大妄为，全仗着情感”。但在进化的过程中，情感也慢慢接受了理智的限制，因而显出其超乎一般男女的“高尚”，所以，吴稚晖认为，如果全世界男女都能以理智节制情感，则现行的婚姻制度便可取消了。他说：“大同之世，乃一杂交之世。……废婚姻、男女杂交、乃人类必有之一境。然必在子女公共养育，私产废止之时”，但这一切，“非科学更向上，不能解决”，“大同之效，惟课之于科学而能实现”。①

所谓“覆天载地的招呼朋友人生观”，这里所谓“朋友”，是指一切“非我”而言，用什么招呼呢？就是我们的“良知”或“良心”，也就是孔孟的“恻隐、羞恶、辞让、是非”之心。吴稚晖认为，这名目虽是旧的，但这乃是四种“直觉”，即它并非什么神秘的灵魂或天帝所生的超乎理智的产物，而是人类在进化过程中逐渐形成的一种兼含理智和情感的东西。他说：“我的朋友陆炜士先生来说，‘论语上的老者安之，朋友信之，少者怀之，真是愈读愈有味，恰可以当得你的招呼朋友的人生观，也几几乎乎是覆天载地哩呀’。我想能够如此，还有什么话说呢？但是，我在柴積日黄中说的招呼朋友，乃是合着人类非人类统统在内。”② 从这种人生观出发，吴稚晖从物质一元论和发展的观点宣布了以下信条：(一)我是坚信精神离不了物质；(二)我是坚信宇宙都是暂局；(三)本此原则，批评书契后千年中的人类，数千年的短时间，本似一个旦幕。所以若说也有少数古人胜过今人，我可以相对承认。……至于一般普通人，可坚决的，断定古人不及今人，今人不及后人；(四)我所谓古人不及今人，今人不及后人，不是单就善的一方面说。是说善也古人不及今人，今人不及后人。恶也古人不及今人，今人不及后人。知识之能力，可使善亦进恶亦进。俗所谓道高一尺，魔高一丈……人每忽于此理，所以生出许多厌倦，弄成许多倒走；(五)我信物质文明愈进步，品物愈备，人类的合一，愈有倾向；复杂的疑难，亦愈易解决；(六)我信道德文化的结晶，未有文化高而道德反低下者；(七)我信“宇宙一切”，

①②③　吴稚晖：《一个新信仰的宇宙观及人生观》，见李日章：《现代中国思想家·吴稚晖》第5辑，105页，112页，123～136页，台北，巨人出版社，1978。

皆可以科学解说。③

吴稚晖最后说："盖言生而至于有人，宇宙之戏幕，自更精彩。至此而挟极度之创造冲动，及最高之克己义务始可自责曰，人者庶几忝为万物之灵。凡覆天载地之大责任，为宇宙间万有之朋友所不能招呼者，壹由吾人招呼之。……招呼朋友，实际亦知未能及于宇宙之些须；恃有'科学万能'在，区区覆天载地，正可当仁不让。……悠悠宇宙，将无穷尽，愿吾朋友，勿草草人生。"①

上述，吴稚晖受西方科学文化影响，在论述其观点时，已放弃了中国固有的理气、心性、体用等术语，而采用了物质、精神、时间、空间、绵延、创化、原子、电子等西方哲学的基本概念，他坚信"宇宙一切，皆可以科学解说"，充分表现出他的唯科学主义倾向。

四、科学与教育——蔡元培的唯科学主义

蔡元培(1868～1940 年)，字鹤卿，号孑民，浙江绍兴人。清光绪年间进士、翰林院编修。1907 年赴德留学，入莱比锡大学研究心理学、美学、哲学等。辛亥革命后回国，出任中华民国教育总长，未几退出政坛，赴法、德等国考察，1916 年底回国出任北京大学校长。蔡元培在北大任职期间，倡导思想自由与学术民主新风，使北大成为学习西方文化、倡导民主科学思想的中心。

---

① 吴稚晖：《一个新信仰的宇宙观及人生观》，见李日章：《现代中国思想家·吴稚晖》第 5 辑，152 页，台北，巨人出版社，1978。

(一) 东西方文明的调和与会通

蔡元培是旧学出身,并且蜚声翰苑。中年后又留学欧洲多年,接受西方文化的教育。民国成立后,又主持全国教育行政、最高学府校政等事务,以他这样丰富的经验、深湛的学养及深刻的观察,对中西文化的渊源及特色,都有很清楚的认识。

在中西文化的碰撞中,蔡元培对中西文化的态度持一种调和会通的观点,他认为东西文明的差异,是因为环境不同的缘故,如稍加留意,便可以察出两方面文明进步的程序,也是互相消化吸收的,他说:

> 欧洲文化最远,推源埃及,其次是希腊、罗马,后来容纳希伯莱文化,演成中世纪的经院哲学(Scholastique)。后来又容纳阿拉伯文化,并回顾希腊、罗马文化,演成文艺中兴的学术(Renaissance)。仅此科学、美术,积渐发展,有今日的文明。中国的文化,自西历纪元前二十七世纪至二十世纪,有农林工商等业……正与埃及相类。从纪元前十二世纪到三世纪……这个时期的文明,可以与欧洲的希腊、罗马时代相比较。从西历纪元一世纪起,印度佛教传入,与老子、庄子的玄学相接近……十一世纪以后到十七世纪,讲孔子学的学者,采用印度哲学,发展中国固有的学说……这一时期可与欧洲中古时代的文明相比。①

又说:

> 希腊民族吸收埃及、腓尼基诸古国之文明而消化之,是以有希腊之文明;高尔、日耳曼诸族吸收希腊、罗马及阿拉伯之文明而消化之,是以有今日欧洲诸国之文明。吾国古

---

① 蔡元培:《中国的文艺中兴》,见陶英惠:《现代中国思想家·蔡元培》第5辑,213页,台北,巨人出版社,1978。

代文明，有源出巴比伦之说，迄今尚未证实；汉以后，天方、大秦之文物，稍稍输入矣，而影响不著；其最著者，为印度之文明。汉季，接触之时代也；自晋至唐，吸收之时代也；宋，消化之时代也，吾族之哲学、文学及美术，得此而放一异彩。①

鉴于这种文化的互补说，蔡元培认为要在中国的旧文化里，寻出与现代科学精神不相冲突的，并不是不可能的。他曾以杜威与孔子为例，认为杜威为西洋新文明的代表，孔子为中国旧文明的代表，由于两人所处的地位与时期不同，在学说方面自然有不同之处，但相同的地方仍然很多，这就是东西文化媒合的证据。至于媒合的方法，他认为要有选择的、能消化的来吸取西方文化，并用科学的方法来整理、保存中国文化，使产生新文化。既不守旧，也不盲从，他说："必先要领会得西洋科学的精神，然后用他来整理中国的旧学说，才能发生一种新义。"②"非徒输入欧化，而必于欧化之中为更进之发明"，"非徒保存国粹，而必从科学方法，揭国粹之真相"。③

（二）科学的追求

蔡元培主张欧化，而且主张急起直追的欧化，"故吾人而不认欧洲之学术为有价值也则已耳，苟其认之，则所以急取而直追之者固有其道矣"④，这迫切的欧化主张是来自他对西方科学的

---

① 蔡元培：《文明之消化》，见陶英惠：《现代中国思想家·蔡元培》，213页，台北，巨人出版社，1978。

② 蔡元培：《在杜威博士之六十生日晚餐会上演说》，见陶英惠：《现代中国思想家·蔡元培》第5辑，214页，台北，巨人出版社，1978。

③ 蔡元培：《北京大学月刊发刊词》，见陶英惠：《现代中国思想家·蔡元培》第5辑，215页，台北，巨人出版社，1978。

④ 蔡元培：《学风杂志发刊词》，见陶英惠：《现代中国思想家·蔡元培》第5辑，215页，台北，巨人出版社，1978。

深层理解。

早在中国科学社成立之初,因经费的缺乏,蔡元培亲笔撰写《科学社征集基金启》,他写道:"当此科学万能时代,而吾国仅仅有此科学社,吾国之耻也;仅仅此一科学社如何维持如何发展,尚未敢必,尤吾国之耻也。夫科学社之维持与发展,不外采精神与物质两方面之需要。精神方面所需者为科学家之脑,社员百余人差足以供应之矣;物质方面所需要者为种种关系科学之设备,则尚非社员能力之所能给,则有待于政府若社会之协助,此征集基金之举所由来也。吾闻欧美政府若社会之有力者,恒不吝投巨万资金以供研究科学各机关之需要。今以吾国惟一之科学社,而所希望之基金又仅仅此数。吾意吾国政府若社会之有力者,必能奋然出倍蓰于社员所希望之数以湔雪吾国人漠视科学之耻也。"①

上述可知,蔡元培对中国科学发展的关注以及为国人漠视科学的痛心。至于中国为什么缺乏科学,蔡元培认为这是因为中国两千多年以来,只重人文、道德,缺乏科学教育的结果,在中国,我们的教育至少两千年来没有面向更高的科学教育,"而却是用完美的品质去塑造人,赋予他一种文学素养而已"。

对于"科学"的概念,蔡元培以一种深沉的理智对科学表达了一种学者式的理性。1919 年,蔡元培发表《哲学与科学》一文,他指出:

> 哲学与科学,同为有系统之学说。其所异者,科学偏重归纳法,故亦谓之自下而上之学;哲学偏重演绎法,故亦谓之自上而下之学。古代演绎法盛行之时,但有哲学之名;今之所谓科学者,悉包于哲学之中焉。……

---

① 冒荣:《科学的播火者——中国科学社述评》,59～60 页,南京,南京大学出版社,2002。

其在古代，所谓哲学者，常兼今日之所谓科学而言之。如柏拉图分哲学为三大类：一曰，辨学；二曰，物理；三曰，伦理，而以辨学为纲。……至康德作“纯粹理性批判”，别人之认识为先天后天二类：先天者，出于固有，后天者，本于经验；前者为感想，而后者为分析法；前者构成玄学（即哲学），而后者构成科学。于是哲学与科学，始有画然之界限。……

自十六世纪以后，学术界之观念，渐与中古时代不同。其最著者：（一）培根于论理学极力提倡归纳法，因得凌驾雅里士多德之演绎法，而凡事基础于实地之观察；（二）自一千五百九十年，发明显微镜，千六百零九年，发明远镜，其后寒暑风雨电气等表，次第发明，而实验之具渐备；（三）分工之理大明，渐由博综之哲学，而趋于专精之科学。此皆各种科学特别成立之原因也。哥白尼（Copernicus 1473—1543）唱地动说；加柏尔（Kepler 1571—1630）发见行星绕日之规则；加里勒（Galileo 1564—1642）附加以地球绕日之时间；牛顿（Newton 1642—1727）更发见引力之公例；而天文学成立。……凡自然现象，自昔为哲学所包含者，皆已建立为科学矣。……其它若社会学，若伦理学，若人类学，若比较宗教学，若比较言语学等，凡昔日之附丽于哲学，而以演绎法治之者，至于今日，悉以归纳法治之，而将自成为科学。……①

又说：

世界事事物物，虽然复杂，总可以用科学说明他们；科学的名目，虽然也很复杂，总可以用三类包举他们。哪三类

① 蔡元培：《哲学与科学》，见汤一介、杜维明主编：《百年中国哲学经典》，新文化运动时期卷，30～34页，深圳，海天出版社，1998。

呢？第一、是现象学的科学，如物理、化学等等；第二、是发生的科学，如历史学、生物进化学等等；第三、是系统的科学，如植物、动物、生物学等等。①

五四前后，国人乃至知识界中，不仅科学知识谈不上普及，而且对作为一个整体的科学本身也存在诸多无知和误解。蔡元培学贯中西，不仅有丰厚的国学功底，而且对西方文化亦十分熟悉。上述，蔡元培对科学的解读和领悟，令今人也钦佩不已。

蔡元培执掌北京大学校长期间，是他一生中最见作为之处，亦是他最为关注科学的阶段。他说："大学宗旨，凡治哲学、文学及应用科学者，都要从纯粹科学入手；治纯粹科学者，都要从数学入手。"②例如，在调整科系时，他将数学列为各系之首，尤其是后来中央研究院的设立，集中了专门人才，分设各种研究所，使中国的科学研究进入一个新的时代。

蔡元培"循思想自由原则，取兼容并包主义"，"无论各种学科学派，苟其言之成理，持之有故，尚不达自然淘汰之命运者，虽彼此相反，而悉听其自由发展"。③ 所以无论是徐悲鸿、马叙伦、杜国庠、马裕藻等这样的"纯"学者，还是鼓吹帝制复辟的刘师复、拖着长辫子的辜鸿铭，都因学有专长而在北大讲坛上发表自己的观点。

蔡元培还延揽了一大批先进的现代知识分子，如聘《新青年》主编陈独秀为文科学长；聘中国第一个介绍爱因斯坦相对论的夏元瑮为理科学长；聘李大钊为图书馆主任兼教授；聘胡适讲

① 蔡元培：《北京大学授与班乐卫先生等名誉学位典礼致词》，见陶英惠：《现代中国思想家·蔡元培》第5辑，200页，台北，巨人出版社，1978。

② 蔡元培：《国立北京大学校旗图说》，见陶英惠：《现代中国思想家·蔡元培》第5辑，191页，台北，巨人出版社，1978。

③ 蔡元培：《致〈公言报〉函并答林琴南函》，载《北京大学月刊》，1919年3月21日。

授中国哲学史；聘梁漱溟讲印度哲学，以及以后又请来的李四光、翁同灏、任鸿隽、丁文江、马寅初等知名学者，加上学校原有的钱玄同、王星拱、徐宝璜等人，一时校风大改。①

总之，蔡元培毕生最致力的是办大学，自 1917 年他出任北京大学校长起，至 1940 年他在中央研究院院长任上病逝止，他的精力，可以说都贯注在科学的发展和研究方面，正如他自己所说："盖欧化优点即在事事以科学为基础；生活的改良，社会的改造，甚而至于艺术的创作，无不随科学的进步而进步。故吾国而不言新文化就罢了，果要发展新文化，尤不可不于科学的发展，特别注意呵！"②

五、"科学精神者，求真理是已"——任鸿隽的唯科学主义

任鸿隽（1886～1961 年），又名叔永，浙江归安（今吴兴县人）。1906 年入上海中国公学高等预科，在这里他结识了胡适等人。次年东渡日本，入日本同文中学，1909 年入东京高等工业学校应用化学科。辛亥革命后，弃学归国，投身革命。1913 年赴美国入康乃尔大学留学，1914 年 6 月与赵元任、胡明复等人发起成立中国科学社，任董事长兼科学社社长，1915 年集资编印《科学》杂志。1917 年入哥伦比亚大学，1918 年回国，中国科学社亦迁回国内。1920 年任教于北京大学、东南大学。五四前后曾撰写《科学与教育》、《科学精神论》、《说中国无科学之原因》、《何为科学家》、《科学概论》等重要论著，以科学家的眼光和

① 刘大椿、吴向红：《新学苦旅——科学·社会·文化的大撞击》，226～227 页，南昌，江西高校出版社，1995。

② 蔡元培：《三十五年来中国之新文化》，见陶英惠：《现代中国思想家·蔡元培》第 5 辑，200 页，台北，巨人出版社，1978。

睿智，对科学的要义进行诠释。成为早期倡导科学文化的重要人物之一。

(一) 中国科学社的发起人

中国科学社的诞生，出自一群青年学子科学救国的热情和理想，任鸿隽就是其中之一。1914年6月，一群身居异国——美国康乃尔大学的中国留学生，会聚在康乃尔大学的大同俱乐部。他们深感百年以来欧美"文物之盛"、"翔厥来原，受科学之赐为多"。而中国积贫积弱，"无精密深远之学，为国人所服习"，所以，"继兹以往，代兴于神州学术之林，而为芸芸众生所托命者，其唯科学乎"。① 由此，一个在20世纪上半叶曾给中国的科学发展以重大影响的中国民间科学团体——中国科学社诞生了。② 中国科学社的第一个目标，就是编撰一份科学期刊，担负现代科学在中国传播的重任，1915年1月，在美国康乃尔大学编辑的《科学》月刊在上海发行，发刊词中写道：

> 乌呼……国人失学之日久矣，不独治生苦窳，退比野人。即数千年来所宝为国粹之经术道德，亦陵夷覆败，荡然若无。……虽闭关自守，犹不足以图存。矧其在今之世耶……然使无精密深远之学，为国人所服习，将社会失其中坚，人心无所附丽，亦岂可久之道。继兹以往，代兴于神州学术之林，而为芸芸众生所托命者，其唯科学呼，其唯科学

①③ 《发刊词》，《科学》，1915年1卷(1)。

② 中国科学社的发起人有任鸿隽、赵元任、胡明复、秉志、周仁、杨铨(杨杏佛)等人，最初成立时为一个公司性质的团体，1915年10月25日，科学社正式定名为"中国科学社"，任鸿隽在1915～1922年、1934～1936年、1944～1950年阶段为该社社长。中国科学社的活动一直持续到新中国成立之后，1959年秋，由中国科学社理事会提议并征得广大社员同意，决定宣告结束历史使命，于1960年并入中国科协。

呼！③

之后，中国科学社的主要创始人任鸿隽在《科学》3卷1期发表的《外国科学社及本社之历史》一文中，讲到中国科学社创始的过程，文中写道：

我们的中国科学社，发起在1914年的夏日，当时在康乃尔的同学，大家无事闲谈，想到以中国之大，竟无一个专讲学术的期刊，实在可愧。又想到我们在外国讲学的，尤以学科学的为多，别的事做不到，若做几篇文章讲讲科学，或者还是可能的事。于是这年六月初十日，大考刚完，我们就约了十来个人，商议此事。①

四十多年后，任鸿隽在《中国科学社社史简述》中，再次谈到中国科学社创建的目的，他说：在国外留学的中国学子，"他们看到当时欧、美各国的强大，都是应用科学发明的结果，而且科学思想的重要性，在西方国家的学术、思想、行为方面，都起着指导性的作用。在现今世界里，假如没有科学，几乎无以立国"，"中国所缺乏的莫过于科学，我们为什么不能刊行一种杂志来向中国介绍科学呢？"②

中国科学社成立后，随着一些留学生学成回国，其总部也于1918年10月正式迁回国内。1918年上半年，任鸿隽也结束了哥伦比亚大学的学业，于同年10月与杨杏佛同乘"诹访丸"号海轮回国。

《科学》杂志问世后，任鸿隽等人一方面自己撰写，另一方面广泛约稿努力开辟稿源，向国人介绍了大量的科学知识。从《科学》创刊第一年出版的12期上所载文章来看，科学社的发起者

---

① 任鸿隽：《外国科学社及本社之历史》，《科学》第3卷(1)，1917。

② 任鸿隽：《中国科学社社史简述》，中国政协文史资料研究会编《文史资料选辑》第15辑，北京，中华书局，1961。

们所撰写的文章占了绝大部分,其中任鸿隽撰写的有:《说中国无科学之原因》、《化学元素命名法》、《硝矿原始》、《战争上之财政观及战争于工商业上之影响》、《科学家人数与一国文化之关系》、《解惑》、《化学于工业上之价值》、《欧洲制糖工业发达史》、《科学与教育》、《科学历史之时代》等文。①

中国科学社不仅创办《科学》杂志,以传播科学,同时,从1920年夏季开始,还利用社所举行科学演讲,以宣传科学和增进公众对科学的了解。如1922年中国科学社在南京社所组织的春季讲演会就有18讲,前后延续两个月,其中任鸿隽讲演的内容有:《科学与近世文化》、《科学之宇宙观》(共四讲)以及以后讲演的《科学精神》等。当时科学社每次演讲都是作了精心组织和周密安排的,正由于此,科学社的演讲活动受到社会公众的欢迎。如《科学》7卷5期、6期曾对1922年的春季讲演会记载说:每次到会者俱约300人至400余人之众,讲室小不能容,故俱到露天讲演。……任君(即任鸿隽,作者按)于科学之影响、于近世物质与思想,两方面俱言之极当。……竺君(即竺可桢,作者按)言地理则用图像多张,所论俱极有兴趣。……各讲员皆有充分之准备,或用仪器实验,或用图志以解说表明各科学之原理等事实。秉志博士言人类之天演,用多数图形,以示人与各种动物及猿类之胚胎骨骼细胞相似之处,后对于道德宗教等问题但稍发表意见;胡明复博士于5月13日晚讲物质之构造,先自原子理论电离理论入手,继说明放射现象与x光线等之发明及电子理论之由来,由浅入深,滔滔不绝,更开种种仪器,表示放射现象及物体结晶之构造。……②

1922年,中国科学社办起了中国科学社南京生物研究所,这

---

①② 冒荣:《科学的播火者——中国科学社述评》,35页,35页,南京,南京大学出版社,2002。

是自丁文江地质研究所以来中国第二个科研机构。①

上述几方面的活动，使中国科学社在短短几年中，已在国内外学术界产生了初步的影响，正如任鸿隽在《科学》杂志上所说："国内各界渐知本社，为讲求实学、热心社会事业之团体，信用日增。外国学会亦有知本社为中国仅有之讲学机关来相联络者。"②

（二）对科学的认知

在20世纪初期的唯科学主义思潮中，对科学概念有着多种诠释，有广义的也有狭义的。一方面表现了先哲们对科学认识的睿智和洞见，另一方面也反映出他们对科学认识的无知和误解。但不同的是，任鸿隽以科学家的眼光审视科学，表现出相当的深度和水准。

任鸿隽最初提倡科学，与当时"科学救国"的思潮是并行的，他认为中国积贫积弱，其原因就是缺乏科学。1916年8月，在他与赵元任、胡明复、秉志、周仁的《本社致留美同学书》中写道："科学为近世文化之特彩，西方富强之泉源，事实俱在，无待缕陈。吾侪负笈异域，将欲取彼有用之学术，救我垂危之国命。舍求科学之发达，其道未由。"③

在"科学救国"的思潮中，国人对"科学"的理解大都停留在

---

① 地质研究所是中国第一个比较正规的科研机构，1913年由丁文江创办。地质研究所"挂靠"在袁世凯政府的北京农业部。它不是一个松散型学术团体，而是一个小规模的政府科研机构。1916年地质研究所改为地质调查所，丁文江放弃了地质教育工作，专门进行科研。1919年他创办了两份学术刊物，即《地质汇报》和《中国古生物志》，几乎完全用英文出版，在国际上均有影响。

② 《科学》第3卷(1)，1917。

③ 赵元任、任鸿隽等：《本社致留美同学书》，《科学》第2卷(10)，1916。

“技术救国”层面，甚至存在国人对科学认知的无知和误解，“承学之士，知科学为何物者，尚如凤毛麟角”，“其对于科学之观念，尚不出此物质与功利之间也”。① 任鸿隽发表《建立学界论》、《建立学界再论》、《何为科学家》、《科学精神论》、《科学与近世文明》等文，对科学的涵义和特质、科学精神、科学方法、科学文化意蕴等方面，进行了多维透视。

关于科学的涵义和特质，任鸿隽在《科学精神论》一文中认为：科学是自培根、笛卡儿、伽利略、牛顿等人降世以后而兴起的“事实之学”和“实验之学”，是“有条理之学术”，科学并非当时朝野上下所认知的“奇制、实业”，而是“非物质的、非功利的”，科学“以自然现象为研究之材料，以增进智识为指归”，所以对待科学的态度“当于理性上学术上求”。②在《何为科学家》一文中，任鸿隽对科学与科学家之求真本质进行了更为充分的阐述。他指出：时人对科学有三种看法：一是“科学这东西是一种玩把戏，变戏法，无中可以生有，不可能的变为可能，讲起来是五花八门，但是于我们生活上面却没有什么关系”；二是认为“科学这个东西是一个文章上的特别题目，没有什么实作用”；三是认为科学仅仅是物质主义的，仅仅在讲究实业的人可以讲求，而其他人似乎不必费心等等。任鸿隽反对这三种看法，认为这三种认识都是没有将科学作为一门学问看待，基本上是将科学等同于技术，这是承续洋务运动视科学为技术之思想的结果，他说：

> 现在我们要晓得科学家是个甚么人物，须先晓得科学是个什么东西。
>
> 第一，我们要晓得科学是学问，不是一种艺术。这学术两个字，今人拿来混用，其实是分别的。古人云：“不学无术”，可见学是根本，术是学的应用。我们中国人，听惯了那

---

①② 任鸿隽：《科学精神论》，《科学》第2卷(1)，1916。

“形而上”、“形而下”的话头，只说外国人晓得的，都是一点艺术。我们虽然形而下的艺术，赶不上他们，这形而上的学问，是我们独有的，未尝不可抗衡西方，毫无愧色。我现在要大家看清楚的，就是我们所谓形下的艺术，都是科学的应用，并非科学的本体。科学的本体，还是和那形上的学、同出一源的。这个话我不详细解释解释，诸君大约还有一点不大明白。诸君晓得哲学上有个大问题，就是我们人类的智识，是从甚么地方得来的。对于这个问题……其中有两派绝对不相容的，一个是理性派。这一派人说，我们的智识，全是由心中的推理力得来的……还有一个是实验派。……这一派人的主张说……要讲求自然界的道理，非从实验入手不行。……我现在讲的是科学，却把哲学的派别叙了一大篇；意思是要大家晓得这理性派的主张，就成了现今的玄学，或形上学（玄学也是哲学的一部分），实验派的主张，就成了现今的科学。他们两个正如两兄弟，虽然形象不同，都是同出一父。……

第二，我们要晓得科学的本质，是事实不是文字。……据我看来，我们东方的文化，所以不及西方的所在，也是因为一个在文字上做工夫，一个在事实上做工夫的原故。诸君想想，我们旧时的学者，从少至老，哪一天不是在故纸堆中讨生活呢？……这科学所研究的，既是自然界的现象……天地间的真理，也是无穷的。……他们所注意的是未发明的事实，自然不仅仅读古人的书，知道古人的发明，使以为满足。所以他们的工夫，都由研究文字，移到研究事实上去了。①

关于科学精神，针对有人质疑，科学取材于天地自然之现

① 任鸿隽：《何为科学家》，《科学》第4卷（10），1919。

象，成科于事实参验之归纳，本无人心感情参与其间，何故今言科学而首精神？任鸿隽回答说，科学精神即人的精神，是人的理性在科学中的蕴积和发越，“吾所谓精神，自科学未始之前言之也。今夫宇宙之间，凡事业之出于人为者，莫不以人志为之先导。科学者，望之似神奇，极之尽造化，而实则生人理性之所蕴积而发越者也”①。任鸿隽一言以蔽之，“科学精神者何？求真理是已”，他进而解释说：

> 真理之为物，无不在也。科学家之所知者，以事实为基，以试验为稽，以推用为表，以证念为决，而无所容心于已成之教，前人之言。又不特无容心已也，苟已成之教，前人之言，有与吾所见之真理相背者，则虽艰难其身，赴汤蹈火以与之战，至死而不悔，若是者吾谓之科学精神。②

关于科学的社会功能，任鸿隽把科学视为古今学术（行、知、觉）之一科。他认为“行”者，道德之事，以陶淑身心为归者也；“知”者，知识之事，以启钥天然为要者也；“觉”者，情感之事，以审美适性为能者也。在他看来，“科学在这三者中，属知之事。以自然现象为研究之材料，以增进知识为指归，故其学为理性所要求，而为向学者所当有事，初非预知其应用之宏与收效之巨而为之也”③。任鸿隽的结论是：“应用者，科学偶然之结果，而非科学当然之目的。科学当然之目的，则在发挥人生之本能，以阐明世界之真理，为天然界之主而非为之奴。”④总而言之，自科学发明以来，世界上人的思想、习惯、行为、运作，皆起了一个大革命，生了一个大进步。⑤

20 世纪初期，在科学主义思潮中，任鸿隽以科学家的角色，

---

①②③　任鸿隽：《科学精神论》，《科学》第 2 卷(1)，1916。

④　任鸿隽：《科学与教育》，《科学》第 1 卷(12)，1915。

⑤　任鸿隽：《科学方法讲义》，《科学》第 4 卷(12)，1919。

将追求科学真理，进行纯学术研究作为近代中国发展科学的唯一途径，而不是将“科学救国”停留在“空谈”层面，这是任鸿隽与其他“科学救国”论者不同之处。

综上所述，20世纪初期，民主与科学这个“浓缩而又浓缩”的西方文明结晶，被中国的先进知识分子作为救亡图存的武器广泛传播着，“国人欲脱蒙昧时代，羞为浅化之民也，即急起直追，当以科学与民权并重”①。尤其是对科学的关注，由于中国长期以来积贫积弱，导致人们对科学信仰的过热，终由对科学的追求，演化为对科学的崇拜，这就是五四时期的科学主义或叫唯科学主义思潮。

所谓唯科学主义，上面已述，简言之就是认为宇宙万物的所有方面都可以通过科学方法来认识，即生物的、社会的、物理的或心理的等等所有问题。坚持一种实证的思考模式，反对任何不能证实的东西。从这个意义上讲，五四时期中国思想界的唯科学主义，无论是陈独秀的“厥维科学”、胡适的实验主义方法，还是吴稚晖的科学人生观，乃至蔡元培、任鸿隽等人都不同程度的具备了这个特征，相信只有科学才可以解决中国面临的各种问题。

五四时期的唯科学主义是与当时的意识形态联在一起的，就当时中国科学研究本身所能达到的程度，不可能产生这样广泛的影响，“这样几乎全国一致的崇信，究竟有无价值，那是另一问题”②。正因为此，科学作为一种内在逻辑很强的知识，在当时“救亡压倒启蒙”的社会形势下，流于空泛的唯科学主义就成为一种必然。

---

① 陈独秀：《敬告青年》，《青年杂志》第1卷(1)，1915。

② 胡适：《〈科学与人生〉序》，《科学与人生观》，10页，济南，山东人民出版社，1997。

尽管五四时期的科学主义存在着这样那样的历史局限,但是,科学主义所倡导的理性主义、民主精神,在20世纪初中国文化观念的转换过程中,所发挥的启蒙作用是不能忽视的。正如一些学者指出:五四宣扬的科学不同于洋务派宣扬的科技之器,而是20世纪世界自然科学对经典科学模式突破的哲学观,是当时最先进的科学哲学——实证哲学对中国社会变革的渗透;五四宣扬的民主涵义也比戊戌政变时的"民权说"更为丰富,它不只是批判君权,而且深入封建文化思想各领域,这是现代意识对中世纪思想的一场较量。① "'欧洲的精神文明'或西方文明,在实质上点出了'世界历史的走向'。'五四'时期提出的德、赛二先生,说到极处,是对'欧洲精神'的高度提炼,'欧风美雨'所及,浓缩而又浓缩,就是'民主与科学'。"②

---

① 张立文:《现代化的文化启蒙》,《复旦学报》,1989(3)。见邵汉明主编:《中国文化研究二十年》,552页,北京,人民出版社,2003。

② 陈乐民:《西方文化传统与世界历史》,《学术界》,2002(3)。

第三章　科学与人文之对立

——20世纪二三十年代的科学与人文思潮

一、东西方科学与人文精神之对立——张君劢、丁文江等人的“科学与人生观”论战

1923～1924年，中国思想界爆发了一场“科学与人生观”大论战，张君劢、丁文江、胡适、吴稚晖、梁启超、张东荪、王星拱、唐钺、范寿康、陈独秀、瞿秋白等中国一大批学术泰斗和思想名流参加了这场论争。他们以科学与人生观问题为切入点，论战内容涉及中国文化与西方文化、科学精神与人文精神、自然科学与社会科学、科学技术与人生观等一系列重大问题。这是自西学东渐以来，西方科学文化与中国人文精神最大的一次碰撞与对立，也是国人对西方文化理解程度的又一次亮相。

（一）论战的文化思想背景

1923年2月，张君劢在清华大学作了题为《人生观》的讲演，认为人生观有不同于科学的特点，所以人生观问题的解决，“决非科学所能为力，惟赖诸人类之自身而已”。同年4月，丁文江在《努力周刊》上发表《玄学与科学》一文，反对张君劢的主张，认为人生观要受论理学的公例、定义、方法的支配，论战遂起。

随着论战的展开，形成了以张君劢、梁启超等为代表的“玄学派”和以丁文江、胡适、吴稚晖为代表的“科学派”。论战后期，陈独秀、瞿秋白也著文参战，支持科学派反对玄学派，称之为“唯物史观派”。

这场论战的直接导火线是张君劢的讲演，但是，论战的缘起及引起的社会热烈反响，却有着深刻的思想文化背景。

当20世纪初，中国人满怀信心向西方学习的时候，西方的思想界却笼罩着阴影。第一次世界大战的爆发，使许多欧洲人对西方文化产生出一种危机感，西方人开始反省自己的文化，并试图在东方寻找克服文化弊病的良药。如曾在中国讲过学的西方哲人杜威(John Dewey，1859～1952年)和罗素(Bertrand Arthur Wilian Russell，1872～1970年)都曾表示了这样的情绪。杜威于1919年4月至1920年7月在中国讲学，他在《中国人的人生哲学》一文中说：

> 中国人的人生哲学，对于人类文化有种重要而有价值的贡献，而且含有一种为急促的、燥烈的、繁忙的，营扰的西方人所无限需要的质素。如果采取中国人的恬静和忍耐，像裁减军备，制止特权等事，只取必需的步骤，等待着时间来纠正现今的困难状况，那才是一服救世的灵药哩。……西方人对于东方哲学，没有比在现在的紧急时代更其需要了。①

罗素于1920年10月至1921年7月在中国讲学，他在《中国的文化问题》一文中说：

> 我们西方文明的显著优点是科学的方法；中国人的显

① 杜威：《中国人的人生哲学》，《东方杂志》第19卷(3)，1922(2)。见朱耀垠：《科学与人生观论战及其回声》，96页，上海，上海科学技术文献出版社，1999。

著优点是对生活目标持有一种正确的观念。……

当我前往中国时，我是教书去的。但我认为我在中国逗留的每一天我要教给中国人的东西甚少，而需要向他们学习的东西甚多。……那些懂得智慧、审美或简单生活享乐的价值的人，将会在中国发现许多在疯狂和骚乱不安的西方国家已不复存在的东西，会乐于与这些有价值的东西生活在一起。①

面对西方文明的危机，以及西方人对东方人哲学的赞誉，一些中国人也开始自我陶醉起来。梁启超便是其中之一，这位一向主张学习西方文化的人，这时也喊出"中国文明救世"的论调，特别是1919年他对欧洲的考察，以及回国后所撰写的《欧游心影录》对这次论战产生了直接影响。对战后的欧洲，梁启超写道：

我们来欧，已是停战之后，战中况味，未曾领受，但在此一年以来，对于生存必需之品，已经处处觉得缺乏：面包是要量腹而食，糖如奶油，看见了便变色而作，因为缺煤，交通机关停摆的过半，甚至电灯机器也商量隔日一开。……

科学愈昌，工厂愈多，社会偏枯亦愈甚。富者益富，贫者益贫，物价一日一日腾贵，生活一日一日困难。工人所得的工钱，够吃不够穿，够穿不够住；休息的时间也没有，受教育的时间也没有；生病几天，便要全家绑着肚子；儿女教养费不用说了，自己老来的日子还不晓得怎样过活。②

梁启超认为这些都是"科学万能"论的结果。"当时讴歌科学万能的人，满望着科学成功，黄金世界便指日出现，如今功总

① 罗素：《中国的文化问题》，《中国之问题》，上海，中华书局，1924。

② 梁启超：《欧游中之一般观察及一般感想》，《晨报》，1920年3月6日至31日，见葛懋春、蒋俊编选：《梁启超哲学思想论文选》，255页、257页，北京，北京大学出版社，1984。

算成了,一百年物质的进步,比从前三千年所得还加几倍,我们人类不惟没有得着幸福,倒反带来许多灾难。好像沙漠中失路的旅人,远远望见个大黑影,拼命往前赶,以为可以靠他向导;哪知赶上几程,影子却不见了,因此无限凄惶失望。影子是谁?就是这位'科学先生'。欧洲人做了一场科学万能的大梦,到如今却叫起科学破产来。"①由此,梁启超断言东方文化可以救西方文化的弊端,"大海对岸那边有好几万万人,愁着物质文明破产,哀哀欲绝的喊救命,等着你来超拨他哩。我们在天的祖宗三大圣和许多前辈,眼巴巴盼望你完成他的事业,正在拿他的精神来加佑你哩"②。

总之,在梁启超看来,近代人因科学发达,生出工业革命,外部生活变迁急剧,内部生活随之动摇。科学昌明以后,宗教及旧的哲学失去了权威,"哲学家简直是投降到科学家的旗下了","这些唯物派的哲学家,托庇科学宇下建立一种纯物质的纯机械的人生观,把一切内部生活外部生活,都归到物质运动的'必然法则'之下"。③ 这样一来,就否认了人类的自由意志,意志既不能自由,也就没有善恶可言,什么乐利主义、强权主义等等,都建立在这种人生观的基础上。既然,这些人认为西方战祸及种种社会危机都导源于西方的人生观,而中国传统文化的优越,也正在于人生观,那么,科学与人生观的论争也就势所必然。

(二)以张君劢为代表的"玄学派"人生观

张君劢(1887—1969年),原名嘉森,字君劢,江苏宝山(今上海宝山县)人。早年留学日本,结识梁启超,思想深受其影响。

①②③ 梁启超:《欧游中之一般观察及一般感想》,见葛懋春、蒋俊编选:《梁启超哲学思想论文选》,262页,286~287页,260~261页,北京,北京大学出版社,1984。

1913 年入德国柏林大学，攻读政治学与国际法兼修德国哲学。1915 年回国，曾任上海《时事新报》总编辑、北京大学教授等职。1918 年底，随梁启超、蒋百里、丁文江等赴欧游历考察，并留居德国三年，从德国著名哲学家倭铿（Eucken, Rudolf Chnstoph, 1846～1926 年）学哲学，又常往法国求教于柏格森（Henri Bergson, 1859～1941 年），深受二哲生命哲学影响。

1923 年 2 月 14 日，张君劢应邀去清华大学作题为《人生观》的讲演，事后讲演稿又刊登在《清华周刊》上，不料张君劢的讲演激怒了好友丁文江，这位剑桥出身的北大地质学教授，坚信科学方法无所不能，于是在《努力周报》发表《玄学与科学》，向张君劢直接驳难，张君劢又作《再论人生观与科学并答丁在君》，丁文江又作《玄学与科学——答张君劢》，于是论战逐一展开。

张君劢开宗明义讲，"天下古今之最不统一者，莫若人生观"。他认为：科学之要务，在求事物之公例，而人生观则无公例可求，所以科学无论怎么发达，也不能统一人生观，他指出：

第一，科学为客观的，人生观为主观的。科学之最大标准，在其客观的效力。甲如此说，乙如此说，推之丙丁戊己无不如此说。换言之，一种公例，推诸四海而准焉。譬如英国发明之物理学，同时适用于全世界。德国发明之相对论，同时适用于全世界。故世界只有一种数学，而无所谓中国之数学，英国之数学也；世界只有一种物理学化学，而无所谓英法美中国日本之物理化学也……人生观则相反，孔子之行健与老子之无为，其所见异焉；孟子之性善与荀子之性恶，其所见异焉……凡此诸家之言，是非各执，绝不能施以一种试验，以证甲之是与乙之非，何也？以其为人生观故也，以其为主观的故也。

第二，科学为论理的方法所支配，而人生观则起于直觉。科学的方法有两种，一为演绎的，一为归纳的，两者都得遵循一定的逻辑规则，不能前后矛盾，如物理、化学、生物学所采者，皆此方法也；人生观则不受论理学公例所限制，如叔本华、哈德门的悲观主义，兰勃尼孳、黑智尔之乐观主义，或为孔子之修身齐家主义，或为释迦之出世主义……这些，无所谓定义，无所谓方法，皆其自身良心之所命起而主张之，以为天下后世表率，故曰直觉的也。

第三，科学可以以分析方法下手，而人生观则为综合的。科学关键，全在分析，无论是物质科学还是精神科学，都是运用分析的手段而求得对象所由构成的最简单的元素；人生观则不同，它是综合的，“若强为分析，则必失其真义”。如“释迦之人生观，曰普渡众生。苟求动机所在，曰，此印度人好冥想之性质为之也；曰，此印度之气候为之也。如此分析，未尝无一种理由，然即此所分析之动机，而断定佛教之内容不过尔尔，则误矣。”……

第四，科学为因果律所支配，而人生观则为自由意志的。物质现象，无所逃于因果之支配，有因必有果，从因可推出果；而人生观则绝对不受因果律的支配。孔子何以席不暇暖，墨突何以不得黔，耶稣何以死于十字架，释迦何以苦身修行。凡此者，“皆出于良心之自动”，完全是自由的，不可以因果律所能解释……

第五，科学起于对象之相同现象，而人生观则起于人格之单一性。科学中的最大原则，在于物质现象变化之统一性、一贯性，所以，科学有公例可求；人生观则不同，它是个性的，独一无二的，甲的人生观不同于乙，乙的人生观不同于丙。“故自然界现象之特征，则在其互同；而人类界之特征，则在其各异。”……①

总之，张君劢认为，人生观是主观的、直觉的、综合的、自由意志的、单一性的。因而断言“惟其有此五点，故科学无论如何

---

①　张君劢：《人生观》，《科学与人生观》，35～38页，济南，山东人民出版社，1997。

发达,而人生观问题之解决,决非科学所能为力,惟赖诸人类之自身而已”。进而指出:“古今大思想家,即对于此人生观问题,有所贡献者也。譬诸杨朱为我,墨子兼爱,而孔孟则折衷之者也。自孔孟以至宋元明之理学家,侧重内心生活之修养,其结果为精神文明。三百年来之欧洲,侧重以人力支配自然界,故其结果为物质文明。亚丹斯密,个人主义者也;马克斯,社会主义者也;叔本华、哈德门,悲观主义者也;柏剌图、黑智尔,乐观主义者也。彼此各执一词,而决无绝对之是与非。然一部长夜漫漫之历史中其秉烛以导吾人之先路者,独此数人而已。”①

针对丁文江的发难,张君劢在《再论人生观与科学并答丁在君》一文中,又从 10 个方面进一步阐述自己玄学的人生观,这 10 个问题是:物质科学中何以有公例;精神科学公例何以不如物质科学公例之明确;人生观何以不为论理方法与因果律所支配;所谓科学的知识论是否正确;科学家根据推论公例所得之“真”以外,是否尚有他项事物可认为真的;玄学在欧洲是否“没有地方混饭吃”;“我之对于科学与玄学之态度;我之对于物质文明之态度;我对于心性之学与考据之学之态度;私人批评之答复”。②张君劢在上文中,除继续阐明柏格森、倭铿的玄学思想外,还大量引证了生物学家、心理学家、自然科学家的言论,为自己的玄学观张目。

张君劢被丁文江骂为“玄学鬼”,所谓“玄学”,即本体论的形上学。上述张君劢的所谓“玄学”人生观,主要受法国现代生命哲学家亨利·柏格森(Henri Bergson,1859～1941 年)和德国现代生命哲学家倭铿(Eucken Rudolf Christoph,1846～1926 年)以

---

① 张君劢:《人生观》,《科学与人生观》,38 页,济南,山东人民出版社,1997。

② 张君劢:《再论人生观与科学并答丁在君》,《科学与人生观》,62～63 页,济南,山东人民出版社,1997。

及德国生命哲学家杜里舒(Driesch,1867~1941年)的影响。1918年,张君劢与梁启超、丁文江等人赴欧洲考察各国战后情况。在法国期间,张君劢访问了法国哲学家柏格森,后留居德国三年,师从德国哲学家倭铿。1921年与倭铿合著《中国与欧洲的人生问题》一书,不久赴法国与柏格森讨论中西各种哲学的比较。年底偕杜里舒启程回国,并为杜里舒在中国讲学担任翻译。① 所以张君劢说:"方自欧洲返国,受柏格森与倭铿之影响,鼓吹'人类有思想有自由意志'之学说。此乃哲学层与玄学层上之立言。"②

张君劢认为:柏格森的生命哲学阐明人生之本为自觉性,无因果可求,"柏氏断言理智之为用,不适于求实在。然而人心之隐微处,活动也,自发也,是之谓实在,是之谓生活。即非理智之范畴所能把捉,故惟有法,曰直觉而已"。而倭铿生命哲学的要义在达于精神生活,"人生者介于物质与精神之间者也。物质常为吾人之障碍,故超脱物质,以靖献于大我生活之中,是倭氏立言之要旨也"。③ 张君劢还援引杜里舒的话说:"自柏格森为生命冲动之说,谓世界之生物中,有一以贯之现象,是名生活流,此生活流日进不已,变而不已,故无所谓预定之目的……故曰即变即本体,惟其无本体,故无决定之因,既无定因,故为绝对之自由。"④总之,在柏格森、倭铿、杜里舒生命哲学家看来,通常所谓

① 杜里舒(Hans Driesch,1867~1941年):德国生物学家兼生机主义哲学家,1922年来华讲学,张君劢一直跟随左右,担任口译并整理讲稿,对张君劢产生较大影响。

② 朱耀垠:《科学与人生观论战及其回声》,91页,上海,上海科学技术文献出版社,1999。

③ 张君劢:《再论人生观与科学并答丁在君》,《科学与人生观》,101页,济南,山东人民出版社,1997。

④ 张君劢:《〈人生观之论战〉序》,见董德福:《生命哲学在中国》,267页,广州,广东人民出版社,2001。

物质是“生命冲动”向上运动的逆转，表现为机械运动，受因果律支配。至于“生命冲动”本身，表现为向上的精神活力，是绝对自由的，不受任何原因决定，盲目地活动着，表现为一股生活流，它是没有物质的“纯”变化（即“绵延”），是纯粹意识的向前流动，找不到一定的轨迹，因而是不可分析、不可理喻、不可确说的。可见，张君劢的自由意志论十足为柏格森等生命哲学的翻版。张君劢进而认为，由于近代西方科技发达，人们忙于务外逐物，过一种枯燥乏味的物质生活。至于人之所以为人，人的安身立命之所，却被忽略了。尤其是国际战争的爆发，科技文明遭到普遍的怀疑，人们对于科学理性进行反省，企图重建自康德以来沉寂的形而上学，柏格森、倭铿、杜里舒等生命哲学家正是这方面的代表。

上述说明，张君劢作为“玄学派”的主要代表人物，具有浓厚的西方文化背景，他以现代西方非理性主义柏格森等人的生命哲学为基础，把西方的人本主义与中国儒家文化相结合，奠定了他玄学派的人生观。客观而论，张君劢攻击的是“科学万能”，而非科学本身。正如当代学者所指出的：“从学术本身来看，张君劢的观点未尝没有合理的成分，但学术之争发生在一个新旧交替的大时代里，却往往含有学术之外的更深刻意味。‘五四’时代是一个全面引进新时潮的年代，在传统文化依然异常顽强、国人的思维方式严重匮乏近代科学理性精神的时候，张君劢如此非难科学显然是助了‘国粹派’一臂之力。纵然他一再表白‘没有反对科学的意思’，但在新旧思潮激战到难解难分的时刻，宣布将科学剔除在人生观之外，这在客观上只能产生阻抗新思潮的社会效应。”①

① 许纪霖：《无穷的困惑——近代中国两个知识者的历史旅程》，89页，上海，上海三联书店，1988。

站在“玄学派”立场上的还有梁启超以及林宰平、张东荪等人。

上面已述，梁启超在第一次世界大战结束的时候，作为赴欧观察组的一员，回国后发表一部《欧游心影录》，阐述了他对战后欧洲思想状况的看法。他以这次毁灭性战争为例，声称现代文明的“科学破产”。这位从 1898 年就开始强烈主张学习西方科学的人，这时在他的《欧游心影录》中，谈到科学万能的梦想，不能不引起轰动效应。对于这次思想的转变他有这样的记述：“我们自到欧洲以来，这种悲观的论调，着实听得洋洋盈耳。记得一位美国有名的新闻记者赛蒙氏和我闲谈，……他问我：‘你回到中国干什么事，是否要把西洋文明带些回去？’我说：‘这个自然。’他叹一口气说：‘唉！可怜，西洋文明已经破产了！’我问他：‘你回到美国却干什么？’他说：‘我回去就关起大门老等，等你们把中国文明输进来救拔我们。’”①正是欧洲战后的悲观主义，导致梁启超对中国传统文化价值取向的重新审视。

“科玄”论战，表面看为张君劢与丁文江之争，实际站在背后的是梁启超与胡适。这时，一直关注战况的梁启超站了出来，先是制定两条“战时国际公法”，5 月 23 日又写《人生观与科学》一文（发表于 6 月 2 日的《学灯》），表面仍持中立的态度，实则助张君劢向丁文江开战，他指出：

> 人类生活固然离不了理智，但不能说理智包括尽人类生活的全内容。此外还有极重要一部分——或者可以说是生活的原动力，就是“情感”。情感表出来的方向很多，内中最少有两件的的确确带有神秘性的，就是“爱”和“美”。“科学帝国”的版图和威权，无论扩大到什么程度，这位“爱先

---

① 梁启超：《欧游中之一般观察及一般感想》，见葛懋春、蒋俊编选：《梁启超哲学思想论文选》，264～265 页，北京，北京大学出版社，1984。

> 生"和那位"美先生",依然永远保持他们那种"上不臣天子下不友诸侯"的身份。请你科学家把"美"来分析研究罢,什么线,什么光,什么韻,什么调,……任凭你说得如何文理密察,可有一点儿搔着痒处吗?至于"爱",那更"玄之又玄"了。假令有两位青年男女相约为"科爱的恋爱",岂不令人喷饭!……孝子割股疗亲,稍有常识的也该知道是无益,但他情急起来,完全计较不到这些;程婴、杵臼代人抚孤,抚成了还要死;田横岛上五百人,死得半个也不剩。这等举动,若用理智解剖起来,都是很不合理的,却不能不说是极优美的人生观之一种。推而上之,孔席不煖,墨突不黔,释迦割臂饲鹰,基督钉十字架替人赎罪,他们对于一切众生之爱,正与恋人之对于所欢同一性质。我们想用什么经验什么规范去测算他的所以然之故,真是痴人说梦。……"人生关涉理智方面的事项,绝对要用科学方法来解决;关涉情感方面的事项,绝对的超科学"。①

上述,梁启超认为,人生问题,有大部分是可以而且必须用科学来解决;一小部分、或者说是最重要的部分是超科学的。梁启超反科学吗?非也。还在"科玄"论战的前几个月,1922 年 8 月 20 日,梁启超应南通科学社之邀作《科学精神与东西文化》的讲演,指出中国人对科学的态度有两点不对:其一,"不要把科学看得太低了,太粗了"。其二,不要"把科学看得太呆了,太窄了"②,以门外汉的身份表达了对科学的欣羡和崇敬。所以,他反对的是用科学去解释人生一切问题,反对科学万能,实则矛头所指是西方科学主义思潮。尤其是 1926 年,协和医院为梁启超

---

① 梁启超:《人生观与科学》,见葛懋春、蒋俊编选:《梁启超哲学思想论文选》,448 页,北京,北京大学出版社,1984。

② 梁启超:《科学精神与东西文化》,见葛懋春、蒋俊编选:《梁启超哲学思想论文选》,384 页,北京,北京大学出版社,1984。

做了割除右肾的手术,结果证明这次手术是一个大失误,右肾并无肿瘤,也无其他病灶。术后梁启超的身体状况日益恶化。这引起他朋友和社会人士对协和医院的强烈不满,他们在报刊上发表文章批评协和医院的失误。梁启超则宽厚地对待协和医院,他是怕因此事影响人们对科学(西医)的怀疑。①

林宰平(1879～1960 年),字志钧,福建福州人,清末举人,早年留学日本,归国后一度在清外交部任职,民国初年在司法部任职,曾赴英、德、意等国考察司法,后辞去司法部司长之职,专在北京大学、清华大学等校任教。1923 年 6 月 5 日在《时事新报》副刊《学灯》上发表《读丁在君先生的〈玄学与科学〉》一文,对丁文江的科学观提出质疑,他认为:(一)张君劢谈的是人生观,没必要把"玄学"牵涉进去,况且丁文江对玄学的理解并不正确;(二)丁文江把科学变成近似宗教了,学术争论中竟"带有杀伐之音";(三)科学方法不等于科学,例如绘画可以用科学的方法去研究,却不等于是科学;(四)丁文江把"实质的论理"(实证逻辑)和形式的论理(形式逻辑)混为一谈,前者可等同于科学方法,后者却更广泛、普遍。人生观中固然离不开形式的论理,却不一定能运用实质的论理;(五)丁文江关于物和心、关于心理现象是否适用因果律的论证也不能说服人;(六)不能因提倡科学而去否认良心的作用,所谓"物质文明破产论"固然不对,也不能因此"作践精神文明"。② 上述,林宰平尽管声明"科学我是相信的",作持平之说,但更多的是对"科学派"的诘问和批评。

(三) 以丁文江为代表的科学派人生观

丁文江(1887～1936 年),字在君,江苏泰兴县人。早年留

① 黄敏兰:《梁启超》,420 页,武汉,湖北教育出版社,1999。

② 见刘大椿、吴向红:《新学苦旅——科学·社会·文化的大撞击》,249 页,南昌,江西高校出版社,1995。

学英国，攻读动物学与地质学，1911 年毕业回国。1913 年与章鸿钊、翁文灏共同创办地质研究班（后改名地质研究所），是中国地质学的开创人。1919 年陪同梁启超等人赴欧洲考察并以非官方身份出席了巴黎和会。1922 年 5 月与胡适等人创办《努力周报》，“科学与人生观”论战期间，科学派的文章大多经由他刊在《努力周报》上，被胡适称为“最欧化的中国人”。

1923 年 2 月 14 日张君劢的“人生观”讲演，立即招来他的好友、地质学家丁文江的反对。丁文江坚信科学方法无所不能，“绝对不受限制”，科学方法能够解决人生问题。4 月 12 日，丁文江作了一篇《玄学与科学——评张君劢的“人生观”》，发表在《努力周报》第 48 期和第 49 期上，文章辟头即表示宣战的姿态：“张君劢是作者的朋友，玄学却是科学的对头。玄学的鬼附在张君劢身上，我们学科学的人不能不去打他。”

丁文江的发难涉及以下几个方面：(1) 人生观能否同科学分家；(2) 科学的智识论；(3) 张君劢的人生观与科学；(4) 科学与玄学战争的历史；(5) 中外合璧式的玄学及其流毒；(6) 对于科学的误解；(7) 欧洲文化破产的责任；(8) 中国的“精神文明”。张君劢人生观重点是“人生无是非真伪之标准”，所以科学方法不能解决人生问题，丁文江反驳说：

> 我们且先看他主张人生观不受科学方法支配的理由。……张君劢的理由是人生观“天下古今最不统一”，所以科学方法不能适用。但是人生观现在没有统一是一件事，永久不能统一又是一件事。……何况现在“无是非真伪之标准”，安见得就是无是非真伪之可求？不求是非真伪，又从那里来的标准？要求是非真伪，除去科学的方法，还有甚么

方法?①

对于张君劢提出的科学与人生观五个异点,丁文江反驳说:

他说人生观不为论理方法所支配;科学回答他,凡不可以用论理学批评研究的,不是真知识。他说:"纯粹之心理现象"在因果律之例外;科学回答他,科学的材料原都是心理的现象,若是你所说的现象是真的,决逃不出科学的范围。他再三的注重个性,注重直觉,但是他把个性直觉放逐于论理方法定义之外。……他说人生观是综合的,"全体也,不容于分割中求之也"。科学答他说,我们不承认有这样混沌未开的东西,况且你自己讲我与非我,列了九条,就是在那里分析他。②

对于张君劢提出的欧战文化破产的原因是科学,丁文江反驳说:

欧洲文化纵然是破产(目前并无此事),科学绝对不负这种责任,因为破产的大原因是国际战争。对于战争最应该负责的人是政治家同教育家。这两种人多数仍然是不科学的。③

上述是丁文江对张君劢玄学人生观的反驳,并说张君劢的玄学是"中外合璧式的玄学",一面讲柏格森的直觉,一面讲孔孟、宋元明理学家内心修养。丁文江认为,这种"精神文明有什么价值?配不配拿来做招牌攻击科学?"所以,他说:"今之君子,欲速成以名于世,语之以科学,则不愿学;语之以柏格森、杜里舒之玄学,则欣然矣。以其袭而取之易也。"④在科学与玄学的论战中,丁文江写了不少文章,表明他的科学主义立场。如《玄学与科学》,《玄学与科学——答张君劢》、《玄学与科学的讨论的余

---

①②③④ 丁文江:《玄学与科学——评张君劢的〈人生观〉》,《科学与人生观》,42页,49~50页,54~55页,59页,济南,山东人民出版社,1997。

兴》、《王星拱〈科学概论〉序》、《我的信仰》等。总之，丁文江断定人生观是科学的一部分，科学方法能够解决人生问题。他所谓的科学方法，即西方的科学实证主义，亦胡适“拿证据来”的“实验的方法”。

在“科玄论战”期间，站在科学派立场的还有唐钺、王星拱、吴稚晖、任鸿隽、范寿康等人。

唐钺（1891～1987 年，）福建闽侯人，原名柏丸，字擘黄，1911 年入清华学校学习，1914 年入美国康乃尔大学主攻心理学和哲学，毕业后入哈佛大学深造，1920 年获哲学博士学位，1921 年回国任北京大学哲学系教授，1922 年任上海商务印书馆编辑，1926 年任清华大学教授，1929 年任中央研究院心理研究所研究员，1952 年，入北京大学哲学系执教。有《唐钺文存》问世。

在“科学与玄学”论战期间，他写《心理现象与因果律》、《一个痴人的说梦》、《“科学与玄学”论争所给的暗示》、《科学的范围》，《读了〈评所谓科学与玄学之争〉以后》等文，为科学人生观辩护。

唐钺在题为《心理现象与因果律》一文中认为，所有的现象都服从因果律，因为所有现象都有原因，所以都在科学支配之下，他说：

> 我的主张——一切心理现象都是有因的……人生观不过是一个人对于世界万物同人类的态度，这种态度是随着一个人的神经构造、经验、知识等而变的。神经构造等就是人生观之因。①

唐钺在《一个痴人的说梦》中说得更明白，他自称是“痴人”，要科学地分析“美”与“爱”（梁启超曾说那些认为科学能解释感

---

① 唐钺：《心理现象与因果律》，《科学与人生观》，218 页，济南，山东人民出版社，1997。

情的人是痴人说梦，情感中的两要素就是“美”与“爱”），断言“美和爱可否分析与他的价值的高低无关”，以反驳梁启超的“情感超科学”观点，他说：

任公说：“……想用科学方法支配他（指爱与美），无论不可能；即能，也把人生弄成死的没有价值了”。这种话是用不着反驳的。因为我们论事实的时候，不能羼入价值问题。譬如，我们谁不愿“花长好，月常圆”呢？然而实际上花月不如此，难道我们可以不认这不如人意的事实吗？比方爱与美一样受科学的支配，人生就没的价值，那也是我们要老老实实地承认的。然而科学支配的结果并不是这样。请任公不必抱杞忧。科学方法是否有支配爱和美的能力，暂且不论；姑假定他能支配爱和美，世界只会更有秩序，人生只会更有价值。断没有任公所害怕的结果。①

为此，唐钺进而举例说：从前牛顿说明虹霓的物理，诗人颉兹（Keats）大不高兴，以为把虹霓的美丽减少了。这是颉兹一个人的见解。从别人看来，虹霓的美丽不特不减少，而且得这解释以后，反要增加。爱和美经了分析理解后，使人觉得他们的可贵。② 以上唐钺在说了许多“梦话”后，最后说：

关于情感的事项，要就我们的知识所及，尽量用科学的方法来解决。至于情感的事项的“超科学”的方面，不过是“所与性”，是理智事项及一切其他经验所共有的，是科学的起点；我们叫他做“神秘”，也未常不可；不过这种的“神秘”同“平常”的意义无别罢了。③

王星拱（1889～1950年），字抚五，安徽安庆人，化学教授，马赫主义在中国的代表之一，五四时期为工读互助团成员，留学

---

①②③　唐钺：《一个痴人的说梦》，《科学与人生观》，270页，270页，275页，济南，山东人民出版社，1997。

英国。曾任北京大学、中央大学教授，武汉大学、中山大学校长等职。有《科学的起源和效果》、《科学方法论》，《科学概论》等论著问世。

在“科学与玄学”论战期间，王星拱持比唐钺更激进的观点，断定“科学可以解决人生问题”。他在《科学与人生观》一文中说：

> 科学是否能够应用以解决人生问题？我们要想讨论这个问题，必须先看科学所凭藉以构造起来的是些什么？
>
> 科学所凭藉以构造起来的，有两个原理：（一）是因果之原理（Causality），（二）是齐一之原理（Uniformity）。
>
> 因果之原理是说：宇宙中之各种现象，必定有因果的关系，没有无因而至的，也没有不生效果的。这个原理里边，包含着可分之原理（Divisibiliy）或多元之原理（ Pluralism）。因为辨别出来何者为因，何者为果，那已经把宇宙分成零零碎碎的块片了。……齐一之原理是说：同因必生同果。假使没有这个原理，则宇宙之间只有千千万万一点一滴的事实，我们很难寻觅因果关系出来，那么，科学也无从构造了。历史告诉我们：科学可以从许多现象上看出同点，而把这些同点结合起来，就成为定律。①

王星拱认为，上述两个原理，实在存在于宇宙之间，所以数学、物理学、化学等科学可以凭藉它们而构造起来。同样，人生的各种现象，如“生命之观念”、“生活之态度”，都是可以用科学来支配的。他的结论是：“科学是凭藉因果和齐一两个原理而构造出来的；人生问题无论为生命之观念、或生活之态度，都不能逃出这两个原理的金刚圈，所以科学可以解决人生问题。”②

①②　王星拱：《科学与人生观》，《科学与人生观》，277～278页，285～286页，济南，山东人民出版社，1997。

在“科学与玄学”论战期间，胡适在南方休养，只写了一篇他认为“很不庄重的”《孙行者与张君劢》一文，说“张君劢翻了二七一十四天的筋斗”，“原来他仍旧不曾跳出赛先生和逻辑先生的手心里”。① 以表白他科学主义立场。1923 年 12 月，上海亚东图书馆将此次论战的文章结集出版，胡适被邀为该文集作序，进一步提出他所谓的“科学的人生观”，或“自然主义的人生观”，其要义为：

(1) 根据于天文学和物理学的知识，叫人知道空间的无穷之大。

(2) 根据于地质学及古生物学的知识，叫人知道时间的无穷之长。

(3) 根据于一切科学，叫人知道宇宙及其中万物的运行变迁皆是自然的，——自己如此的，——正用不着什么超自然的主宰或造物者。

(4) 根据于生物的科学知识，叫人知道生物界的生存竞争的浪漫与惨酷，——因此，叫人更可以明白那“有好生之德”的主宰的假设是不能成立的。

(5) 根据于生物学、生理学、心理学的知识，叫人知道人不过是动物的一种，他和别种动物只有程度的差异，并无种类的区别。

(6) 根据于生物的科学及人类学、人种学、社会学的知识，叫人知道生物及人类社会演进的历史和演进的原因。

(7) 根据于生物的及心理的科学，叫人知道一切心理的现象都是有因的。

(8) 根据于生物学及社会学的知识，叫人知道道德礼教

① 胡适：《孙行者与张君劢》，《科学与人生观》，124 页，济南，山东人民出版社 1997。

是变迁的,而变迁的原因都是可以用科学方法寻求出来的。

(9)根据于新的物理化学的知识,叫人知道物质不是死的,是活的;不是静的,是动的。

(10)根据于生物学及社会学的知识,叫人知道个人——"小我"——是要死灭的,而人类——"大我"——是不死的,不朽的;叫人知道"为全种万世而生活"就是宗教,就是最高的宗教;而那些替个人谋死后的"天堂""净土"的宗教,乃是自私自利的宗教。①

上述,胡适列举的内容,与其视为科学的人生观,不如说是科学对于人生影响的例证。

在"科学与玄学"的论战中,还有吴稚晖、任鸿隽等人也都站在"科学派"的立场参战。如吴稚晖的《一个新信仰的宇宙观与人生观》、任鸿隽的《人生观的科学或科学的人生观》等文。

(四)以陈独秀为代表的唯物史观派人生观

从1923年11月起,陈独秀、瞿秋白等唯物论者也先后介入了这场论战,他们站在唯物史观的立场,对"科玄"两派都持批评态度。

陈独秀认为玄学派所列举的那些不同的人生观,都可以从社会环境和历史的发展,特别是经济的发展变化去解释,"什么先天的形式、什么良心、什么直觉、什么自由意志,一概都是生活状况不同的各时代各民族之社会的暗示所铸而成"②。对于科学派,陈独秀认为:丁在君不但未曾说明"科学何以能支配人生观",并且他的思想之根底,仍和张君劢走的是一条路。为此,陈

---

① 胡适:《〈科学与人生观〉序》,《科学与人生观》,23~24页,济南,山东人民出版社,1997。

② 陈独秀:《〈科学与人生观〉序》,《科学与人生观》,6页,济南,山东人民出版社,1997。

独秀举出两个例证:第一,丁在君自号存疑的唯心论是沿袭了赫胥黎、斯宾塞诸人的错误,你既承认宇宙间有不可知的部分而存疑,所以,张君劢说:“既已存疑,则研究形而上界之玄学,不应有丑诋之词。”事实是我们对于未发见的物质固然可以存疑,而对于超物质存在以及可以支配物质的什么心(心即是物之一种表现)、什么神灵与上帝,我们已无疑可存了。第二、玄学派把欧洲文化破产的责任归到科学与物质文明,固然十分糊涂,但科学派(丁在君)把这个责任归到玄学家、教育家、政治家身上,也离开事实太远,如此大的变动,哪里是玄学家、教育家、政治家能够制造出来的。所以陈独秀说:丁文江攻击张君劢唯心的见解是以“五十步笑百步”,这是因为有一种可以攻破敌人大本营的武器,他们素来不相信,不肯用,这个武器就是“唯物史观”,“我们相信只有客观的物质原因可以变动社会,可以解释历史,可以支配人生观,这便是‘唯物的历史观’”。①

瞿秋白(1899～1935年),原名双,又名爽、霜,江苏常州人,早期共产党人。1916年考入北京俄文专修馆学习,并翻译普希金、托尔斯泰等人作品。1920年底,作为《晨报》记者赴苏联访问,1923年1月回国担任《新青年》和《前峰》主编、《向导》编辑。“科学与人生观”论战时,陈独秀和瞿秋白的文章就刊发在《新青年》杂志上。1935年被国民党当局杀害,有《瞿秋白文集》问世。

几乎在陈独秀写《〈科学与人生观〉序》的同时,1923年11月24日,瞿秋白发表《自由世界与必然世界——驳张君劢》一文。文章认为论战双方所争论的问题是同一的,即“在于承认社会现象有因果律与否,承认意志自由与否”,其他的问题都是不重要的枝节问题。他认为,人的意志如果超越因果律,越是不根

① 陈独秀:《〈科学与人生观〉序》,《科学与人生观》,7页,济南,山东人民出版社,1997。

据事实，人的意志就越是不自由。根据唯物史观的原则，社会发展的最后动力在于经济，因此个人和群众的人生观，都随着客观经济的变化而变化。

综上所述，“科学与玄学”的论战是20世纪中国文化发展史上的一件重大事情，是西学东渐以来，中国文化取向的必然结果。当年的许多参战者和后来的众多评论家都曾作过评价。胡适说：“这一场大战的战线延长，参战武士人数之多，战争的旷日持久，可算是中国和西方文化接触以后三十年中的第一场大战。”①梁启超说：“这个问题是宇宙间最大的问题，这种论战是我国未曾有过的论战，学术界忽生此壮阔波澜，是极可庆幸的现象。”②

这场“科学与玄学”的论战，之所以在中国思想上占有如此重要的地位，是因为在中国文化史上第一次尖锐地提出了科学与哲学的关系问题。并对科学与哲学的意义范围、思维特点、社会功能、相互关系诸问题展开讨论，因而从内容上促进了中国文化的发展。20世纪三四十年代一些创立自己理论体系的中国哲学家，如冯友兰、金岳霖、贺麟、熊十力等人，都没有脱离科玄论战所设定的内容，而是以不同方式表达了自己对于科学与哲学关系的看法。

这次论战的双方，一方认同科学主义立场，一方认同人文主义立场，说到底是关于科学与人文的问题。客观的讲，这个问题是西方文化史上早已讨论过的问题，但中国“因为文化落后”，

---

① 胡颂平：《胡适之先生年谱长编初稿》（二），台北，联经出版公司，1983。

② 梁启超：《关于玄学科学论战之“战时国际公法”》，《科学与人生观》，121页，济南，山东人民出版社，1997。

“到现在才讨论这个问题……进步虽说太缓,总算是有了进步”。①

二、“西化论”——胡适、陈序经的文化激进主义

“全盘西化”,简言之就是用欧洲文明代替东方文明。这是二三十年代中国人向西方学习的一种激进的文化主张。其代表人物是实验主义者胡适和陈序经。

(一)“充分世界化”——胡适的文化主张

如第一章所述,在近代,主张“全盘西化”的思想倾向,至少可以追溯到清末民初,但“全盘西化”一词,却是由胡适提出来的。1926年,胡适在《现代评论》发表《我们对于西洋文明的态度》一文,全面阐述了其东西文化观。胡适认为所谓“文明”是由物质性和精神性因子共同构成的,物质文明与精神文明是统一的,因而他反对保守派的“西方物质文明,东方精神文明”论。在胡适看来,西洋近代文明不仅物质富强,而且精神优胜,东西文明的最大差别在“知足”与“不知足”,只有“不知足”而奋力改造环境的西方文明,才是自由的“人的”文明,而“知足”的东方文明则是“懒惰不长进的民族”的文明,它只能遏抑而不能满足人类精神要求,他说:

> 凡一种文明的造成,必有两个因子:一是物质的(Material),包括种种自然界的势力与质料;一是精神的(Spiritual),包括一个民族的聪明才智,感情和理想。凡文明都是人的心思智力运用自然界的质与力的作品;没有一种文明是

① 陈独秀:《〈科学与人生观〉序》,《科学与人生观》,1页,济南,山东人民出版社,1997。

精神的，也没有一种文明单是物质的。

……东方的文明的最大特色是知足。西洋的近代文明的最大特色是不知足。知足的东方人自安于简陋的生活，故不求物质享受的提高；自安于愚昧，自安于“不识不知”，故不注意真理的发现与技艺器械的发明；自安于现成的环境与命运，故不想征服自然，只求乐天安命，不想改革制度，只图安分守己，不想革命，只做顺民。……西方人大不然。他们说“不知足是神圣的”(Dirine Discontent)。物质上的不知足产生了今日钢铁世界，汽机世界，电力世界。理智上的不知足产生了今日的科学世界。社会政治制度上的不知足产生了今日的民权世界……①

新文化运动以来，胡适始终是近代西方文明最积极的鼓吹者和传播者，是一心一意的西化派。但在开始的一段时间内，很难说是激进的，如他提出文学改良主张时的温和讨论态度，在《中国哲学史大纲》中流露的关于中西哲学需要融合的思想等。随着时间的推移，胡适的态度也激进起来，用他的话说就是“很不客气地指责我们的东方文明”。1929年，胡适在英文版《中国基督教年鉴》发表《今日中国的文化冲突》，明确把自己的主张标为“全盘西化”。胡适指出：“中国人对于这个问题，曾有三派的主张：一是抵抗西洋文化，二是选择折衷，三是充分西化。”我说：“抗拒西化在今日已成过去，没有人主张了。但所谓‘选择折衷’的议论，看去非常有理，其实骨子里只是一种变相的保守论。所以我主张全盘的西化，一心一意的走上世界化的道路。”在这篇英文稿里胡适同时使用了两个词来表达他的西化主张，一个词是 Wholesale Westernization，一个词是 Wholehearted Moderniza-

① 胡适：《我们对于西洋近代文明的态度》，见胡明主编：《胡适精品集》(5)，5页，15页，北京，光明日报出版社，1998。

tion,前者可译为"全盘西化",后者可译为"一心一意的现代化"或"充分的现代化"。①

1930年,胡适在《介绍我自己的思想》一文中,再一次阐述了文化主张。他很不客气地指责中国人是一个"又愚又懒的民族",是一个"懒惰不长进的民族",他告诫中国人说:"现在有一些妄人要煽动你们的夸大狂,天天要你们相信中国的旧文化比任何国高,中国的旧道德比任何国好。还有一些不曾出国门的愚人鼓起喉咙对你们喊道:'往东走!往东走',西方的这一套把戏是行不通的。我要对你们说:不要上他们的当!不要拿耳朵当眼睛!睁开眼睛看看自己,再看看世界。我们如果还想把这个国家整顿起来,如果还希望这个民族在世界上占一个地位,——只有一条生路,就是我们自己要认错。'我们必须承认我们自己百事不如人,不但物质机械上不如人,不但政治制度不如人,并且道德不如人,知识不如人,文学不如人,音乐不如人,艺术不如人,身体不如人。肯认错了,方才肯死心塌地的去学人家。"②

胡适所以一心一意的主张"西化",一方面是他对西方文化的深层理解,另一方面则是他所谓的"文化惰性"论。胡适认为,在多种文化冲突中进行自我调整,绝不能采取折衷的态度。因为旧文化有一种"惰性",这种惰性的根子可能在于"某种固有环境和与历史条件下形成的生活习惯",构成为某一文化的"本位",即使物质生活骤变,思想学术改观,政治制度翻造,那个本位都不会有毁灭的危险,因此"有先见远识的领袖们,不应该焦

① 胡适:《充分世界化与全盘西化》,见胡明主编:《胡适精品集》(8),247页,北京,光明日报出版社,1998。

② 胡适:《介绍我自己的思想》,见胡明主编:《胡适精品集》(8),326页,北京,光明日报出版社,1998。

虑那个中国本位的动摇，而应该焦虑那固有文化的惰性之太大”。① 这一点，胡适有明确表示：

我的愚见是这样的：中国的旧文化的惰性实在大的可怕，我们正可以不必替“中国本位”担忧。我们肯往前看的人们，应该虚心接受这个科学工艺的世界文化和它背后的精神文明，让那个世界文化充分和我们的老文化自由接触，自由切磋琢磨，借它的朝气锐气来打掉一点我们的老文化的惰性和暮气。将来文化大变动的结晶品，当然是一个中国本位的文化，那是毫无可疑的。如果我们的老文化里真有无价之宝，禁得起外来势力的洗涤冲击的，那一部分不可磨灭的文化将来自然会因这一番科学文化的淘洗而格外发辉光大的。②

上述，胡适的意思就是拼命走极端，让西方文化的朝气、锐气，打掉中国文化的惰性和暮气，然后再让文化的惰性拉向折衷调和，即我们常说的“取法乎上，仅得其中”，“矫枉必须过正，不过正不能矫枉”。这确实表现了胡适的“韬略”，胡适对此也颇为得意，但这一点也为胡适是不是一个“全盘西化”论者，带来了疑问。1935 年 1 月，萨孟武、陶希圣等十名教授发表《中国本位的文化建设宣言》，引发关于中国文化出路的讨论。在这场论争中，胡适的“全盘西化”观点遭到批评和责难。胡适在讨论中改变了自己的提法，将“全盘西化”解释为“充分世界化”，他说：“‘全盘西化’一个口号所以受了不少批评，引起了不少的辩论，恐怕还是因为这个名词的确不免有一点语病。这点语病是因为严格说来，‘全盘’含有百分之一百的意义，而百分之九十九还算不得‘全盘’。……我赞成‘全盘西化’，原意只是因为这个口号

---

①② 胡适：《试评所谓“中国本位的文化建设”》，见胡明主编：《胡适精品集》(8)，243 页，244 页，北京，光明日报出版社，1998。

最近于我十几年来'充分'世界化的主张……所以我现在很诚恳的向各位文化讨论者提议:为免除许多无谓的文字上或名词上的争论起见,与其说'全盘西化',不如说'充分世界化'。'充分'在数量上即是'尽量'的意思,在精神上即是'用全力'的意思。"①

总之,不论"全盘"也好,"充分"也好,并不表示胡适的根本立场改变多少,只是表示了胡适缓和自己与本位文化派之间的分歧罢了。对于胡适这种所谓的"文化的自然折衷论"②,也有学者持肯定的观点,认为从文化人类学的观点看,可说是一种颇有独到之见的文化"涵化"(acculturation)理论。拼命走极端,再让文化的惰性拉向折衷调和,这当然是非常危险的。但在一定的历史条件下,倡导此说还是可以理解的。只要看看中华民族近百年来经历了多次大革命的震荡而仍未能彻底冲掉旧文化的惰性,就知道此说确有某些可取之处。③

(二)"全盘西化"论——陈序经的文化主张

陈序经(1903～1967年),广东省文昌县(今属海南省)人。1913年随父侨居新加坡,入华侨所办育英小学就读。1919年回国,并于次年考入广州岭南中学,1922年4月以同等学力考入上海沪江大学,入生物系学习。因不愿入基督教遂于1924年暑假转学复旦大学社会学系,1925年复旦大学毕业后,自费赴美

① 胡适:《充分世界化与全盘西化》,见胡明主编:《胡适精品集》(8),247页,北京,光明日报出版社,1998。

② 张佛泉:《西化问题之批判》一文,称胡适的西化理论为"文化的自然折衷论",见罗荣渠主编:《从"西化"到现代化》,17页,北京,北京大学出版社,1990。

③ 罗荣渠主编:《从"西化"到现代化》,18页,北京,北京大学出版社,1990。

留学，入伊利诺斯大学，1927年获博士学位。1928年春归国，在岭南大学短期工作。1929年夏，赴德留学，入柏林大学专修政治学、主权论及社会学。1930年至1931年又入德国基尔大学世界经济研究院学习，这时他共掌握了英、德、法和拉丁语四种外语。1931年5月回国，先后在岭南大学、南开大学、西南联大任教。陈序经是一位真正的“全盘西化”论者，30年代他因“全盘西化”论主张，而名噪一时，“文化大革命”期间也因“全盘西化”而遭迫害致死。

1. “全盘西化”论的提出

陈序经的“全盘西化”思想形成于20年代留德期间，最初所用的是“全盘采纳西洋文化”或“全盘接受西洋文化”的字样。1931年他完成《中国文化的出路》一书，首次明确提出“全盘西化”主张。

1925年至1928年，陈序经在德国留学期间，已有了全盘西化的明确态度，1928年下半年，陈序经、陈受颐、卢观伟三人相继回国，执教于岭南大学。三人在文化出路的问题上意见一致，并在是年岭南大学晨会上各作了三次演讲，均主张彻底地接受西洋的文化。对全盘西化的主张的产生，陈序经本人有过这样的交代：“全盘西化的主张最初不过是由数位朋友的私人的讨论而产生出来，后来在岭南大学经过一些同事及同学讨论而尤其是经过大学晨会九次有系统的讲演之后，在岭南大学里遂成为一种很普遍的口号很流行的理论。”①

1931年，陈序经在德国留学期间，在柏林完成一万多字的《东西文化观》一文，同年4月发表在《社会学刊》第2卷第3期上，首次公开主张“全盘接受西方文化”，此文成为以后陈序经

① 陈序经手稿：《东西文化观》第5部第4章。见刘集林：《陈序经文化思想研究》，35页，天津，天津人民出版社，2003。

"全盘西化"思想的基本框架。正如他自己所说:"这篇文章可以说是经过长期的思考与观察而始写的,而且这篇文章可以说是我后来关于东西文化问题的著作的骨骼。"①

首次明确用"全盘西化"字样的,是1931年他写的《中国文化的出路》一书(该书直到1934年初才出版),在该书的第五章里,他说:

> 研究所谓东西文化,而寻出一种办法以为中国文化前途计的人,大约不出下面三个派别:(一)主张全盘接受西方文化的。(二)主张复返中国固有文化的。(三)主张折衷办法的。本书的旨趣,是将这三派的意见来作一个比较的研究,而寻出哪一条途径或是哪一种办法,是我们今后所应当行的途径,或是所必需采行的方法。……
>
> 我们的结论是:救治目前中国的危亡,我们不得不要全盘西洋化,但是彻底的全盘西洋化,是要彻底的打破中国传统思想的垄断,而给个性以尽量发展其所能的机会。……②

2."全盘西化"的理由

"全盘西化"的主张是陈序经文化思想的核心,在陈序经看来,复古派的路走不通,折衷派的理论也是错误的,今后中国文化的唯一出路就是全盘彻底接受西洋文化。为此,他提出了全盘西化的四条理由:在态度上,中国人逐步趋向于全盘接受西洋文化;在事实上,中国也趋向于全盘采纳西洋文化;近代西洋文化是近代世界文化的发展趋向;中国传统文化在各方面都不如近代西洋文化先进。

---

① 陈序经手稿:《东西文化观》第5部第3章"我自己的全盘西化论",见刘集林:《陈序经文化思想研究》,38页,天津,天津人民出版社,2003。

② 陈序经:《中国文化的出路》,见杨深编:《走出东方——陈序经文化论著辑要》,60页、139页,北京,中国广播电视出版社,1995。

对于第一条理由，陈序经根据近代中国的历史，描述了自从东西文化接触以来，国人对于西洋文化的态度逐渐变化的趋势。然后他说："我们觉得中国人七十年来，对于西洋文化的态度上，的确有了不少的变更。把曾国藩的西洋文化观，来和李鸿章的西洋文化的见解来比较，相差固然有限；然而把胡林翼的西洋文化观，来和胡适之的西洋文化观来比一比，却有天渊之别。这是无论是谁，都要承认的。于此我们可以见得中国人之对于西洋文化的态度的演化，是从很小的范围而放到较大的范围，从枝叶的接受主张，而走到根本的采纳的主张。而所谓全盘的西化的接受，也不外是这个演化发展上的一个最后，而且必经的过程罢。"①

对于第二条理由，陈序经论证说，从事实上看，中国采纳西洋文化，也随着时代的发展而趋于全盘西化，如物质上的西化、宗教上的西化、科学上的西化、教育上的西化、政治上的西化、法律上的西化、道德上的西化、医药上的西化等，"我们上面不过略举文化的诸方面的西化事实，加以说明，此外还有好多方面。……我们只能从略，然也可以给我们一个印象，这就是我们已经在西化的路上，而且是趋到全盘西化的路上"②。

对于第三条理由，陈序经认为，所谓西洋文化，可以叫做现代文化，或是世界的文化。她是世界文化，因为世界任何一国都是采纳这种文化，她是现代文化，因为现代任何一国，都是朝向这种文化，所以，西洋的文化，是现代世界的文化。为什么说欧洲文化是世界方向呢？这是因为欧洲文化发生于文艺复兴和宗教改革，文艺复兴引起人类研究自然的兴趣，产生了近代自然科学；宗教改革引起人类信仰自己的精神，个性获得充分发展，产

①② 陈序经：《东西文化观》（下），159页，167页，北京，中国广播电视出版社，1995。

生了近代欧洲的政治、法律、经济的新特点。两者相辅而行，造成了光辉灿烂的现代欧洲文化。这个先进的欧洲文化随着征服与殖民的过程逐渐越过欧洲的边界传播分布于世界各大洲，所以它是现代世界的文化。陈序经最后强调说：

> 由此观之，中国人的情愿彻底全盘西化与否，于欧洲文化之已为世界的文化的趋势及历程，并不发生障碍，不过为了中国的本身计，则吾们的结论是：假使中国要做现代世界的一个国家，中国应当彻底采纳而且必须全盘适应，这个现代世界的文化。①

对于第四条理由，陈序经将中西文化的历史发展和两者各方面的优劣高低作了纵横两方面的比较，结论是，欧洲现代文化确比我们进步的多。他说：

> 欧洲在现代文化的启明时代，既已含有了各种文化的成份与要素，欧洲人从此以后又能格外努力求上进，结果是愈进则愈速，愈速则愈进。所以从文化发展上看去，不但是三千年来欧洲人所处的地位，已比我们为优，就是他们在文化阶级上，自从文艺复兴和宗教改革以后，已比我们高了几级。
>
> 反观中国，六百年前的文化，除了脾胃相合的佛教，不久就绝的景教以外，始终是一种单调的文化。元初的东西陆道交通，既不能引起中国人的新世界观新要求心，明末的海道交通，又为中国人所极力排斥。机会一失而再失，情景遂愈趋而愈下。我想设使中国人而在元初能像十字军之虚心接受外间的文化，同时打破内部数千年来的僵局，而努力从事新文化的创造，则今日的中国文化，也许和欧洲的不相

---

① 陈序经：《东西文化观》（下），见杨深编：《走出东方——陈序经文化论著辑要》，176页，北京，中国广播电视出版社，1995。

去太远。不然则循着明末和清初之努力西化，再从而发展之，和扩充之，则今日的中国文化，至少也许赶及西洋。……乃固步自封，迟疑复迟疑，错误再错误。所以数十年来始而被迫于西洋的势力，想求半点皮毛的西化，终而被迫于日本的势力，才做折衷的西化，近又为日人所迫，惶惶以为种族之难保，土地之必失，惟远望西洋各国之悯怜，以脱重围，而减耻辱。事实上数十年来的苟延生命，亦只靠人家对我之悯怜，和人家相处的嫉妒。万一人家不再对我垂怜，不再互相嫉妒，那么整个中国就要瓜分，整个民族就要做奴隶了。①

陈序经关于"全盘西化"的理由，除了上述解释外，还有他关于"文化"的论证，如"文化单线进化论"（完全按西方模式进化，强调文化的世界性或时代性，忽视或否认民族性，只承认异质文化的程度之异不承认性质之异）、"文化分不开的整体论"（文化各部分都是密不可分的）、"文化接触的一致与和谐论"（认为文化程度低的必然为程度高的所替代）等文化理论，这一切都可以说是服务于"全盘西化"思想的。

陈序经和胡适的"全盘西化"论在价值取向上并无歧异，两者都判定西方文化整体上优于中国文化，中国的现代化就是西化；并且都对传统文化持全盘否弃的激进态度；但两者立论的学理依据和思想意趣不尽相同。胡以"文化保守性"持论，尽管他对西方文化崇尚备至，并力主中国文化的西方化，但他并不相信中国文化在西潮冲击下会脱胎换骨地"全盘西化"，陈序经的"全盘西化"主张，其意蕴则不仅限于"政策"性的，他以"文化有机体论"和"文化趋向性"立论，相信中国文化的进化，无论在需要上、

① 陈序经：《东西文化观》（下），见杨深编：《走出东方——陈序经文化论著辑要》，185页，北京，中国广播电视出版社，1995。

趋势上、事实上、理论上，都有“全盘西化”可能性。① 所以在陈序经看来，胡适的“西化”思想，始终只是一种折衷的西化，而与自己的主张明显不同。在1934年初出版的《中国文化的出路》一书中，陈序经就明确指出：“那么胡先生所说的西化，不外是部分的西化，非全盘的西化。”1935年7月，陈序经在《独立评论》又发表《全盘西化的辩护》一文，此文就是针对胡适在《充分世界化与全盘西化》中提出的以“充分世界化”代替“全盘西化”的建议而写的。陈序经认为，“充分”和“尽量”西化的意义含混，容易被折衷派和复古派当护身符；而且现代的、世界的文化就是西洋文化，因此“全盘西化”的口号是最明确恰当的，他批评了胡适改换口号的三条理由。最后，他承认95%或99%的西化也可以称为“全盘”西化，但声明他自己仍然相信，100%的全盘西化不但可能，而且是一种较为完善较少危险的文化出路。②

“全盘西化”思想是陈序经文化思想的核心，他的文化理论、东西文化观以及对复古主张和折衷主张的批评，都是为了说明“全盘西化”论的合理性和必要性。他所持的偏激观点也使其四面受敌，难为人理解，“不但在思想界要受到各种主张的严厉而不乏情绪化的批判，在一般保守的国人心中，更被视为‘国民公敌’而受人唾骂。但他为了推动中国现代化的进程，不惜身犯众怒，坚持痛骂本国文化，虽然孤独，西化主张从不游移，其精神和勇气可敬可佩，其‘孤心苦诣’的用意尤宜引起我们的深刻反

---

① 高力克：《躁动的现代化之梦——文化激进主义思潮评述》，见高瑞泉主编：《中国近代社会思潮》，285～286页，上海，华东师范大学出版社，1996。

② 陈序经：《全盘西化的辩护》，见杨深编：《走出东方——陈序经文化论著辑要》，287页，北京，中国广播电视出版社，1995。

思”①。

陈序经从20年代末提出“全盘西化”论，至今已七十多年了，然而反观当今欧洲文明扩张的事实，我们不能不感受到陈序经的极端思想仍能给我们一股强烈的震撼力。诚如一位学者指出：“陈序经的‘罪过’全在于他公开用了‘全盘西化’这四个刺眼的字；如果不带任何先入为主的政治偏见去读他写的文章，哪里有要把中国人‘全盘’变成西洋人的意思呢？他念兹在兹的要救中国，是最爱国不过的；他无非是说，要救中国，必须虚下心来，取人所长。‘全盘西化’已经被赋予特定的政治寓意，而且容易使人作出各种不同的解释，可以不用；然而陈序经所讲的道理，直到今天还是‘金玉良言’。”②

三、文化保守主义的回应——杜亚泉、吴宓、梁漱溟等人的文化保守主义

所谓文化保守主义，是指近代以来，在中西文化交融过程中，力图维护中国文化主体地位的一种社会思潮。文化保守主义主张坚守中国固有的文化传统，适当吸收西方文明的物质成果，以此克服当时面临的政治、文化危机。文化保守主义“并非一味守旧，而是要维护传统，在此基础上继往开来”③，但在根本点上是与文化激进主义相对立的。它的出现，可上溯到19世纪末的晚清时期，如第一章所述的曾国藩、张之洞的中体西用派、康有为的孔教派以及章太炎、刘师培的国粹派，本节的文化保守

① 刘集林：《陈序经文化思想研究》，355页，天津，天津人民出版社，2003。

② 陈乐民：《西方文化传统与世界历史》，《学术界》，2002(3)。

③ 汤一介：《论转型时期的中国文化发展》，见《中国文化的现代转型》，11页，武汉，湖北教育出版社，1995。

主义主要指20世纪二三十年代，以《东方杂志》杜亚泉为代表的东方文化派，以《学衡》杂志吴宓等人为代表的学衡派，以梁漱溟为代表的现代新儒家和以萨孟武、陶希圣等十教授为代表的本位文化派。

(一)"静的文明"与"动的文明"——杜亚泉的文化保守主义

杜亚泉(1873～1933年)，原名炜孙，字秋帆，又字伧父，浙江绍兴人。早年曾任教于绍兴中西学堂。1900年在上海开设亚泉学馆，并创办中国第一个综合性自然科学刊物《亚泉杂志》。1904年后在商务印书馆任编辑，负责理科教科书和自然科学书籍的编辑工作。1911年开始任商务印书馆的主要刊物《东方杂志》主编，20世纪初，他以《东方杂志》为阵地，连续发表文章，倡导中国传统文化尤其是儒家文化，贬抑西方近代文化，成为文化保守主义思潮的重要代表人物之一。

1. 曾是西方科学文化的传播者

杜亚泉早年曾是热情向国人介绍和传播西方近代科学知识的人。

杜亚泉出身于一个封建家庭，从小受的是经史、训诂、音韵等文化教育，16岁就中了秀才，但在当时变法图强的热潮影响下，他开始感到这些学问不能使国家富强，就毅然抛弃科举学业，改学西方科学技术，阅读了大量数学、物理学、化学、植物学、动物学等自然科学方面的书籍。蔡元培在《杜亚泉君传》里曾记述了杜亚泉当时的学习情景："当暑夜，就庭中围帐挑灯以读。风雪冬日，掩北向书窗，仅留一线光以读，忘餐忘寝，有目为痴者。"杜亚泉在自然科学方面所取得的成就，主要是靠自学得来的,“虽无师,能自觅门径,得理化学之要领”。① 1900 年 11 月,杜亚泉离开绍兴到上海,在沪创办了亚泉学馆,普及理化博物知识,同时编辑出版了《亚泉杂志》[杜亚泉的名字由此而来,他自己对用“亚泉”二字也有说明:“生在世上,没有用途,就像化学惰性原(元)素的氩,没有面和体,就像几何学上的线(线)。”“亚泉”这两个字就是由氩和线(线)二字省去偏旁而来]。《亚泉杂志》每半月出版一期,这是由中国人自办而没有外国传教士参加的早期中文科学期刊。② 杜亚泉认为政治的发达、社会的进步,必须由科学技术的发展来实现,科学技术的发展,是立国的不败基础。他在《亚泉杂志》创刊号序言中写道:“二十世纪是工艺时代。吾恐吾国之人,嚣嚣然争进于一国之中,而忽争存于万国之实也。苟使职业兴而社会富,此外皆不足忧。文明福泽乃富强后自然之趋势。天下无不可为之事,惟资本之缺乏为可虑耳,吾愿诸君之留意焉。亚泉学馆辑《亚泉杂志》,揭载格致算化农商工艺诸科学,其目的盖如此。”③ 杜亚泉在《亚泉杂志》上审编和写作了相当数量的书刊,如在化学方面:(1) 率先介绍元素周期律。1869 年俄国化学家门捷列夫发现元素周期律,人们称它为化学领海中的航行图。周期律的中译文(译者虞和钦)最早就发表在 1901 年 3 月 13 日出版的第 6 期《亚泉杂志》上,该刊以《化学周期律》为题,较详细地向国内读者介绍了化学元素周期律。文中附有当年刚由英国物理化学家沃克(Walker)修订发表的元素周期表,还初步提及同周期元素性质的递变规律,同族中元素性情类似,其化合价相同等重要内容;(2) 反映化学领域新成就。杜亚泉曾撰文《论氩》和《论歇留谟》(歇留谟是 Helium 的译

①③ 谢振声:《杜亚泉与〈亚泉杂志〉》,见许纪霖、田建业编:《一溪集》,226 页,227 页,北京,生活·读书·新知三联书店,1999。

② 袁翰青:《自学有成的科学编译者杜亚泉先生》,见许纪霖、田建业编:《一溪集》,25 页、24 页,北京,生活·读书·新知三联书店,1999。

者，即氦），如实报道了氩和氦这两种新元素的发现和性质；(3)创化学元素中译名。化学元素中文名称，有些是原有汉字，如金、银、铜、铁、锡；也有据原有汉字改变或增加偏旁而成的，如碳、磷等；还有一些是会意的，如氢、氧、氯早期曾用轻气、养气、绿气来表示。中国近代化学的先驱者——徐寿译书时，已知元素64种，并根据西文第一音节造新字的原则，首创了钾、钠、锌、镁等元素的汉字译名。《亚泉杂志》创刊后，在第一期上发表的第一篇文章就是《化学原质新表》，表中命名了11种新发现的元素，其中6种元素：铍(Be)、氩(Ar)、镨(Pr)、钆(Gd)、铥(Tm)、铷(Rb)的中文译名为国内化学界所接受，一直沿用至今；(4)注重实验，介绍化学分析方法。杜亚泉在《亚泉杂志》上译述和编写了《定性分析》、《考察金石表》、《化学奇观》等文，同时，还载有题为《钙之制法及质性》、《食物标准及食物化分表》等有关实验内容、化学分析方面的文章。①《亚泉杂志》除上述着重介绍化学知识外，还发表过介绍其他自然科学知识的文章，如《电学试验》、《珠算开方法》、《日本理学、数学书目》等。对于中国早期的科学事业，起了一定的推动作用。后《亚泉杂志》由于发行量较少，亚泉学馆也因招收的学生不多，不得不于1903年停办，杜亚泉也由上海回到故乡绍兴。

1904年，商务印书馆慕杜亚泉之名，聘请他回沪，担任商务印书馆编译所理化部主任。从此，杜亚泉在商务印书馆编译所工作达28年之久，期间主编过不少科学书籍，如《植物学大辞典》(全书三百多万字，1918年出版)、《动物学大辞典》(全书二百五十多万字，1922年出版)等，成为20世纪初期，介绍西方科学文化的人物之一。

---

① 谢振声：《杜亚泉与〈亚泉杂志〉》，见许纪霖、田建业编：《一溪集》，228～232页，北京，生活·读书·新知三联书店，1999。

2. 从科学救国到精神文明救国

第一次世界大战爆发后，杜亚泉看到西方列强凭借科学技术上的优势，以“优胜劣汰”为幌子，侵略和瓜分殖民地，残酷剥削文化发展较低下的民族和人民，他开始认识到西方文化也存在严重缺陷，不应盲目崇拜，而应取批判接受的态度。杜亚泉也开始由醉心于西方文化、推崇西方物质文明向主张中西文化融合，提倡精神文明的思想转变。

1911年，杜亚泉任《东方杂志》主编。《东方杂志》是中国近现代史上办的时间最长、影响最大的综合性刊物，1904年在上海创办。新文化运动兴起之初，杜亚泉以《东方杂志》为阵地，连续发表《静的文明与动的文明》、《战后东西文明之调和》、《迷乱之现代人心》、《答〈新青年〉杂志记者之质问》等文，阐扬中国传统文化尤其是儒家文化，贬抑西方文化。杜亚泉认为东西文明“乃性质之异，而非程度之差”。其“性质之异”又可以用“静”与“动”来归结。中国固有的静的文明，具有无比优越的价值，用不着效法西洋动的文明，只有在中国固有的传统文化，尤其是儒家伦理纲常基础上的“统整”、“融合”西洋文化，才能走向一种新的文明，如他在《静的文明与动的文明》一文中说：

> 近年以来，吾国人之羡慕西洋文明，无所不至。自军国大事，以至日用细微，无不效法西洋，而于自国固有之文明，几不复置意。然自欧战发生以来，西洋诸国，日以其科学所发明之利器，戕杀其同类，悲惨剧烈之状态，不但为吾国历史之所无，亦且为世界从来所未有。吾人对于向所羡慕之西洋文明，已不胜怀疑之意见；而吾国人之效法西洋文明者，亦不能于道德上或功业上表示其信用于吾人，则吾人今后，不可不变其盲从之态度，而一审文明真价之所在。盖吾人意见，以为西洋文明与吾国固有之文明，乃性质之异，而非程度之差；而吾国固有之文明，正足以救西洋文明之弊，

济西洋文明之穷者。西洋文明浓郁如酒，吾国文明淡泊如水；西洋文明腴美如肉；吾国文明粗粝如蔬。而中酒与肉之毒者，则当以水及蔬疗之也。①

在《迷乱之现代人心》一文中又说：

今日西洋之种种主义主张，骤闻之，似有与吾固有文明，绝相凿枘者，然会而通之，则其主义主张，往往为吾固有文明之一局部、扩大而精详之者也。吾国有文明之特长，即在于统整，且经数千年之久，未受若何之摧毁，已示世人以文明统整之可以成功。今后果能融合西洋思想，以统整世界之文明，则非特吾人之自身，得赖以救济，全世界之救济，亦在于是。②

总之，杜亚泉的文化主张，既反对一概排斥西方文化的“顽固保守”态度，又反对一味“称崇他人”、“醉新欧化”的文化主张，坚持在中国固有传统文化、尤其是儒家伦理纲常基础上“统整”、“融合”西方文化，以中国人文精神去救西方科学文化之弊，“发现代新儒学之先声”。③

（二）“昌明国粹，融化新知”——以吴宓为代表的“学衡”派文化保守主义

《学衡》杂志是20年代创办的一种学术刊物，主要代表人物有吴宓、梅光迪、汤用彤、胡先骕、柳诒徵、刘伯明、缪凤林等人。

---

① 杜亚泉（署名伧父）：《静的文明与动的文明》，载《东方杂志》第13卷第10号，1916年10月。见蔡尚思主编：《中国现代思想史资料选编》第1卷，336页，杭州，浙江人民出版社，1982。

② 杜亚泉（署名伧父）：《迷乱之现代人心》，原载《东方杂志》第15卷第4号，1918年4月。见蔡尚思主编：《中国现代思想史资料选编》第1卷，356页，杭州，浙江人民出版社，1982。

③ 刘润忠：《杜亚泉的文化思想》，见许纪霖、田建业编：《一溪集》，163页，北京，生活·读书·新知三联书店，1999。

1922年1月,《学衡》杂志创刊(《学衡》杂志从创刊至1933年终刊,历时十多年时间,期间时断时续,共出70期),在创刊号上,学衡派明确提出其宗旨是"讲究学术,阐明真理,昌明国粹,融化新知"①。学衡派对中国古代学术确实做过一些深入的研究,也发表了不少介绍西方文化的文章,这些对研究中西文化的相互影响,开阔中国知识界的视野起过积极作用。但他们维护的主要是传统的旧道德、旧思想,表现了他们的文化保守主义立场。

吴宓(1894~1978年),陕西泾阳人,早年留学美国,接受过西方文化的洗礼。在哈佛大学与梅光迪、陈寅恪接触过新人文主义大师白璧德,被誉为"哈佛三杰"。1921年回国,执教东南大学,并为《学衡》杂志负责人。

吴宓的文化主张曾受美国思想家、哈佛大学文学教授白璧德(Irving Babbiet)新人文主义的影响。白璧德的新人文主义是西方现代思想史上的一种文化守成主义,白氏反对自文艺复兴和启蒙运动以来,将人文主义解释为无选择的同情、泛爱的人道主义。在他看来,人道主义者过分相信人类理性的能力,他们鼓吹的只是广泛的知识和同情,这正是自培根以来的自然主义和自卢梭以来的浪漫主义的根本错误之所在。其弊在于导致扩张权力、机械麻木、任情纵欲,几至人性沦丧殆尽。白氏通过对人类思想文化史上的观察及对现代资本主义弊端的洞察,提出了新人文主义,主张以人性中较高之自我遏制本能冲动之自我,强调自律与克制,即唯有规训和纪律才是人文主义的真义。白璧德又将他的新人文主义称为实证的人文主义,这种实证性建基于他对人类文明传统的同情性评估。白氏并不主张复古,但他认为必须从传统中求取立身行事之道方可建构新人文主义的内

① 《学衡杂志简章》,见孙尚扬、郭兰芳编:《国故新知论——学衡派文化论著辑要》,494页,北京,中国广播电视出版社,1995。

省的思想文化体系。其所以必须求之于传统者,乃因"彼古来伟大之旧说,非他,盖千百年实在经验之总汇也"①。

上述白璧德新人文主义对传统道德、人文的倡导,不仅与吴宓等《学衡》派思想有颇多契合之处,更为他们提供了思考文化、学术问题的国际视野。以吴宓、梅光迪、汤用彤等人为核心的《学衡》派不仅向国人介绍了白璧德的思想,而且也全面践覆了白璧德的新人文主义精神。正如《学衡》杂志简章所写的:"本杂志于国学则主以切实之工夫,为精确之研究,然后整理而条析之,明其源流,著其旨要,以见吾国文化,有可与日月争光之价值。而后来学者,得有研究之津梁,探索之正轨,不至望洋兴叹,劳而无功,或盲肆攻击,专图毁弃,而自以为得也。""本杂志于西学则主博极群书,深窥底奥,然后明白辨析,审慎取择,庶使吾国学子,潜心研究,兼收并览,不至道听途说,呼号标榜,陷于一偏昧于大体也。"②

《学衡杂志》在刊行的十余年时间里,本其"昌明国粹,融化新知"之宗旨,对20世纪初期的新文化运动表现出批评和义愤,如吴宓在《论新文化运动》一文中写道:

> 近年国内有所谓新文化运动者焉,其持论则务为诡激,专图破坏。然粗浅谬误,与古今东西圣贤之所教导,通人哲士之所述作,历史之实迹,典章制度之精神,以及凡人之良知与常识,悉悖逆抵触而不相合,其取材则惟选西洋晚近一家之思想,一派之文章,在西洋已视为糟粕,为毒鸩者,举以代表西洋文化之全体。其行文则妄事更张,自立体裁,非马

① 孙尚扬:《在启蒙与学术之间:重估〈学衡〉》,见孙尚扬、郭兰芳编:《国故新知论——学衡派文化论著辑要》序言,5页,北京,中国广播电视出版社,1995。

② 《学衡杂志简章》,见孙尚扬、郭兰芳编:《国故新知论——学衡派文化论著辑要》,494页,北京,中国广播电视出版社,1995。

非牛，不中不西，使读者不能领悟。……道德之本为忠恕，所以教人以理制欲，正其言，端其行，俾百事各有轨辙，社会得以维持此亦极美之事也。……又如仁义忠信，慈惠贞廉，皆道德也，皆美事也，皆文明社会不可须臾离者也。①

吴宓又以中国的道德精神为其人生观，他说：人生观（即立身行事之原则）约可别为三种。一者以天为本，宗教是也。二者以人为本，道德是也。三者以物为本，所谓物本主义（Naturalism）是也。处今之世，以第二种之人本主义即人文主义为最适，故吾崇信之。②

又如梅光迪在《评提倡新文化者》一文中认为，中国数千年来已形成灿烂伟大之文化，“必有可发扬光大，久远不可磨灭者在”，若要改造固有文化，吸取他人文化，皆须先有研究，明确评判，才可有成效，所以他称“新文化运动”者为“诡辩家”、“模仿家”、“功名之士”与“政客”，他说：

吾国数千年来，以地理关系，凡其邻近，皆文化程度远逊于我。故孤行创造，不求外助，以成此灿烂伟大之文化。先民之才智魄力，乃吾文化史上千载一时之遭遇，国人所当欢舞庆幸者也。然吾之文化既如此，必有可发扬光大，久远不可磨灭者在。……故改造固有文化，与吸取他人文化，皆须先有彻底研究，加以至明确之评判，副以至精当之手续，合千百融贯中西之通儒大师，宣导国人，蔚为风气，则四五十年后，成效必有可睹也。今则以政客诡辩家与夫功名之士，创此大业，标袭喧攘，侥幸尝试，乘国中思想学术之标准未立，受高等教育者无多之时，挟其伪欧化，以鼓起学力浅

① 吴宓：《论新文化运动》，载《学衡》，1922(4)。

② 吴宓：《我之人生观》，载《学衡》，1923(16)。

薄、血气未定之少年。故提倡方始,衰象毕露。①

《学衡》杂志先后发表了不少文章,如吴宓的《论新文化运动》、《我之人生观》、《论今日文学创造之正法》;梅光迪的《评提倡新文化者》、《评今人提倡学术之方法》、《论今日吾国学术界之需要》;汤用彤的《评近人之文化研究》;柳诒徵的《论中国近世之病源》、《明伦》、《中国文化西被之商榷》;胡先骕的《论批评家之责任》、《评〈尝试集〉》;太虚的《东洋文化与西洋文化》等文,以保守主义的姿态出现,倡导尊孔崇儒,从学理上抗拒新文化运动的激进思想。

《学衡》杂志的文化保守主义,自创刊之初,便遭到新文化运动的健将鲁迅先生的捧喝,他在《估〈学衡〉》一文中写道:"夫所谓《学衡》者,据我看来,实不过聚在'聚宝之门'左近的几个假古董所放的假毫光:虽然自称为'衡'而本身的称星尚且未曾订好,更何论于他所衡的轻重是非。"②几十年已经过去,在相当长时间内,鲁迅之是非几为天下之是非,今有学者认为:"《学衡》绝非'假道学所发的假毫光',而实为中国现代学术的中坚力量之一,更代表着一种不可偏离的学术路向。"③这真是智者见智,仁者见仁。

(三)文化"三路向"说——梁漱溟的文化保守主义

20世纪二三十年代,要说文化保守主义当推梁漱溟先生,其代表作为《东西文化及其哲学》一书。

---

① 梅光迪:《评提倡新文化者》,载《学衡》,1922(1)。

② 鲁迅:《估〈学衡〉》,见《鲁迅全集》,第1卷,377页,北京,人民出版社,1982。

③ 孙尚扬:《在启蒙与学术之间:重估〈学衡〉》,见孙尚扬、郭兰芳编:《国故新知论——学衡派文化论著辑要》序言,15页,北京,中国广播电视出版社,1995。

梁漱溟(1893～1988 年),原名焕鼎,字寿铭,又字萧吾、漱冥,后以漱溟行世,广西桂林人。早年参加过同盟会,投身辛亥革命,曾任京津同盟会机关报《民国报》的编辑兼记者。1917 年 10 月,应蔡元培先生之聘,任北京大学哲学系讲师,主讲印度哲学,1920 年,先后在北京大学、山东济南讲演《东西文化及其哲学》,后结集出版,力辩中国儒家文化复兴论,声誉鹊起。

1. "生命哲学"对梁漱溟之影响

梁漱溟的思想很受西方叔本华与柏格森、尤其是柏格森生命哲学的影响。

西方自文艺复兴以来,成了理智主义、泛科学主义、个人主义凸显的时代。从 19 世纪中叶以后,人们普遍开始对科学理智有助于认识世界的本质、增进人生幸福这一近代信仰产生了哲学上的怀疑。卢梭以降,西方思想界开始了漫长而痛苦的反省,直到叔本华、尼采、柏格森、倭铿,才真正为之一变,形成强大的非理性主义思潮与实证主义思潮相颉颃。20 世纪 20 年代,中国一大批知识界名流纳身于柏格森生命哲学的荫庇之下,比较典型的有梁启超、梁漱溟、张君劢、李石岑、张东荪、朱谦之等人,其中受叔本华与柏格森生命哲学影响最深的当数梁漱溟。①

叔本华(On Schopenhauer 1788～1860 年),西方现代著名生命主义哲学家。在叔本华那里,"意欲"是生命的意志,它在本质上是无任何目的和无止境的,只是无限的追求,是一种盲目的精神力量。梁漱溟吸取了叔本华有关"求生之欲"(即"生命意志")的理论。梁漱溟将"意欲"作为其哲学的一个立脚点,在梁看来,"生活就是没尽的意欲(Will)——此所谓'意欲'与叔本华所谓'意欲'略相近——和那不断的满足与不满足罢了"。意欲之趋

① 董德福:《生命哲学在中国》,197 页、188 页,广州,广东人民出版社,2001。

向不同，决定了民族生活样式不同，从而导致文化上的差异，因为文化就是“那一民族生活的样法”。①

亨利·柏格森(Henri Bergson，1859～1941年)，西方现代著名生命主义哲学家。柏格森认为，“生命”、“创化”，而创化的首要条件是“自由意志”——意志本身的一种冲动，也即一种直觉的、本能的原动力，是宇宙本体性的实在。一切宇宙现象都有生命，宇宙是充满生机活力的整体存在。柏格森的生命哲学，抑理智，扬直觉；非逻辑，重体验；强调精神对物质的超越性；主张神秘的“生命冲动”派生万物；把宇宙看成是充满生机活力的整体，将运动、变化绝对化；鄙视物质生活和科学文明，这一切无不投合梁漱溟的脾胃，②所以柏氏生命哲学使梁漱溟为之倾倒，称它“迈越古人，独辟蹊径”。上述梁漱溟认为，这一切与中国哲学，重直觉体悟、强调物我一体、与世界融合的思想正相契合，“只有孔子的那种精神生活，似宗教非宗教，非艺术亦艺术，与西洋晚近生命派的哲学有些相似”③。梁漱溟接受生命哲学之际，正是新文化运动之际，梁漱溟欲与新派分庭抗礼，在西方众多的哲学家中，找到了叔本华与柏格森生命哲学，撷取其“意欲”、“直觉”概念，将其泛化，援生命哲学入儒，形成自己的“新孔学”思想体系。

2. 文化“三路向”说

1917年秋，梁漱溟应蔡元培之邀到北京大学执教。当时，正是举国仇孔之时，梁漱溟独行其道，打出了复兴儒学，走孔家路的旗帜。他说：“我看着西洋人可怜，他们当此物质的疲敝，要想得精神的恢复，而他们所谓精神又不过是希伯来那点东西，左冲

①③ 梁漱溟：《东西文化及其哲学》，《梁漱溟全集》，第1卷，352页，352页，济南，山东人民出版社，1989。

② 董德福：《生命哲学在中国》，190页，广州，广东人民出版社，2001。

右突，不出此圈，真是所谓未闻大道，我不应当导他们于孔子这一条路来吗！我又看见中国人蹈袭西方的浅薄，或乱七八糟，弄那不对的佛学，粗恶的同善社，以及到处流行种种怪秘的东西，东觅西求，都可见其人生的无着落，我不应当导他们于至好至美的孔子路上来吗！无论西洋人从来生活的猥琐狭劣，东方人的荒谬糊涂，都一言以蔽之，可以说他们都未曾尝过人生的真味，我不应当把我看到的孔子人生贡献给他们吗！然而西洋人无从寻得孔子，是不必论的；乃至今天的中国，西学有人提倡，佛学有人提倡，只有谈到孔子羞涩不能出口，也是一样无从为人晓得。孔子之真若非我出头倡导，可有那个出头？这是迫得我自己来做孔家生活的缘故。”①

1921年，梁漱溟出版《东西文化及其哲学》一书，把非理性的“意识”作为其哲学的立脚点，从文化哲学、心理学、人生哲学入手，比较中、西、印三大文化系统的优劣得失，得出三路向的文化结论。他认为“意欲向前”的西洋文化、“意欲调和持中”的中国文化、“意欲反身向后”的印度文化是人类文化发展的三条路向，也是人类历史发展的三个步骤或三个层次。“现在是西洋文化的时代，下去便是中国文化复兴成为世界文化的时代”，而“印度文化”尽管有高明之处，但现在还不宜在中国提倡。梁漱溟的“三路向”说并不符合人类文化史的实际。事实上，西方文化除了“意欲向前”的唯物主义派别外，也有“意欲调和持中”的唯心主义派别；中国文化也不只是儒家文化，印度文化也不能仅为佛教；人类的历史发展也不可能是由科学到玄学再到宗教，或者由理智到直觉再到“现量”的退化路线。梁漱溟的“三路向”说其旨在颂扬中国传统的儒家学说，这种对传统文化的眷恋之情，迎合

① 梁漱溟：《东西文化及其哲学》，见《梁漱溟集》，70页，北京，群言出版社，1993。

了复古主义者抵制五四新文化运动的情绪。

3."新孔学"的道德思想

梁漱溟的"新孔学"道德思想有以下几方面内容:在道德的来源和体认上,梁漱溟把宇宙归结为"生命"或"生活",而体认"生命"本体的唯一途径是直觉,所以人类的道德无不来自"生命",无不出此直觉。并且把孔子的所谓"仁"也说成是"直觉"。他说:"人类所有的一切诸德,本无不出自此直觉,即无不出自孔子所谓'仁',所以一个'仁'字,就将种种美德都可代表了。"①又说:"这个知和能,也就是孟子所说的不虑而知的良能,不学而能的良能,在今日我们谓之直觉。"② 在道德的作用上,梁漱溟主张"以道德代宗教,以礼俗代法律"的"德治"主义。他说:"从来中国社会秩序所赖以维持者,不在武力统治而宁在教化,不在国家法律而宁在社会礼俗。质言之,不在他力而宁在自力。贯乎其中者,盖有一种自反的精神,或曰向里用力的人生。"③在道德理想上,梁漱溟认为,人生各种关系中,家庭关系乃是天然基本关系,此即孝悌、慈家、友恭等。惟有出于家庭生活而又高于家庭生活的"伦理本位主义"最合乎人性,是"至美至好,普遍适用的伦理道德"。

上述,梁漱溟将柏格森等现代西方人本主义思想搬过来,糅合中国传统儒学,旨在说明只有非理智(理性)的情感、意志、直觉的生命体验才是最真实的实在,是人的本质,而科学和理智只不过是人类满足自己的欲望工具而已。梁漱溟并不反对科学,但他对未来社会人生观的模式和实验方式的原预测却没有多少科学的原则和精神渗入其间,而是主张恢复以孔子人生哲学为

---

①② 梁漱溟:《东西文化及其哲学》,见《梁漱溟全集》,第1卷,454页,452页,济南,山东人民出版社,1989。

③ 梁漱溟:《中国文化要义》,见《梁漱溟全集》,第3卷,济南,山东人民出版社,1989。

代表的儒家精神。这既说明了现代新儒家的文化保守主义立场，又反映了现代新儒家“援西入儒”、“会通中西”的思想特征。

（四）“本位文化”论——以陶希圣为代表的文化保守主义

1935年1月10日，王新命、何炳松、陶希圣、萨孟武等十教授，在上海《文化建设》月刊上联名发表了《中国本位的文化建设宣言》（以下简称《宣言》），正式揭出建设中国本位文化的旗号，这就是名噪一时的所谓“十教授宣言”。《宣言》的发表立即引起了一场“中国本位文化”论与“全盘西化”论的论争，一时间，南北报刊文章如潮，时间达半年之久。

《宣言》劈头指出：“在文化的领域中，我们看不见现在的中国了。中国在对面不见人形的浓雾中，在万象蜷伏的严寒中：没有光，也没有热。为着寻觅光与热，中国人正在苦闷，正在探索，正在挣扎。有的虽拼命钻进古人的坟墓，想向骷髅分一点余光，乞一点余热；有的抱着欧美传教师的脚，希望传教师放下一根超度众生的绳，把他们吊上光明温暖的天堂；但骷髅是把他们从黑暗的边缘带到黑暗的深渊，从萧瑟的晚秋导入凛冽的严冬；传教师是把他们悬在半空中，使他们在上不着天下不着地的虚无境界漂泊流浪，憧憬摸索，结果是同一的失望。”总之，从文化领域望去，不仅在现代世界里没有了中国，就是在中国的土地上，也几乎“没有了中国人”。所以，要使中国能在文化的领域中抬头，要使中国的政治、社会和思想都具有中国的特征，必须从事于中国本位的文化建设。①

① 王新命等十教授：《中国本位的文化建设宣言》，见罗荣渠主编：《从西化到现代化——五四以来有关中国的文化趋向和发展道路论争文选》，399页，北京，北京大学出版社，1990。

那么什么是中国本位、如何建设中国的本位文化？十教授提出了如下主张：

一、中国是中国，不是任何一个地域，因而有它自己的特殊性。同时，中国是现在的中国，不是过去的中国，自有其一定的时代性。所以我们特别注意于此时此地的需要，就是中国本位的基础。

二、徒然赞美古代的中国制度思想，是无用的；徒然诅咒古代的中国制度思想，也一样无用；必需把过去的一切，加以检讨，存其所当存，去其所当去……

三、吸收欧、美的文化是必要而且应该的，但须吸收其所当吸收，而不应以全盘承受的态度，连渣滓都吸收过来。吸收的标准，当决定于现代中国的需要。

四、中国本位的文化建设，是创造，是迎头赶上去的创造……

五、我们在文化上建设中国，并不是抛弃大同的理想，是先建设中国，成为一整个健全的单位，在促进世界大同上能有充分的力。①

《宣言》最后指出：中国既要有自我的认识，也要有世界的眼光，既要有不闭关自守的度量，也要有不盲目模仿的决心。循着这个认识，文化建设应是：不守旧；不盲从；根据中国本位，采取批评态度，应用科学方法来检讨过去，把握现在，创造将来。②

上述十教授的文化宣言，从字面上看，无可厚非，但问题在于这些都是抽象的概念，一旦与中国实际结合，《宣言》内容的贫乏空洞便显露出来。正如胡适在《试评所谓“中国本位的文化建

①② 王新命等十教授：《中国本位的文化建设宣言》，见罗荣渠主编：《从西化到现代化——五四以来有关中国的文化取向和发展道路论争文选》，401～402页，402页，北京，北京大学出版社，1990。

设”》一文中指出的：所谓的“中国本位的文化建设”，不过是“中体西用”论“最新式的化装”。“‘根据中国本位’，不正是‘中学为体’吗？‘采取批评态度，吸收其所当吸收’不正是‘西学为用’吗？”“中国本位”实质就是“三纲、五常”等等传统文化中的“根本保守性”。戊戌维新就因为过分爱惜这个“中国本位”，所以失败了；辛亥革命和五四运动，本是要摧毁这个“中国本位”的，但可悲的是，它们虽然都产生了很大的社会震动，最终却未能把它打破，正因为这样，所以复古势力至今猖獗得很。①

在中国本位文化的论争中，什么是中国本位文化？对此主要有以下不同界定：

一、是以十教授为代表，强调把握现实，认为“中国本位的文化”，就是符合“中国此时此地的需要”的文化，因此它不等于“固有文化”。②

二、是以潘光旦为代表，强调把握传统，认为所谓“中国本位”，就是要以中国为“主体”、为“中心”、为“常数”。世界文化潮流是变动不居的，但我们却必须“以变的迁就常的，常的对于变的事物，虽宜乎不断的选择、吸收，以自求位育，但也不宜超越相当程度”，以至于人们对它的“个性”发生“怀疑”、“错认”，甚至于产生“根本不认识的危险”。③

三、是以刘英士等人为代表，强调把握民主，认为生活就是文化，中华民族的生活自然构成了“中国本位的文化”。所以，它过去有，现在有，将来也会有。只要能“改进中国民众的生活，就

---

① 胡适：《试评所谓“中国本位的文化建设”》，见郑师渠、史革新：《近代中西文化论争的反思》，268页，北京，高等教育出版社，1991。

② 何炳松：《论中国本位文化建设答胡适先生》，见郑师渠、史革新：《近代中西文化论争的反思》，263页，北京，高等教育出版社，1991。

③ 潘光旦：《谈中国本位》，见郑师渠、史革新：《近代中西文化论争的反思》，263页，北京，高等教育出版社，1991。

是建设中国本位的文化”，或者说，“中国本位”就是“中国人本位”。①

王新命等十教授的《中国本位的文化建设宣言》，有着浓厚的政治色彩。《宣言》首先发表在国民党要员陈立夫为理事长的“中国文化建设协会”机关刊物《文化建设》上，接着南京、上海、北京、济南等地相继举行了“中国本位文化建设座谈会”，显然，《宣言》的出笼是当时国民党在“复兴民族文化”的幌子下，推行思想文化统制政策的产物。对此，十教授之一陶希圣在北京中国本位的文化建设座谈会上说：长久以来，人们不是崇拜英美资本主义，就是崇拜苏俄社会主义，无非陷于歧途，“为纠正思想的歧路才提出这个抽象的提议”。②

总之，《宣言》出自国民党政府的授意，这在当时已是不掩自明的事实，只不过是以十教授改装后的面目出现，因此，也失去其文化讨论的意义。

① 《首都中国本位的文化建设座谈会纪事——刘英士等人发言》，见郑师渠、史革新：《近代中西文化论争的反思》，263页，北京，高等教育出版社，1991。

② 见郑师渠、史革新：《近代中西文化论争的反思》，258页，北京，高等教育出版社，1991。

第四章　科学与人文之会通
——20世纪三四十年代的科学与人文思潮

20世纪三四十年代，西方文化，尤其是西方哲学思想，进一步在中国传播和蔓延，一批中国学者在西方文化的影响下，已经不再满足五四新文化运动时期那种简单的宣传和介绍，而是要求从整体上和本质规律上来把握和理解西方文化。这些哲学气质和价值取向不同的哲学家们，在消化和吸收西方哲学的基础上，试图融会中西，将中国传统哲学中的人文道德和现代西方科学主义的逻辑分析方法结合起来，构建自己的哲学体系，如冯友兰的“新理学”、贺麟的“新心学”、熊十力的“新唯识论”、金岳霖的“道论”与“知识论”、张东荪的“多元认识论”等。

一、“新理学”
——冯友兰对人文主义本体论体系之重建

冯友兰(1895～1990年)，字芝生，河南唐河县人。1912年入上海中国公学的大学预科班，1915年考入北京大学哲学门，从此，哲学成了他的专业。1919年冬入美国哥伦比亚大学研究生院哲学系学习，1923年通过博士论文答辩，并获博士学位，同年秋天回国。他曾先后在河南中州大学文学院、广东大学哲学系、燕京大学哲学系和清华大学哲学系任教授。1952年全国院系调整，冯友兰到北京大学任教，直到逝世。

（一）现代西方逻辑分析方法对冯氏之影响

20 世纪三四十年代，冯友兰将中国传统哲学中的思想道德境界与现代西方逻辑分析方法相结合，融会中西形成自己的新理学思想体系，其代表作即“贞元之际、所著六书”——《贞元六书》①。对冯氏影响至深的现代西方逻辑分析方法，主要是西方的新实在论和维也纳学派的分析哲学。

“新实在论”是西方现代哲学流派之一，它是在反对黑格尔哲学的背景下产生和形成的。作为一种哲学思潮，新实在论有它自身的传统和历史。

实在论，英文称作 realism。最早提出这种哲学观念的是古希腊哲学家柏拉图。柏氏在考察伦理知识的起源问题时，认为道德的知识不能起源于对知觉所得知识的理性思考和合理化，而是通过人类的“回忆”所得的一种关于“理念”的知识。理念是通过概念而认识的非物质的存在，他又称之为“共相”。他解释说，凡是若干个体有着一个共同的名字的，它们就有着一个共同的“理念”或“共相”，如虽然有许多张床，但只有一个床的“理念”或“共相”。在柏拉图看来，世界区分为理念界与现象界，“理念界”或“共相界”是唯一真实可靠的存在，而现象界的东西仅是“理念”或“共相”的模仿和摹本。柏拉图这种“理念界”或“共相界”的观点成为哲学史上实在论的滥觞。②

中世纪时期，神学占统治地位，实在论作为一种哲学思潮也得到发展。在基督教神学中，有着长时期的“唯名论”与“唯实

---

① 此六书是：《新理学》（1939）、《新事论》（1940）、《新世训》（1940）、《新原人》（1943）、《新原道》（1944）、《新知言》（1946）。

② 胡伟希：《观念的选择——20 世纪中国哲学与思想透析》，138～139 页，昆明，云南人民出版社，2002。

论”争论。争论的焦点:“共相”是实在的,还是“个别”或“殊相”是实在的?唯名论者主张个别先于一般,只有个别事物才是真实的存在,一般或共相只是个别事物的名字。反之,唯实论认为一般或共相先于个别而存在,共相是存在的原型,而且是独立于个别事物之外的真实存在。如果说上述希腊时代柏拉图提出的“理念”或“共相”是为伦理思想建立基础,那么,中世纪唯实论的共相说则是为上帝的存在提供证明。①

19 世纪末 20 世纪初,实在论思想在沉寂一段时间后,忽然又兴盛起来,形成一种“新实在论”。这种“新实在论”的出现并非偶然,正如大家所知,西方近代的理性主义哲学从笛卡儿、康德到黑格尔,已经变成一个庞大的、无所不包的思想体系。黑格尔将“绝对理念”视为最高存在的概念,而宇宙万物,包括人类社会在内的一切不过是这绝对理念的展开而已。因此,从 19 世纪末开始,出现了对以黑格尔为代表的唯心论思想的“反叛”。这种“反叛”,首先从英国反对以格林和布拉德雷的新黑格尔主义开始,其代表人物为罗素和穆尔,进而形成一种新的哲学派别——新实在论。这种新实在论除了继承柏拉图关于独立存在的“共相”的唯理论观点之外,同时还承认“外物”的客观实在性,这种“外物”是不依赖于人的主观认识能力而可以独立存在的。总体来看,新实在论认为存在两个世界:一个是感觉世界,这是暂时的、变动的世界;一个是由逻辑组成的理念世界,这是一个永久的、不变的世界。新实在论既强调了柏拉图式的“共相”观点,同时又重视对经验以及概念的逻辑分析,所以新实在论者既不是伦理学的,又不是宗教神学的,而是认识论的。英国的新实在论者除罗素和穆尔之外,还有怀特海和亚历山大等人。自英

---

① 胡伟希:《观念的选择——20 世纪中国哲学思想透析》,139 页,昆明,云南人民出版社,2002。

国的新实在论思想传播开来以后，美国的新实在论思想一度也成为“显学”，其代表人物有哥伦比亚大学的蒙塔古、哈佛大学的培里和霍尔特、普林斯顿大学的玛尔文和斯波尔丁、拉特格斯学院的皮特尔等人。新实在论于20世纪20年代传入中国。

维也纳学派(Vienna Circle)是20世纪30年代以奥地利首府维也纳为中心发展起来的一个哲学派别，其学术的中心宗旨是提倡逻辑分析，将哲学的工作归结为逻辑分析，并且拒斥形而上学。其主要代表人物是M. 石里克(Morits Schlick 1882～1936年)、R. 卡尔那普(Rudolf Carnap 1891～1970年)、V. 克拉夫特(Victor Kraft 1880～1975年)等人。休谟、弥尔和马赫等人的经验主义哲学思想传统，彭加勒、爱因斯坦和杜海默(Duhem)的科学方法，皮亚诺(Peano)、希尔伯特的数学公理系统以及弗雷格、罗素和怀特海的数理逻辑都对维也纳学派的哲学思想产生过影响。1929年，维也纳学派发表了一个《维也纳学派：它的科学世界概念》宣言，表明了维也纳学派的目标和方法，它的主要目标是要将各种科学和人的所有的知识统一起来，其方法就是逻辑分析方法。维也纳学派是分析哲学最重要的一个哲学分支，它的影响超出了欧洲大陆，在英国和美国都有很多支持者，20世纪20年代也传入中国。

上述两种哲学思潮对冯友兰都产生重大影响。冯友兰认为“逻辑是哲学的入门”，即逻辑学的知识是学习和研究哲学的必要的准备和必要的方法，而中国传统哲学并不追求概念的明确和清晰，所以模糊不清一直是中国传统哲学概念的特征。中国哲学要现代化就必须从根本上改变这种不重视逻辑的状况，这就需要引进西方科学的逻辑分析方法来改造中国传统哲学。他说：“就我所能看出的而论，西方哲学对中国哲学的永久性的贡献，是逻辑分析方法。……佛家和道家都用负的方法。逻辑分析方法正和这种负的方法相反，所以可以叫做正的方法。负的方法，试图消除区别，告诉我们它的对象不是什么；正的方法，则试图作出区别，告诉我们它的对象是什么。对于中国人来说，传入佛家的负的方法，并无关紧要，因为道家早已有负的方法，当然佛家确实加强了它。可是，正的方法的传入，就真正是极其重要的大事了。它给予中国人一个新的思想方法，使其整个思想为之一变。……重要的是这个方法，不是西方哲学的现成结论。中国有个故事，说是有个人遇见一位神仙，神仙问他需要什么东西。他说他需要金子。神仙用手指头点了几块石头，石头立即变成金子。神仙叫他拿去，但是他不拿。神仙问：'你还需要什么呢？'他道：'我要你的手指头。'逻辑分析方法就是西方哲学家的手指头，中国人要的是手指头。"①

冯友兰的新理学思想体系是在 20 世纪三四十年代创立的。在这一时期中，维也纳学派正处于巅峰状态。维也纳学派是分析哲学的一个最重要支派，但维也纳学派的哲学纲领是拒斥形而上学，形而上学或本体论被其排除于哲学领域之外。冯友兰不同意维也纳学派的哲学立场。所以，维也纳学派的哲学家们是利用逻辑分析方法来拒斥形而上学，而冯友兰则要利用逻辑学的最新成果，超越维也纳学派而重建形而上学。

总之，冯友兰在哥伦比亚大学学习期间，西方的逻辑分析方法对其产生重大影响。其中一个基本原因，就是冯氏认为新实在论（柏拉图式的）说明了抽象的根据和真理的对象，因此也就说出了哲学的方法和目标，这个目标就是客观之理，方法就是逻辑分析。从此，理世界与现实世界、共相与殊相、共名与专名、内涵与外延的二分成为冯氏解释哲学问题的基本方法。②

---

① 冯友兰：《中国哲学简史》，378～379 页，北京，北京大学出版社，1985。

② 张耀南、陈鹏：《实在论在中国》，67 页，北京，首都师范大学出版社，2002。

(二) 重构形而上学

冯友兰的新理学体系,即他自己所讲的"真正底形上学"。在这个形上学系统中,有四个主要观念,就是理、气、道体、大全。在这个形上学系统中,还有四组主要的命题,而这四个形式的观念,就是从四组形式的命题中推出来的。这四组命题与四个观念就是新理学体系的骨架。

第一组命题——理:"凡事物必都是什么事物。是什么事物,必都是某种事物。某种事物是某种事物,必有某种事物之所以为某种事物者。借用中国旧日哲学家的话说:'有物必有则'。"①在这里,某种事物之所以为某种事物者,新理学谓之理,也就是说,凡事物都必属于某些类,是某种事物,是"实际底有";而有某种事物之理,则是"真际底有"。"实际底有"是于时空中存在者:"真际底有"是虽不存在于时空而又不能说是无者。前者是所谓存在,后者是所谓潜存。存在是在,潜存不是在,而是有。冯友兰认为,这个"理"是潜存于真际的"共相",是超时空、超动静的绝对,是永恒的实在。

第二组命题——气:"事物必都存在。存在底事物必都能存在。能存在底事物必都有其所有以能存在者。借用中国旧日哲学家的话说:'有理必有气'。"②冯友兰对"气"解释说:"气"是"绝对底料","气"是神秘的"无名混沌",是"真元之气";"气"是"理"的"挂搭处";"凡实际底存在底物皆有两所依,即其所依照,及其所依据","理"是存在的事物的依照,"气"是存在的事物的依据,只有依照理,又依照气,才有实际的存在事物,即"理"为事物所依据的"太极","气"是事物所依据的"无极",二者(从无极

①② 冯友兰:《贞元六书·新知言》,920 页,921 页,上海,华东师范大学出版社,1996。

而太极)结合产生万物。

第三组命题——道体:“存在是一流行。凡存在都是事物的存在。事物的存在都是其气实现某理或某某理的流行。总所有底流行,谓之道体。一切流行涵蕴动。一切流行所涵蕴底动,谓之乾元。借用中国旧日哲学家的话说:‘无极而太极’,又曰:‘乾道变化,各正性命’。”①冯友兰对道体解释说:“道体”是一切的流行;道体不可思议;道体是无极而太极的程序。

第四组命题——大全:“总一切底有,谓之大全。大全就是一切底有。借用中国旧日哲学家的话说:‘一即一切,一切即一’。”②冯友兰说:所有理之全体,我们亦可以为一全而思之,此“全”即是太极,既然太极为众理之全,故称为“大全”。“大全”包括了实际与真际中的一切,所以“大全”又称为宇宙。

以上四组主要命题分别提出理、气、道体、大全的观念,就是冯友兰对经验作逻辑的、形式的分析、总括及解释所得到的几个超越的观念。其中理是不可感觉而可思议的,气、道体、大全则是既不可感觉又不可思议、不可言说的。它们都具有一种超验的性质。冯友兰尤其强调“理”的作用,突出了事物的共相,把事物的“共相”看做是能够独立于具体事物并先于事物存在的永恒的绝对的东西。

在上述形而上学的建构上,冯友兰力图把西方现代哲学的逻辑分析方法与中国传统哲学的直觉主义方法结合起来,这就是他所谓的形上学正的方法和负的方法。冯氏认为:“真正形上学的方法有两种:一种是正底方法;一种是负底方法。正底方法是以逻辑分析法讲形上学。负底方法是讲形上学不能讲。讲形上学不能讲,亦是一种讲形上学的方法。”冯友兰将这负的方法

---

①②　冯友兰:《贞元六书·新知言》,924页,925页,上海,华东师范大学出版社,1996。

喻为“烘云托月”。他说：“此种讲形上学的方法，可以说是‘烘云托月’的方法。画家画月的一种方法，是只在纸上烘云，于所烘云中留一圆底或半圆底空白，其空白即是月。画家的意思，本在画月。但其所画之月，正在他所未画底地方。用正的方法讲形上学，则如以线条描一月，或以颜色涂一月。如此画月底画家，其意思亦在画月。其所画之月，在他画底地方。用负底方法讲形上学者，可以说是讲其所不讲。讲其所不讲亦是讲。此讲是其形上学。犹之乎以‘烘云托月’的方法画月者，可以说是画其所不画。画其所不画亦是画。”①在冯友兰看来，这种负的方法早就引起了东西方哲学家的注意。在西方哲学史上，康德的《纯粹理性批判》，在原则上确定理性使用的界限，认为现象是可知的，物自体是不可知的，实际早就提出了用负的方法建立形上学问题。但是，康德对于这一点并没有充分地自觉，并没有明说“不可知”是形上学的对象，不可知就是不可知，因而就不能对于它说什么，所以是放弃形上学，只讲知识论。在中国哲学史上，道家很早就主张用负的方法。如在《老子》、《庄子》里，并没有说道实际上是什么，却只说了它不是什么。但是若知道了它不是什么，也就明白了一些它是什么。禅宗又加强了道家的负方法，认为谁若了解和认识了静默的意义，谁就对于形上学的对象有所得。形上学的任务，不在于对于不可知者说什么，而仅仅在于对于不可知是不可知这个事实说些什么。所以，冯友兰认为“负的方法在实质上是神秘主义的方法”，负的方法所提倡的，是哲学的直觉，是超理性的体认、了悟。② 冯友兰进而指出，这种正的方法与负的方法并不矛盾，而是相辅相成的。“一个完全的形

① 冯友兰：《贞元六书·新知言》，869～870页，上海，华东师范大学出版社，1996。

② 参见李维武：《20世纪中国哲学本体论问题》，212～213页，长沙，湖南教育出版社，1991。

上学系统，应当始于正的方法，而终于负的方法。如果它不终于负的方法，它就不能达到哲学的最后顶点。但是如果它不始于正的方法，它就缺少作为哲学的实质的清晰思想。”①正是在这一点上，冯友兰认为，东西哲学各有可以贡献的优点，亦各有需要补充的不足。“我们希望不久将会看到，欧洲的哲学概念将用中国人的直觉和经验来补充，而中国的哲学概念将因欧洲人的逻辑和清晰思想而得到净化。”②

冯友兰的新理学体系，不仅遭到唯物主义者的批评，同时，也遭到维也纳学派的诘难。这两者的批评，锋芒所指，都针对新理学体系的基础——真际与实际的关系问题。冯友兰所谓的“真际”，主要是指虽不实际存在但又不是无者，实际上是指共相世界，或“理世界”；冯友兰所讲的“实际”，是指实际的世界或现实的世界，实际的世界是由具体的实际事物构成的。“真际”作为“理世界”，则包括了所有事物之理。唯物主义者批评冯友兰过分看重真际，强调本体论应立足于实际；维也纳学派则批判冯友兰讲的仍是实际知识，强调本体论根本就不应涉及实际。如唯物主义者陈家康认为，冯友兰割断了哲学与科学的关系，他指出：“我们认为哲学固然研究真际，但何尝不研究实际；科学固然研究实际，但何尝不研究真际。哲学与科学同时以实际为基础。哲学乃系科学之一种。就其相互关系而言，哲学离不开自然科学与社会科学，自然科学与社会科学也离不开哲学。”③又如维也纳学派洪谦认为，冯友兰对维也纳学派有关形而上学的理论是有误解的。第一，维也纳学派并没有拒斥或取消形而上学，只是划定了形而上学的活动范围，把它从实际的知识体系领域中

① 冯友兰：《中国哲学简史》，394页，北京，北京大学出版社，1985。

② 见李维武：《20世纪中国哲学本体论问题》，214页，长沙，湖南教育出版社，1991。

③ 陈家康：《真际与实际》，《群众》，第8卷(3)，1943。

逐出，但是并没有彻底地取消形而上学在哲学中的地位和作用。第二，如果维也纳学派取消形而上学的话，那么他们所运用的标准也并不如冯友兰所说的那样是以什么样的命题为依据，而是看形而上学是否是一种关于实际的知识理论体系，洪谦进而指出：冯友兰是把形而上学视为一种关于实际的知识理论体系。因为冯友兰本人这样说过，人类的知识可以分为四种：(1)数学逻辑；(2)形而上学；(3)科学；(4)历史。所以，冯友兰与传统的形而上学家不一样的地方在于，他没有强调在科学这样的关于实际的知识理论体系之外，还有所谓的超越实际的知识理论体系。但是他却认为，关于所谓实际的知识也可以分为两种，即“积极的实际知识”和“形式的实际知识”。所谓实际的积极方面的知识，就是冯先生“对于事实为积极的肯定”的综合知识；所谓实际的形式方面的知识，就是冯先生“对于事实为形式的解释”的分析知识。这种形而上学知识的分类是有问题的，因为，在维也纳学派看来，一个关于实际的命题在原则上必须对于事实有所叙述、有所传达，而冯友兰的“重复叙述命题”，所叙述，所传达的对象，我们根本就无法从事实方面加以肯定和否定，所以这些命题是无意义的。①

以上对新理学的批评，表现了唯物主义哲学、科学主义思潮的逻辑经验主义与人文主义思潮对待本体论问题的不同态度。冯友兰的新理学，试图“经过维也纳学派的经验主义而重新建立形上学”②。这种对维也纳学派的回应，尽管受到不少诘难和批评，但新理学显示了中国哲学家的智慧。“‘新理学’的真正贡献，在于它将逻辑分析方法运用于中国哲学，使得蕴藏在中国传

① 洪谦：《维也纳学派哲学》，见胡军：《分析哲学在中国》，199页，北京，首都师范大学出版社，2002。

② 冯友兰：《三松堂全集》，第5卷，223页，郑州，河南人民出版社，1986。

统哲学中的理性主义精神得到了发扬”①。

（三）“四境界”说

中国传统儒学，特别是宋明理学的一个基本特征，就是教人如何成为“圣人”。冯友兰的新理学，作为“接着”程朱理学讲，回答的也仍是什么是“圣人”以及怎样才成为“圣人”。他说：“哲学的任务是什么？……按照中国哲学的传统，它的任务不是增加关于实际的和积极的知识，而是提高人的精神境界。”②正如前面所述，冯友兰在他的新理学体系中，运用的主要是正的方法或逻辑分析方法。但是，我们看到，他通过这种所谓正的方法却得出了负的结果，即“空”的命题，即通过正的逻辑分析方法而达到一种空灵的境界。这种超越经验、超乎形象的“空”的概念，就是人生的“觉解”。

什么是“觉解”？冯友兰首先为“觉解”下了界说。按照冯氏的解释，“觉”和“解”是为人特有的而又有区别的两种意识活动，是人之为人的根本标志。他说：“人是有觉解底东西，或有较高程度觉解底东西。若问：人生是怎么一回事？我们可以说，人生是有觉解底生活，或有较高程度觉解底生活。”“有觉解是人生的最特出显著底性质”，“是人之所以异于禽兽者，人生之所以异于动物的生活者”。“觉”即自觉，指的是人对自己理性活动的省察。“我们于有活动时，心是明觉底，有了解的活动时，我们的心，亦是明觉底。此明觉的心理状态谓之自觉”。“解”，即了解，指的是人对具体事物之理的认识。从性质上说，了解即是以概念为基本要素的普通的理性思维活动，“对事物的了解，必依概

① 冯契：《中国近代哲学的革命进程》，449页，上海，上海人民出版社，1989。

② 冯友兰：《中国哲学简史》，389页，北京，北京大学出版社，1985。

念”。① 冯友兰认为，自觉作为一种内省活动，与了解在性质上不同；自觉的对象不是事物之理，而是人的思维活动；自觉不是逻辑思维活动，它不依概念，而是一种心理状态，一种内省经验。冯友兰举例说，鸟筑巢是一种无意识的本能活动，它并不了解筑巢的意义；人则不同，人筑室，是为了御寒暑避风雨，已经自觉到筑室的意义。人之所以为人，就是因为能过一种有觉解的生活，或过一种有较高程度觉解的生活。

冯友兰还进一步说：“人不但有觉解，而且能了解其觉解……例如我们现在讲觉解，即是了解觉解是怎么一回事；于讲觉解时，我们亦自觉我们的觉解。龟山讲知，朱子讲知，亦是觉解其觉解。这是高一层的觉解。高一层底觉解，并不是一般人皆有底，所谓‘百姓日用而不知’也。”②只有深谙哲理的人方能做到。

在冯友兰看来，欲把握理、气、道体和大全等概念，进入圣人境界，必须有一种至高至深的思维能力，他称这种思维能力为“最深的觉解”。冯友兰把人们对于宇宙人生的价值认识所构成的境界，按由低到高顺序分为四种，这就是“自然境界”、“功利境界”、“道德境界”、“天地境界”。

自然境界。这是一种无觉解，从而对宇宙人生没有任何价值判断的境界。冯友兰认为，原始人、赤子及愚人均是处于自然境界中的人。他说：“所谓自然境界与所谓自然界不同。自然界是客观世界中底一种情形。自然境界是人生中底一种境界。”有此种境界的人，“对于其所行的事的性质，并没有清楚底了解。此即是说，他所行底事，对于他没有清楚底意义。就此方面说，他的境界，似乎是一个浑沌。但他亦非对于任何事

①② 冯友兰：《贞元六书·新原人》，526页，530页，上海，华东师范大学出版社，1996。

都无了解，亦非任何事对于他都没有清楚底意义。所以他的境界，亦只似乎是一个浑沌。例如古诗写古代人世间的生活云：'凿井而饮，耕田而食，不识不知，顺帝之则。''日出而作，日入而息，不识天工，安知帝力？'此数句诗，很能写出在自然境界中底人的心理状态。'帝之则'可以是天然界的法则，亦可以是社会中人的各种行为的法则。这些法则，这些人都遵奉之，但其遵奉都是顺才或顺习底。他不但不了解此诸法则，且亦不觉有此诸法则。因其不觉解，所以说是不识不知。但他并非对于任何事皆无觉解。他凿井开田，他了解凿井耕田是怎样一回事。于凿井耕田时，他亦自觉他是在凿井耕田。……严格地说，在此种境界中底人，不可以说是不识不知，只可以说是不著不察。孟子说：'行之而不著焉，习矣而不察焉，终身由之，而不知其道者众也。'朱子说：'著者知之明，察者识之精'，不著不察，正是所谓没有清楚底了解"①。冯友兰还认为，自然境界中的人，并不仅限于在所谓原始社会中的人，即在现在最工业化的社会中，此种境界的人，亦是很多。他说：这种人"他固然不是'日出而作，日入而息，凿井而饮，耕田而食'，但他却亦是'不识不知，顺帝之则'。有此种境界底人，亦不限于只能作价值甚低底事底人。在学问艺术方面，能创作底人，在道德事功方面，能作'惊天地、泣鬼神'底事底人，往往亦是'行乎其所不得不行，止乎其所不得不止'，'莫知其然而然'。此等人的境界，亦是自然境界。"②这是一种最低的境界。

功利境界。这是一种有最低程度的觉解，从而对宇宙人生有最低价值判断的境界。冯友兰认为，功利境界的特征是："在此种境界中底人，其行为是'为利'底。所谓'为利'，是为他自己

①② 冯友兰：《贞元六书·新原人》，554～555页，555页，上海，华东师范大学出版社，1996。

的利。凡动物的行为,都是为他自己的利底。不过大多数底动物的行为,虽是为他自己的利底,但都是出于本能的冲动,不是出于心灵的计划。在自然境界中底人,虽亦有为自己的利底行为,但他对于'自己'及'利',并无清楚底觉解,他不自觉他有如此底行为,亦不了解他何以有如此底行为。在功利境界中底人,对于'自己'及'利',有清楚底觉解。"①冯友兰接着又说:"在此种境界中底人,其行为虽可有万不同,但其最后底目的,总是为他自己的利。他不一定是如杨朱者流,只消极地为我,他可以积极奋斗,他甚至可以牺牲他自己,但其最后底目的,还是为他自己的利。他的行为,事实上亦可是与他人有利,且可有大利底。如秦皇汉武所作底事业,有许多可以说是功在天下,利在万世。但他们所以作这些事业,是为他们自己的利底。所以他们虽都是盖世英雄,但其境界是功利境界。"②

道德境界。这是一种较高程度的觉解而产生的境界。处于道德境界的人,对宇宙人生具有较高的价值判断。冯友兰认为"在此种境界中底人,对于人之性,已有觉解,他了解人之性是涵蕴有社会底。……社会的制度及其间道德底政治底规律,并不是压迫个人底,这些都是人之所以为人之理中,应有之义。人必在社会的制度及政治底道德底规律中,始能使其所得于人之所以为人者,得到发展"。③ 这就是说,道德境界中的人,虽然也对个体的"我"有觉解,但他所觉解的是"我"的较高部分,是"我"的社会属性,"我"的真正本质。一个人不仅是一生物的个体,而且也是社会的一员。因此,他们不追求自己的私利,而是追求整个社会的利——"义",其行为是"行义"的。冯友兰说:"在功利境界中,人的行为,都是以'占有'为目的。在道德境界中,人的行

①②③ 冯友兰:《贞元六书·新原人》,555页,556页,556页,上海,华东师范大学出版社,1996。

为，都是以‘贡献’为目的。用旧日的话说，在功利境界中，人的行为的目的是‘取’；在道德境界中，人的行为的目的是‘与’。”①

天地境界。这是一种由最高觉解产生的境界。处于天地境界中的人，对于宇宙人生具有最高程度的价值判断。冯友兰认为，天地境界的特征是：“在此种境界中底人，其行为是‘事天’底。在此种境界底人，了解于社会的全之外，还有宇宙的全，人必于知有宇宙的全时，始能使其所得于人之所以为人者尽量发展，始能尽性。在此种境界中底人，有完全底高一层底觉解。此即是说，他已完全知性，因其已知天。他已知天，所以他知人不但是社会的全的一部分，而并且是宇宙的全的一部分。不但对于社会，人应有贡献；即对于宇宙，人亦应有贡献。人不但应在社会中，堂堂地做一个人；亦应于宇宙间，堂堂地做一个人。人的行为，不仅与社会有干系，而且与宇宙有干系。他觉解人虽只有七尺之躯，但可以‘与天地参’；虽上寿不过百年，而可以‘与天地比寿，与日月齐光’。”②在这里，冯友兰将“天地境界”定为衡量圣人的唯一尺度，并强调天地境界的到达最终取决于人的最高觉解，取决于人对宇宙人生最深的理知。

综上所述，冯友兰的新理学关于教人以怎样成为圣人的方法，以及哲学的任务就是提高人的境界，实现对意义的追求等观念，与宋明理学在本质上是一脉相承的。所不同的是冯友兰的新理学用的是现代西方逻辑分析的方法，经过严密逻辑推理而建构起来的逻辑框架；其“贤人”、“圣人”也不再是一般人不能企及的无所不知、无所不能的圣人，而是普普通通具有较高理论素质的哲人。冯友兰新理学形上学的根本意义，就是帮助人超越经验，超越自我，达到道德境界乃至天地境界，实现人生的最后

①② 冯友兰：《贞元六书·新原人》，556页，557页，上海，华东师范大学出版社，1996。

觉解和最高追求，成为一个有理想、有智慧的人。

（四）文化类型说

前面已述，共相与殊相是新理学最基本的范畴，也是新理学着重探讨的问题。在《新事论》中，冯友兰以共相与殊相、类与个体的逻辑分析来比较中西文化，提出了文化类型说，并以此为根据设计出中国文化的发展模式。冯友兰认为个体是特殊的，属于殊相；理是一类事物共同依照者，属于共相，共相就是类型。任何一个个体，都是共相与殊相的统一。因此，既可以从殊相也可以从共相上考察具体的事物，前者注重事物之异，后者注重事物之同。他说：

> 一件一件底事物，我们称之为个体。一个个体，可属于许多类，有许多性。例如张三李四，是两个个体。张三是人，是白底，是高底；他即属于此三类，有此三性……每一个体所有之许多性，各不相同。所以个体是特殊底，亦称殊相。而每一类之理，则是此一类的事物所共同依照者，所以理是公同底，亦称共相。①

又说：

> 我们可从特殊的观点，以说文化，亦可以从类的观点，以说文化。如我们说，西洋文化、中国文化等，此是从个体的观点，以说文化。此所说是特殊底文化。我们说资本主义底文化、社会主义底文化等，此是从类的观点，以说文化。此所说是文化之类。讲个体底文化是历史，讲文化之类是科学。②

冯友兰根据自己的共相说，比较了中西文化。他认为中国

①② 《冯友兰学术精华录》，147页，148页，北京，北京师范学院出版社，1988。

人自清末以来，即开始比较中西文化，但始终都把中西看成是特殊文化，而不理解近代中西文化属于不同的文化类型，所以长时间以来，并没有真正弄清中西文化的差别。

在这样的认识基础上，冯友兰认为中西文化的差异主要是：中国近代的文化是“生产家庭化底文化”，西方近代的文化是“生产社会化底文化”。所以，中西文化的差异从本质上看是类型的差异。西方之所以在近代形成自己的文化类型，是因为现代的产业革命使西方人舍弃了以家庭为本位的生产方法，脱离了以家庭为本位的社会制度。而中国近代文化不但没有脱离以家庭为本位的生产方法，而且奉行的仍是以家庭为本位的社会制度，所以中国近代文化的落后是文化类型的落后。他认为，转变中国自己的文化类型的唯一途径是实行产业革命，即用大机器生产，使生产社会化。

冯友兰提出文化类型说旨在解决一个严峻的问题，即如何在学习西方先进文化的同时，保持民族文化的个性。他说：

> 若从类的观点，以看西洋文化，则我们可知所谓西洋文化之所以是优越底，并不是因为他是西洋底，而是因为他是某种文化底。于此我们所要注意者，并不是一特殊底西洋文化，而是一种文化的类型。以此类型的观点，以看西洋文化，则在其五光十色底诸性质中，我们可以说，可以指出，其中何者对于此类是主要底，何者对于此类是偶然底。其主要底是我们所必取者，其偶然底是我们所不必取者。①

冯友兰通过上述对文化共相与殊相的分析，得出中国文化的出路是吸取西方文化的主要性质而舍去其偶然性质，舍去中国文化的主要性质而保存其偶然性质的结论，即中国未来文化

---

①　冯友兰：《新事论》，见《冯友兰集》，248页，北京，群言出版社，1993。

是西方文化的主要属性(工业化)和中国文化的偶然性(特殊性)的结合。在中国近现代文化论争史上,西化派强调人类文化的共同趋向而忽视中西文化的特殊性,主张全盘西化;守旧派强调中国文化的特殊性而抹杀人类文化的共同趋向,主张全盘孔化。冯友兰试图折中这两种倾向,既要顺应向西方文化学习的历史潮流,又要珍视中国文化的特殊性,这是冯友兰在文化上的一种新见解。

二、"新唯识论"
——熊十力对人文主义本体论体系之重建

熊十力(1884~1968年),原名继智、升恒、定中,字子真,湖北黄岗人。早年曾参加孙中山领导的革命活动。其间,他目睹"党人竞权争利,革命终无善果",乃愤然返回德安,弃政问学,研读佛儒。1915年到1920年,熊氏曾短时于江苏和天津任教;1918年,自印其第一部著作《心书》。1920年经梁漱溟介绍入金陵刻经处研究部(后来的南京支那内学院)师从欧阳竟无学习佛学,在内学院打下了坚实的唯识学和因明学的基础,接受了理论思辨的训练。1922年,熊十力受聘为北京大学特约讲师,接替梁漱溟讲授唯识学,从此,一直在北京大学任教。熊十力从20年代创作《新唯识论》文言文本,到40年代改定《新唯识论》语体文本,再至50年代完成《体用论》、《明心篇》、《乾坤衍》等论著,其思想始终是以构建人文主义哲学本体论体系为轴线,阐发东方的人文主义精神。正如他致梁漱溟的信中说,"我喜用西洋旧哲学宇宙论、本体论等论调来谈东方古人身心性命切实受用之学","我的作书,确是要以哲学的方式建立一套宇宙论,这个建立起来，然后好谈身心性命切实工夫”。①

(一) 哲学与科学的划界

三四十年代，由于科学主义思潮与人文主义思潮的对立，对于科学与哲学的划界，始终是哲学家们关注的问题。熊十力对人文主义哲学本体论的重建就是从科学与哲学的关系入手的。他反对科学主义思潮拒斥本体论，反对把哲学科学化、实证化，反对把哲学归结为科学知识论、科学宇宙论和科学心理学，强调“哲学建本立极，只是本体论”②。

熊十力认为“学问当分二途，曰科学，曰哲学(即玄学)”，科学与哲学是两种不同的学问。在研究对象上，熊十力认为科学以物质世界——大自然为研究对象，所属目用心者在于实物或万物间的相互关系，其研究对象是离主体而独立存在的；哲学则以世界本原——本体为研究对象，所属目用心者在于本体问题，即万物的根源。其研究对象不能离主体而独立存在。在研究方法上，熊十力认为，“科学是知识之学，只假定物质宇宙是真有，从各部分去探究”，“科学方法，以实测为本，即玄想所及，特有发明，仍须验之于事物，方足取信于人”。③哲学，则是“智慧之学”，哲学对于本体的探求，只能用“反求自证”的方法，即主体的自我体验、自我修养、自我超越。在研究意义上，熊十力认为“科学根本从实用出发”，使“知识精严、细密、正确、分明，得物理之实然”，目的是为了认识自然和改造自然；哲学则在于“参究人生而上穷宇宙根源，以解释人生所由始，以决定人生修养之宜与其归

① 熊十力:《与梁漱溟》,《回忆熊十力》,238页、239页,武汉,湖北人民出版社,1989。

② 熊十力:《新唯识论》,248页,北京,中华书局,1985。

③ 熊十力:《十力语要》,503页,北京:中华书局,1996。

宿”,①目的是为了认识人生和修养人生。

根据上述科学与哲学的划界,熊十力把科学称为“逐物之学”,“日益之学”,是追求知识的学问,把哲学称为“返己之学”,“日损之学”,是关于修养的学问。因此,科学与哲学这两个方面都是人类存在与发展所不可缺少的,既不能用哲学代替科学,也不能用科学代替哲学。熊十力强调,随着科学的发展,原来属于哲学的许多东西,逐渐变成了由科学探讨的东西,哲学的研究范围日益缩小,但哲学中仍有不可能变成科学的内容,这就是本体论。他断定,科学无论发展到何种程度,都没有办法把本体论纳入自己的意义范围,而只能永久地留给哲学。他说:“哲学自从科学发展以后,他底范围日益缩小。究极言之,只有本体论是哲学的范围,除此以外,几乎皆是科学的领域。”②所以,“哲学建本立极,只是本体论”。

在科学主义思潮与人文主义思潮对立中,熊十力反对把哲学科学化、实证化,反对把哲学归结为科学知识论、科学宇宙论和科学心理学。

关于哲学本体论与科学知识论。熊十力认为:“哲学,大别有两个路向。一个是知识的,一个是超知识的。”前者是科学知识论的路向,后者是哲学本体论的路向。前者从科学出发,以经验界为依据,所发现的是物理世界,凡有理论提出,必须测之于物界,如征验不爽,则奉为定论,坚定不摇。后者从哲学自身出发,超越经验界,所发现的是本体世界。由于本体无形相可见,无实物可测,因而各种本体论都是各逞所见,一家之言,纷然无定论。本体论的这一特点,就造成西方哲学由哲学本体论向科学知识论的转向。熊十力指出,知识论研究对于本体论研究来

① 熊十力:《明心篇》,178页,龙门联合书局,1959。

② 熊十力:《新唯识论》,248页,北京,中华书局,1985。

说，确实是必需的，但西方哲人“始终盘旋知识窠臼，茫无归着，遂乃否认本体”。由于西方近世哲学不谈本体，“则将万化大原、人生本性、道德根底一概否认”，从而导致了哲学的衰微。①

关于哲学本体论与科学宇宙论。熊十力强调，他所讲的宇宙，是从哲学意义上讲的，而不是从科学意义上讲的，如所谓宇宙大化，就是指本体，而不是指具体的物质变化。他说，“科学家中曾有在经验界或物理世界的范围里，设定元子电子等为实有的”，“我们如果依据玄学上的观点来说，这里所谓极微，或元子电子等，是实用呢，抑非实有呢？那就立刻成了问题。因为玄学所穷究的，是绝对的、真实的、全的，是一切物的本体。至于世间或科学所设定为实有的事物，一到玄学的范围里，这些事物的本身都不是独立的、实在的，只可说是绝对的真体现为大用，假名事物而已”。②

关于哲学的心理学与科学的心理学。熊十力认为，科学的心理学是自然科学发展的产物，“专以神经系统的活动或脑的作用与客观世界的反映来阐明心理”，其方法注重实测。因此，科学的心理学虽然也以心为研究对象，但实际上只研究与人的生理结构相联系的习心，并不涉及作为人性的本心——仁心。它研究的是物理而不是心理。哲学的心理学则是哲学发展的产物，“非必以研究与解释精神现象为能事而已，其所努力不敢稍懈者，唯在返已察识内部生活之渊海是否有知是知非之明几炯然常在，是否有千条万绪之杂染暗然丛集”，在方法上，“以默识法为主，亦辅之以思维术”。所谓默识，是对自我的反求自证；所谓思维术，不是指理性思维，而是一种直觉洞察力。因此，哲学的心理学所探讨的是超科学心理的内容，是仁心，是本心，这种

①② 熊十力：《新唯识论》，见李维武：《20世纪中国哲学本体论问题》，178～179，180页，长沙，湖南教育出版社，1998。

仁心，本心，也就是本体。①

上述熊十力对哲学与科学划界的思想，也是他重建哲学形上学的思想基础。

（二）人文主义哲学本体论的重构

熊十力从中年时期就冥思苦索，其思想既不随波逐流，亦不囿于陈说。抗战时期，熊十力入川，在颠沛流离的生活中，仍自甘寂寞，勉力著述。抗战末期出版的《新唯识论》语体文本，以人文主义哲学立场，阐述哲学本体论，成为他思想成熟的标志。关于宇宙论，熊十力认为宇宙乃大用流行，翕辟成变。宇宙万物都无自体，只是在那里极生动地、极活泼地、不断地变化着。是谁使宇宙处于"大用流行"、生生变化之中呢？他认为是本体。宇宙的本体所以成为本体，有六种含义：其一，本体是备万理，含万德，肇万化，法尔清净本然；其二，本体是绝对的；其三，本体是幽隐的，无形相的，即是没有空间性的；其四，本体是恒久的，无始无终的，即是没有时间性的；其五，本体是全的，圆满无缺的，不可剖割的；其六，若说本体是不变易的，便已含着变易了，若说本体是变易的，便已含着不变易了，他是很难说的。② 熊十力为了解决宇宙的生成问题，提出了翕辟成变说。他认为，本体是能变的，称之为"恒转"，本体自身就具有翕和辟相反而又相成的两个方面，正是由于一翕一辟、一辟一翕，才使得本体生生化化，显现为万殊。什么是"翕辟"？他认为，翕并不是一种东西，而是一种摄聚的势用。无形相、无质碍的本体在动的过程中，由于翕的势用，形成无量的形向（即本身非具有形质，但又有成为形质倾向

① 熊十力：《明心篇》，见李维武：《20世纪中国哲学本体论问题》，180页，长沙，湖南教育出版社，1998。

② 熊十力：《新唯识论》，313～314页，北京，中华书局，1985。

的细微者，才形成一一实物，建立起物质宇宙)。[①] 因此，他又把翕"假设为物"，"所谓物者，并非实在的东西，只是依着大用流行中之一种收凝的势用所诈现之迹象，而假说名物"。[②] 什么是辟呢？辟也不是一种东西，辟起着与翕相反的作用，也是本体的一种势用。他说，当翕的势用起时，却有别的一种势用俱起，这个势用"能运于翕之中而自为主宰，于以显其至健，而使翕随己转的。这种刚健而不物化的势用，就名之为辟"[③]，亦名为"宇宙的心"或"宇宙的精神"。熊十力认为，如果只有翕而没有辟，那便是完全物化，宇宙只是顽固坚凝的死物，辟的势用弥漫于翕之中而运用此翕，辟起主导作用，主宰翕。熊十力在《新唯识论》中，对于翕、辟有详细的说明，同时，特别强调切不可将翕辟"剖析为两片事物"，两者"本非异体"。他说：

> 本体是显现为万殊的用的，因此假说本体是能变，亦名为恒转。……恒转现为动的势用，是一翕一辟的，并不是单纯的。翕的势用是凝聚的，是有成为形质的趋势的，即依翕故，假说为物，亦云物行。……辟的势用是刚健的，是运行于翕之中而能转翕从己的。即依辟故，假说为心，亦云心行。据此说来……物和心(物，亦对心而名境)是一个整体的不同的两方面……因为翕和辟，不是可以剖析的两片物事，所以说为整体。[④]

又说：

> 物者，只是我所谓收凝的势用所诈现之迹象而已。收凝的势用，名为翕，翕即成物(翕便诈现一种迹象，即名为物)。所以，物之名依翕而立。……所谓辟者，亦名为宇宙的心。我们又不妨把辟名为宇宙精神。这个宇宙精神的发

---

①②③④ 熊十力：《新唯识论》，317页，328页，318页，317～320页，北京，中华书局，1985。

现,是不能无所凭藉的。必须于一方面极端收凝,而成为物即所谓翕,以为显发精神即所谓辟之资具。而精神,则是运行乎翕之中而为其主宰的。因此,应说翕以显辟,辟以运翕。盖翕的方面,唯主受,辟的方面,唯主施。①

熊十力用翕辟成变说来说明宇宙的生成问题,但他认为,仅拿翕辟成变来说明变化的内容是不够的,“必须发见翕和辟在其生和灭方面的奥妙,才算深于知变”。为此,他搬用了佛教的刹那灭理论,进一步阐明他的生灭理论。熊十力认为,物的形成由翕的势用形成不可再分的“动圈”,叫做“小一”。小一是构成物质世界的最基本的单位,但小一仅仅是一种“形向”。何谓“形向”?“形向者,谓其未成乎形,而有成形的倾向也。每一形向,元是极微小的凝势”,此小一或凝势没有质的稳定性,“是刹那刹那,生灭灭生”。即小一仅仅是构成物质世界的一种“诈现的迹象”,并没有实在性。他说:“无量小一,相摩荡故。有迹象散著,命曰万物。所以者何?小一虽未成乎形,然每一小一,是一刹那顿起而极凝的势用。”又说:“凡法(即事情,或心的现象和物的现象——引者)于此一刹那顷才生,即于此一刹那顷便灭,所以说,生时即是灭时。他一切法决不会有一忽儿的时间留住的。世间见有常存的物,却是一种倒见。”②熊十力常常把事情比做“香火轮”,即人在黑夜中手持燃着的香火旋动,香火头构成的轨迹像个火轮。他认为宇宙万物都如这个香火轮一样,是刹生刹灭,虚幻不实的。即“大化流行,时时更新,故曰日新”,“灭故所以生新,大化无有穷尽,森然万象,皆一真(本体)的显现也”。③

熊十力的翕辟成变说,是在中国传统《易》的思想基础上吸取佛的刹那灭理论而形成的一种宇宙生成论。《易传·系辟》上

①②③ 熊十力:《新唯识论》,328～329页,335页,348页,北京,中华书局,1985。

说："夫坤，其静也翕，其动也辟，是以广生焉。"翕，是收敛、凝聚的意思；辟，是伸张、发散的意思。《新唯识论》中的翕辟成变说有着丰富的辩证法思想。但它由于吸取了佛教的刹那灭理论，认为物质世界仅是一种"诈现的迹象"，并非实有，否认物有相对的稳定性，最终陷入了唯心论。

关于熊十力的认识论，其核心就是"体用不二"论。他认为"哲学上的根本问题，就是本体与现象，此在《新论》即名之为体用"。他的所谓体，相当于西洋哲学的体、中国哲学的形而上、印度哲学的法性；所谓用，相当于西洋哲学的现象、中国哲学的形而下、印度哲学的法相。本体是无形相、无为的，然而又是至真、至实、无不为的，它要显现为无量无边的功用；用是万殊的，有形象的。"用就是体的显现，体就是用的体，无体即无用，离用亦无体"。体用是有差别的，但体用不二，绝不是二物。熊十力认为，科学研究的对象是本体所显现的万象，所凭借的是理智（他又称量智或习心）；哲学所研究的对象是本体，所凭借的是性智（他又称为本心）。什么是性智或本心呢？熊十力认为，本心就是"吾身与天地万物所同具的本体"，"从量论的观点而言，则名为性智"。本心或性智是"明觉的"，他说，他讲的本心就是王阳明所说的"良知"。什么是量智或习心呢？熊十力认为，量智"是思量和推度，或明辨事物之理则，及所行所历，简择得失等等作用故，故说名量智，亦名理智"。量智是性智的发用，是性智依官能的显现，"只是一种向外求的工具"。根据熊十力对性智与理智、本心与习心的区别，他的认识论即是关于对本体的认识理论和对事物的认识理论。

如何识得宇宙本体呢？熊十力认为，人人皆有本体，人人皆有本心，只是由于人们被习心、情见所蔽锢，妄执境物，因而不见本体。若要识得本体，就要靠工夫、修养，靠涤除情见。他说："夫众生一向是习心用事，习心只向外逐境，故妄执境物，而不可反识自己(本心)。""即习心乘权,则本心恒蔽锢而不显,是以吾人一切见闻觉知,只是于境物上生解,终不获见自本性。"又说:"工夫诚至,即本体呈显。若日用间工夫全不得力,则染习炽,邪妄作,斯以障碍本体而丧失其真矣。故曰'即工夫即本体',此尽人合天之极则也。"①关于对一般事物的认识,熊十力认为,量智虽然不能解决形而上的问题,不能获得哲学上的真理,但它是必须的,不可废绝的。他说,量智"只是一种向外求的工具,这个工具,若仅用在日常生活的宇宙即物理的世界之内,当然不能谓不当"。又说:"思议的能事,是不可胜言的。并且思议之术日益求精。稽证验以观设臆之然否,求轨范以定抉择之顺违,其错误亦将逐渐减少,我们如何可废思议?"②那么量智是如何认识事物的呢?熊十力注重"质测"(实验)的作用,他认为"量智是从日常的实用中练习出来的","是缘一切日常经验而发展的"。他说:"凡哲学家立说,以经验界之知识为依据者,若注重质测之术,以矫空想之弊,则虽不足以深穷万化之原,而于物理世界必多所发明,即可由此以发展科学。"③又说,"明智虽有其无所不知的功能,而辨析事物之理毕竟要靠经验得来底知识"④,"没有经验的模型,哪能凭空制造知识"⑤。上述熊十力在认识论上看到了一般科学与哲学的区别,认为不能以一般科学的研究方法代替哲学的研究方法,但同时又认为哲学与科学又是"相需为用"的。他指出,"吾平生主张哲学须归于证,求证必由修养,此东圣血脉也"。又说,"玄学亦名哲学,是固始于思,极于证或觉,证而仍不废思。亦可说:资于理智思辨,而必本之修养以达于智体显露,即超过理智思辨境界,而终亦不遗理智思辨",哲学乃"思辨与修

---

①④⑤ 熊十力:《十力语要》,348页,383页,386页,北京,中华书局,1996。

②③ 熊十力:《新唯识论》,566页,357页,北京,中华书局,1985。

养交尽之学”。①

熊十力的《新唯识论》从“体用不二”论出发引申出“内圣外王”的人生论思想。他认为本体是具有道德属性的，“仁者本心也，即吾人与天地万物所同具之本体也”②。“吾人一切纯真、纯善、纯美的行，皆是性体呈露”③。他指出，“依据这种宇宙观，来决定我们的人生态度，只有精进和向上”④，“识得孔氏意思，便悟得人生有无上的崇高的价值，无限的丰富意义，尤其是对于世界，不会有空幻的感想，而自有改造的勇气”⑤。又说：“吾人本来的生命，必借好的习气，为其显发之资具，如儒者所谓操存涵养，或居敬思诚种种工夫，皆是净习。生命之显发，必由乎是。”熊十力把本体看成是道德价值的源头，沿袭了儒家的传统思想，但他并不赞成儒家以封建伦理纲常为基准的价值评判尺度，而是对伦理思想的基本范畴——“礼”加以改造，注入独立、自由、平等等内容。他说：“古代封建社会之言礼也，以别尊卑、定上下为其中心思想。卑而下者，以安分为志，绝对服从其尊而上者。虽其思想、行动等方面受天理之抑制，亦以为分所当然，安之若素，而无所谓自由与独立。及人类进化，脱去封建之余习，则其制礼也，一本诸独立、自由、平等诸原则。”⑥

内圣外王并重、道德事功并重是儒学的基本精神。熊十力指出，“内圣”的道德价值需通过“外王”即经世致用才不至于出现“有体无用”的空疏。他说，识得本体，不可便安于寂，为了保持本心，就必须“勇悍精进如箭射空，箭箭相承，上达穹霄，终无殒，如是精进不已，是谓创新不已，实即本体显露，其德流用，无有穷极”。他强调，时当民族危亡之际，更应当发扬内圣外王的

①②③④⑤ 熊十力：《新唯识论》，692页，567页，389页，307页，348页，北京，中华书局，1985。

⑥ 熊十力：《十力语要》，283页，北京，中华书局，1996。

精神。他说:"今世变愈亟,社会政治问题日益复杂,日益迫切,人类之忧方大,而吾国家民族,亦膺巨难而濒于危。承学之士,本实即不可废(本实,谓内圣之学),作用尤不可无(作用,谓外王或致用之学……)。实事求是,勿以空疏为可安。"①熊十力的人生论尽管企图用中国儒家的修养——"反求诸己"来救世,但他主张舍故创新,反对守故不变,主张精进向上,渗透着救亡图强的爱国精神。

三、"新心学"
——贺麟对人文主义本体论体系之重建

贺麟(1902~1992 年),字自昭,四川金堂人。1919 年考入清华大学的前身清华学堂,开始接受高等教育。清华大学是一所名流学者荟萃的高等学府,贺麟在清华大学读书 8 个年头,深受诸位国学大师如梁启超、梁漱溟以及翻译家吴宓等人的影响,使他步入国学研究以及对介绍和传播西方古典哲学发生兴趣。

1926 年 8 月,贺麟赴美留学,先后在奥柏林大学、芝加哥大学、哈佛大学学习哲学。1928 年获奥柏林大学学士学位,次年再得哈佛大学硕士学位。贺麟在哈佛大学学习期间,认真研读了康德、斯宾诺莎等人的哲学,其中新黑格尔主义对他影响较大。1930 年,贺麟放弃了继续攻读博士学位的机会,启程来到黑格尔的故乡德国,入柏林大学学习。在德国,贺麟结识了新黑格尔主义者哈特曼教授,并深受他的影响。1931 年 8 月,贺麟结束了 5 年的欧美留学生活回到中国。贺麟回国后,先后在北京大学、清华大学任教,主讲西方现代哲学、西方哲学史、黑格尔哲学、斯宾诺莎等课程,对翻译、介绍和研究西方哲学做出了巨

① 熊十力:《十力语要》,187 页,北京,中华书局,1996。

大贡献。他翻译的著作有鲁一士的《黑格尔学述》、开尔德的《黑格尔》、斯宾诺莎的《致知篇》和《伦理学》、黑格尔的《小逻辑》和《法哲学原理》，与他人合译的有黑格尔的《哲学史讲演录》（四册）和《精神现象学》。他自己的主要著作有《近代唯心论简释》、《文化与人生》、《当代中国哲学》、《黑格尔逻辑学简述》以及《现代西方哲学讲演集》、《黑格尔哲学讲演集》等。

（一）对中西文化关系的认知

1. 儒家思想的新开展

40 年代，贺麟先后发表了《儒家思想的新开展》、《宋儒的新评价》、《文化的体与用》、《五伦观念的新检讨》、《宋儒的思想方法》等文，并出版了《近代唯心论简释》、《文化与人生》两部文集和《当代中国哲学》一书，对中西文化的关系问题，提出了自己的新儒家观点，尤其是《儒家思想的新开展》一文，被认为是现代新儒家的宣言书。

贺麟认为，“中国当前的时代，是一个民族复兴的时代。民族复兴不仅是争抗战的胜利，不仅是争中华民族在国际政治中的自由、独立和平等，民族复兴本质上应该是文化的复兴。民族文化的复兴，其主要的潮流、根本的成份就是儒家思想的复兴，儒家文化的复兴”①。显然，贺麟把儒家思想的复兴与重建，视为中华民族存亡断绝的关键所在，所谓民族的复兴，实际上就是儒家思想的复兴。

贺麟对儒家思想的前途命运，对儒家思想的新开展抱着极为乐观的态度，断言“广义的新儒家思想的发展或儒家思想的新

---

① 贺麟：《儒家思想的新开展》，见汤一介、杜维明主编：《百年中国哲学经典》（三四十年代卷），318 页，深圳，海天出版社，1998。

开展，就是中国现代思潮的主潮”①。他认为近50年来中国文化发展的动向和趋势，都是在争取建设新儒家思想，争取发挥新儒家思想。他说：

> 儒家思想，就其为中国过去的传统思想而言，乃是自尧舜禹汤文武成康周公孔子以来最古最旧的思想；就其在现代及今后的新发展而言，就其在变迁中、发展中、改造中以适应新的精神需要与文化环境的有机体而言，也可以说是最新的新思想。在儒家思想的新开展里，我们可以得到现代与古代的交融，最新与最旧的统一。②

对于西学，贺麟并不排斥，而是采取吸纳的态度。贺麟认为，从康有为、谭嗣同时期到20世纪40年代，中国的文化有了很大的进步，进步的原因可归结于多方面，但其中最主要的是“西学的刺激”。他说：“我们打开了文化的大门，让西洋的文化思想的各方面汹涌进来。对我们自己的旧文化，如果不是加以根本怀疑破坏的话，至少也得用新方法新观点去加以批评的反省和解释。”③

他又说：“西洋文化学术大规模的无选择的输入，又是使儒家思想得到新发展的一大动力。表面上，西洋文化的输入，好像是代替儒家，推翻儒家，使之趋于没落消沉的运动。但一如印度文化的输入，在历史上曾展开了一个新儒家运动一样，西洋文化的输入，无疑亦将大大地促进儒家思想的新开展。”④

贺麟进而强调，儒家思想是否能有新开展问题，就成为儒家思想是否能够翻身、能够复兴的问题，亦即儒化西洋文化是否可

---

①② 贺麟：《儒家思想的新开展》，见汤一介、杜维明主编：《百年中国哲学经典》(三四十年代卷)，317页，317页，深圳，海天出版社，1998。

③ 贺麟：《当代中国哲学》，80页，重庆，胜利出版公司，1947。

④ 贺麟：《儒家思想的新开展》，见汤一介、杜维明主编：《百年中国哲学经典》(三四十年代卷)，319页，深圳，海天出版社，1998。

能，以儒家思想为体、以西洋文化为用是否可能的问题。他说：西洋文化的输入，给了儒家思想一个考验，一个生死存亡的大考验、大关头。假如儒家思想能够把握、吸收、融合、转化西洋文化，以充实自身、发展自身，儒家思想则生存、复活而有新的发展。“这个问题的关键，在于中国人是否能够真正彻底、原原本本地了解并把握西洋文化。因为认识就是超越，理解就是征服。真正认识了西洋文化便能超越西洋文化。能够理解西洋文化，自能吸收、转化、利用、陶熔西洋文化以形成新的儒家思想、新的民族文化。”①

如上所述，贺麟在中西文化的关系上强调：就个人言，如一个人能自由自主，有理性、有精神，他便能以自己的人格为主体，以中外古今的文化为用具，以发挥其本性，扩展其人格。就民族言，如中华民族是自由自主、有理性有精神的民族，是能够继承先人遗产，应付文化危机的民族，则儒化西洋文化，华化西洋文化也是可能的。如果中华民族不能以儒家思想或民族精神为主体去儒化和华化西洋文化，则中国将失掉文化上的自主权，而陷于文化上的殖民地。

2. 科学与哲学的划界

在科学与哲学的关系问题上，贺麟与熊十力、冯友兰一样，强调哲学与科学的分界。

贺麟认为，欲求儒家思想的新开展，在于融会吸收西洋文化的精华与长处。西洋文化的特殊贡献是科学，但我们既不必求儒化的科学，也无须科学化儒家思想。他说：

> 因科学以研究自然界的法则为目的，有其独立的领域。没有基督教的科学，更不会有佛化或儒化的科学。一个科

① 贺麟：《儒家思想的新开展》，见汤一介、杜维明主编：《百年中国哲学经典》（三四十年代卷），320页，深圳，海天出版社，1998。

> 学家在精神生活方面,也许信仰基督教,也许皈依佛法,也许尊崇孔孟,但他所发明的科学,乃属于独立的公共的科学范围,无所谓基督教化的科学,或儒化、佛化的科学。反之,儒家思想也有其指导人生、提高精神生活、发扬道德价值的特殊效准和独立领域,亦无须求其科学化。换言之,即无须附会科学原则以发挥儒家思想。一个崇奉孔孟的人,尽可精通自然科学,他所了解的孔孟精神与科学精神,尽可毫不冲突,但他用不着附会科学原则以曲解孔孟的学说,把孔孟解释成一个自然科学家。譬如,有人根据优生学的道理,认为儒家所主张的早婚是合乎科学的,或又根据心理学的事实,以证明纳妾制度也有心理学根据。……诸如此类假借自然科学以为儒家辩护的办法,结果会陷于非科学、非儒学。这都是与新儒家思想的真正发展无关的。①

上述说明,贺麟认为科学与哲学分属不同领域,各有其独立的范围。但同时,也强调两者也是息息相关的,他说,"我们要能看出儒家思想与科学的息息相关处","我们要能从哲学、宗教、艺术各方面以发挥儒家思想,使儒家精神中包含有科学精神"。②

如何使儒家精神中包含有科学精神,即如何会通西学与中国传统文化,贺麟认为不必采取时髦的办法去科学化儒家思想,因为儒家思想本来包含有三方面:有理学以格物穷理,寻求智慧。有礼教以磨炼意志,规范行为;有诗教以陶养性灵,美化生活。可以从哲学化、宗教化、艺术化三方面对儒家思想加以发挥,他说:

---

①② 贺麟:《儒家思想的新开展》,见汤一介、杜维明主编:《百年中国哲学经典》(三四十年代卷),320~321页,320~321页,深圳,海天出版社,1998。

第一,“必须以西洋的哲学发挥儒家的理学。儒家的理学为中国的正宗哲学,亦应以西洋的正宗哲学发挥中国的正宗哲学。因东圣西圣,心同理同。苏格拉底、柏拉图、亚里士多德、康德、黑格尔的哲学与中国孔孟、老庄、程朱、陆王的哲学会合融贯,而能产生发扬民族精神的新哲学,解除民族文化的新危机,是即新儒家思想发展所必循的途径”①。

第二,“须吸收基督教精华以充实儒家的礼教。儒家的礼教本富于宗教的仪式与精神,而究竟以人伦道德为中心”。“基督教文明实为西方文明的骨干。其支配西洋人的精神生活,实深刻而周至,但每为浅见者所忽视。若非宗教的知‘天’与科学的知‘物’合力并进,若非宗教精神为体,物质文明为用,绝不会产生如此伟大灿烂的近代西洋文化”。②

第三,“须领略西洋的艺术以发扬儒家的诗教。诗歌与音乐为艺术的最高者。儒家特别注重诗教、乐教,确具深识远见。惟凡各种艺术者皆所以表示本体界的义蕴,皆精神生活洋溢的具体表现,不过微有等差而已”。“过去儒家因乐经佚失,乐教中衰,诗教亦式微。对其它艺术,亦殊少注重与发扬,几为道家所独占。故今后新儒家的兴起,与新诗教、新乐教、新艺术的兴起,应该是联合并进而不分离的”。③

贺麟反对文化上的中体西用论、全盘西化论和国粹论,认为这些主张均偏激和武断。他从三方面分析说:

第一,“研究、介绍、采取任何部门的西洋文化,须得其体用之全,须见其集大成之处。必定对于一部门文化能见其全体,能得其整套,才算得对那种文化有深刻彻底的了解”。他解释说:

①②③ 贺麟:《儒家思想的新开展》,见汤一介、杜维明主编:《百年中国哲学经典》(三四十年代卷),321～322页,322页,322页,深圳,海天出版社,1998。

此条实针对中国人研究西洋学问的根本缺点而发。因为过去国人之研究西洋学术，总是偏于求用而不求体，注重表面，忽视本质，只知留情形下事物，而不知寄意于形上的理则。……假使以这种偏狭的实用的态度去研究科学，便难免不陷于下列两个缺点。一因治科学缺乏哲学的见解和哲学的批评，故科学的根基欠坚实深厚，支离琐屑，而乏独创的学派，贯通的系统。一因西洋科学家每承中古修道院僧侣之遗风，多有超世俗形骸的精神寄托与宗教修养，认研究科学之目的亦在于见道知天，非徒以有实用价值的技术见长。此种高洁的纯科学探求的境界，自非求用而不求体者所可领略。① 这里贺麟强调，他治西学须见其体用之全，须得其整套，并不是主张全盘西化，只是主张对于各种理论的体与用之全套、原原本本，加以深刻彻底了解，“此种方案乃基于对西洋文化的透彻把握，民族精神的创进发扬，似不能谓为西化，更不能谓为全盘西化”②。

第二，“根据文化上体用合一的原则，便显见得‘中学为体，西学为用’的说法不可通”。对此，他分析说：中学西学各自成一整套，各自有体用，不可生吞活剥，割裂零售。“西学之体搬到中国来决不会变成用，中学之用，亦决不能做西学之体”。因为“中学并非纯道学，纯精神文明，西学亦非纯器学，纯物质文化。西洋的科学或器学，自有西洋的形而上学或道学以为之体。西洋的物质文明亦自有西洋的精神文明以为之体。而中国的旧道德，旧思想，旧哲学，决不能为西洋近代科学及物质文明之体，亦不能以近代科学及物质文明为用”。当中国有独立自得的新科学时，亦会有独立自得的新哲学以为之体。除此以外，“以新酒旧瓶，旧酒新瓶之喻来谈调合中西文化的说法，亦是不甚切当易

---

①② 贺麟：《文化的体与用》，见汤一介、杜维明主编：《百年中国哲学经典》（三四十年代卷），301页，302页，深圳，海天出版社，1998。

滋误会的比喻”。①

第三，“根据精神（聚众理而应万事的自主的心）为文化之体的原则，我愿意提出以精神或理性为体，而以古今中外的文化为用的说法。以自由自主的精神或理性为主体，去吸收融化，超出扬弃那外来的文化和已往的文化”。对此，他反对“中国本位文化”的说法，他说：“我们无法赞成‘中国本位文化’的说法，因为文化乃人类的公产，为人人所取之不尽用之不竭的宝藏，不能以狭义的国家作本位，应该以道，以精神，或理性作本位。换言之，应该以文化之体作为文化的本位。不管时间之或古或今，不管地域之中或西，只要一种文化能够启发我们的性灵，扩充我们的人格，发扬民族精神，就是我们所需要的文化。”“所以我们真正需要的乃是有体有用的典型文化，能够载道显真，能够明心见性，使我们与永恒的精神价值愈益接近的文化。”“凡在文化领域里努力的人，他的工作和使命，应不是全盘接受西化，亦不在残缺地保守固有文化，应该力求直接贡献于人类文化，也就是直接贡献于文化本身。”②

贺麟的上述文化主张，即坚持“文化体用合一”的原则，用西方的哲学、宗教与艺术来充实、改造和发挥儒家思想的相应部分，将儒家思想转换为融合西方精神的现代儒学。但这种文化主张正如一些学者指出的，在一些具体主张上也还有不够圆融的地方，如“他一方面反对中体西用，一方面又主张‘华化西洋’，认为中国文化能否复兴的问题，中西文化的融合问题，本质上即是‘以儒家思想为体，以西洋文化为用是否可能的问题’。这亦似乎没有看到两者本质上的一致，没有认识到它与自己的‘文化

①② 贺麟：《文化的体与用》，见汤一介、杜维明主编：《百年中国哲学经典》（三四十年代卷），302～303页，303～304页，深圳，海天出版社，1998。

体用合一'原则的矛盾"①。

(二)"新心学"体系

贺麟根据精神为文化之主体的原则,着重对中国文化之体,即传统的精神文化进行改造。借助西方文化,"以体充体,以用助用",试图创建一个新文化体系,即他的"新心学"体系。

40年代是贺麟新心学思想的形成阶段。1940年,他发表了《五伦观念的新检讨》一文,开始提出新心学思想,后来又写了《儒家思想的新开展》、《宋儒的思想方法》、《自然的知行合一论》等文章,进一步丰富了他的新心学思想,随后他的论文集《近代唯心论简释》、《文化与人生》以及专著《当代中国哲学》相继出版,成为新心学体系的代表作。

贺麟提出的新心学思想是中国陆王心学与西方文化尤其是新黑格尔主义融合的产物。新黑格尔主义把"心"视为"绝对的实在",这与陆王心学"吾心即宇宙"的思想相近。贺麟把二者结合起来,提出了"心为物之体,物为心之用"的本体论思想。贺麟认为,事物的客观实在性应当通过"心"的实在性得到说明,而"心"又分为"心理意义的心"和"逻辑意义的心"。他说:

> 心有二义:一、心理意义的心;二、逻辑意义的心。逻辑的心即理,所谓"心即理也"。心理的心是物,如心理经验中的感觉幻想梦呓思虑营为,以及喜怒哀乐爱恶欲之情皆是物,皆是可以用几何方法当作点线面积一样去研究的实物。……逻辑意义的心,乃一理想的超经验的精神原则,但为经验行为知识以及评价之主体。此心乃经验的统摄者,行为的主宰者,知识的组织者,价值的评判者。自然与人生之可以理解,之所以有

---

① 赵德志:《现代新儒家与西方哲学》,130～131页,沈阳,辽宁大学出版社,1994。

意义，条理，与价值皆出于此心即理也之心。①

贺麟从“心”这一范畴引申出“理”的范畴：心是主体性范畴，与感觉经验、主观意志、情感欲望有关；理是客观性范畴，表示精神实体的普遍性、恒常性，带有纯粹的性质。而“心”与“理”二者是统一的，心即是理，理亦是心，“理是心的一部分，理代表心之灵明部分。理是心的本质，理即本心”②。并由此得出结论：合心而言实在，合理而言实在，合意义价值而言实在。换言之，心外无物，理外无物，不合理性、不合理想、未经思考、未经观念化的无意义、无价值之物，均非真实可靠之物或实在。所以心与物的关系是不可分的整体，是一体之两面。“为方便计，分开来说，则灵明能思者为心，延扩有形者为物。据此界说，则心物永远平行而为实体之两面。心是主宰部分，物是工具部分。心为物之体，物为心之用，心为物的本质，物为心的表现。故所谓物者非他，即此心之用具，精神之表现也。”③

贺麟还以“理”这一概念解释事物的客观规定性、本质规定性以及时空规定性。关于事物的客观规定性，他说，“一物之色相意义价值之所以有其客观性，即由于此认识的或评价的主体有其客观的必然的普遍的认识范畴或评价准则”④，即由于“理”这一普遍的认识范畴，赋予了事物的客观性。关于事物的本质规定性，他认为来自“理”或“性”。他说：“性（essence）即事物之真实无妄的本质，亦即事物之精华。凡物有性则存，无性则亡。……性为代表一物之所以然及其所当然的本质，性为支配一物之一切变化与发展的本则或范型。”⑤“而性即理，心学即理学，

①②③④⑤ 贺麟：《近代唯心论简释》，见方克立、李锦全主编：《现代新儒家学案》，中册，290～291、297页，291～292页，290页，292页，北京，中国社会科学出版社，1993。

亦即性理之学。”①关于事物的时空规定性问题，他说：“时空是自然知识和自然行为所以可能的心中之理或先天标准。”②

心与理的关系是中国传统哲学程朱派与陆王派争论最激烈的问题之一。程朱派把理作为最高范畴，视“心”为“形而下”；陆王派把心作为最高范畴，认为“心即理”。贺麟采用西方现代哲学的思维方式，重申了陆王的“心学”，同时承袭了黑格尔、康德等的唯心主义思想以及柏拉图的“理念论”，形成了他自己的“心理合一”的本体论。

认识论问题主要是说明知和行的关系问题，不同的派别有不同的回答。贺麟提出了“知行同是活动”、“知行自然合一”、“知主行从”等命题，形成了他的“自然的知行合一观”。什么是知和行？贺麟说：

> 知指一切意识的活动。行指一切生理的活动。任何意识的活动，如记忆、感觉、推理的活动，如学问思辨的活动，都属于知的范围。任何生理的动作，如五官四肢的运动固属于行，就是神经系的运动，脑髓的极细微的运动，或古希腊哲学家所谓火的原子的细微运动，亦均属于行的范围。
>
> 行是一种活动，知也是一种活动。行是生理的，或物理的动作。知是意识的，或心理的动作。知行虽是两种性质不同的活动，但知与行皆同是活动。因此我们不能说，行是动的，知是静的，只能说行有动静，知也有动静。③

贺麟还认为知和行是有等级的，他借用心理学的两个概念——“隐”和“显”来判别知和行的等级，即显知和隐知、显行和隐行，二者之间只有量的、程度的不同，没有本质的差别。

贺麟在什么是知、什么是行的问题上，承袭了王阳明“只要

---

①②③ 贺麟：《近代唯心论简释》，见方克立、李锦全主编：《现代新儒家学案》，中册，293页，298页，300页，北京，中国社会科学出版社，1995。

一念发动之处便是行”的唯心主义思想，混淆了知和行的界限，认为“知行同是活动”，没有原则区别。

关于知和行的关系，贺麟在“知行同是活动”的基础上，又提出了“知行永远合一”的命题。他说：“任何一种行为皆含有意识作用，任何一种知识皆含有生理作用。知行永远合一、永远平行、永远同时发动，永远是一个心理生理活动的两面。”“此种知行合一观，人们称为‘普遍的知行合一论’，亦可称为‘自然的知行合一论’。一以表示凡有意识之伦，举莫不有知行合一的事实，一以表示不假人为，自然而然即是知行合一的事实。”①贺麟的知行平行说，貌似二元论，但贺麟很快将知行关系纳入中国哲学的体用范畴，于是知和行变成了主从关系。他说：

> 知者永远决定行为，故为主。行永远为知所决定，故为从。人之行不行，人之能行不能行，为知所决定。盖人决不能做他所绝对不知之事。人之行为所取的方向，所采的方法，亦为知所决定。②

上述贺麟的“知主行从”的命题，与其“知行平行”说是相矛盾的。对此，贺麟用“逻辑在先”的说法作了补充。他说：“知者永远决定行为，故为主。行永远为知所决定，故为从。……就是说知为行之内在的推动原因，知较行有逻辑的先在性。”③

贺麟的“知行观”，坚持了王阳明“知是行的主意，行是知的工夫”的知主行从说，同时，又引进了一些西方近代心理学的理论，形成他的“自然的知行合一观”。

综上述，贺麟借用西方文化“以体充体，以用助用”的哲学创造活动，就是谋求注重逻辑认知的西方哲学与注重道德良知的陆王心学的结合。他以西方哲学中有关逻辑的主体观念来诠释

①②③　贺麟：《近代唯心论简释》，见方克立、李锦全主编：《现代新儒家学案》，中册，304页，309页，309页，北京，中国社会科学出版社，1995。

儒家的心性学说，试图实现对东西方科学与人文精神的会通与融合，其目的是将儒家思想转换为融合西方精神的现代儒学。

四、“道论”与“知识论”——金岳霖对东西方科学、人文之会通

金岳霖（1895～1984年），字龙荪，湖南长沙人，幼小在家接受传统教育，熟习四书五经。1911年入北京清华学堂。1914年由清华学堂派往美国公费留学，攻读政治思想史，博士论文为《论格林的政治思想》。T. H. 格林不仅是一位政治家，而且是当时英国新黑格尔主义首领人物，在哲学上也很有造诣。金岳霖由读格林的政治思想接触到他的哲学，并由此引发了他对哲学的兴趣。1920年，金岳霖在哥伦比亚大学获政治学博士学位后，于1922年到伦敦进修。英国是经验论的故乡，培根、霍布斯、贝克莱、洛克、休谟等经验哲学大师都曾长期在这里生活和讲学，休谟的经验哲学曾对他产生影响。除经验论者休谟外，还为金岳霖称道的是逻辑实证主义者罗素。罗素哲学强调逻辑分析，对金岳霖产生重大影响。金岳霖与格林哲学分手并成为新实在论者，大概就是这个时候。1926年金岳霖回国，在清华大学执教。1931年金岳霖到美国进修一年，利用此次机会在哈佛大学学习了逻辑。30年代以后，金岳霖一边执教，一边从事哲学研究，先后完成《逻辑》、《论道》、《知识论》等书，成为中国近代东西方科学与人文精神会通的重要学者。

（一）新实在主义对金氏之影响

20世纪初，西方科学主义思潮狂飙突起，金岳霖深受影响，

正如他自己所说:“我受了时代的影响,注重归纳,注重科学。”① 由于休谟和罗素的影响,金岳霖的兴趣转向哲学,又由于当时英美哲学的新实在论思潮,以及分析哲学、逻辑实证主义的影响,金岳霖的哲学基本属于新实在主义和逻辑分析哲学的方向。

对于新实在论,金岳霖被称为“清华学派”人物之一。所谓“清华学派”具体指30年代以清华哲学系的同仁为主的学者团体,主要人物有冯友兰、金岳霖、张申府、邓以蛰、沈有鼎、张岱年等人,因他们都在不同程度上受到新实在论的影响,都十分重视逻辑分析方法,被称为“清华实在论学派”。正如冯友兰说:“在战前,北大哲学系的传统和重点是历史研究,其哲学倾向是观念论,用西方哲学的名词说是康德、黑格尔派,用中国哲学的名词说是陆王。相反,清华哲学系的传统和重点是用逻辑分析方法研究哲学问题,其哲学倾向是实在论,用西方哲学的名词说是柏拉图派,用中国哲学的名词说是程朱。”②又如孙道升在《现代中国哲学界之解剖》一文中说:“金先生的头脑简直是西洋的,其分析法运用之娴熟精到,恐怕罗素见了也得退避三舍。有人称他为中国的 G. E. Moore,实非过誉。——其思想之深刻,分析之细密,措辞之谨严,不但中国的哲学出版物中少有其匹,即求之西洋哲学的出版物中亦不多见。”③

20世纪二三十年代,金岳霖先后发表《唯物哲学与科学》、《休谟知识论的批判》、《外在关系》、《内在关系与外在关系》、《知觉现象》、《论事实》、《关于真假的一个意见》、《论手术论》等文,都表明其新实在论的唯实哲学立场。如在《唯物哲学与科学》一文中,金岳霖认为:“唯物哲学与唯心哲学,从科学方面看起来,

① 金岳霖:《论道》,4页,北京,商务印书馆,1985。

② 冯友兰:《中国哲学简史》,370页,北京,北京大学出版社,1994。

③ 孙道升:《现代中国哲学界之解剖》,载《国闻周报》,第12卷(45),1935。

没有很大的分别，唯心哲学不能产生科学，唯物哲学也不能产生科学，而与科学有密切关系的不是唯物哲学，是唯实哲学。”关于科学与唯实哲学的关系，他说：

> （一）唯实哲学所注意的是“实”不是物。桌子可以说是实，也可以说是物；时间可以说是实，很难说是物，唯物哲学在理论上的很难的问题，在唯实哲学就不很难。（二）唯实哲学的事实问题，就是科学的问题，唯实论承认宇宙多元，所以用不着造成一种理论上有先后的思想。比方说心与物，二者同是事实，用不着理论上的此先彼后，而它们的题材就是心理学与物理学的题材。所以唯实哲学的事实问题，就是各种科学的问题。（三）既然这样，用得着唯实哲学吗？这问题看是对什么人发的。世界上似乎有很多的哲学动物，我自己也是一个，就是把他们放在监牢里做苦工，他们脑子里仍然是满脑子的哲学问题，对于这样的人，哲学是非常有用的。就是学科学的人也用得着哲学，学一种科学的人或者用不着；学两种科学的人，就觉得有许多问题不在这两种科学范围之内，如果他要研究，就到了哲学范围了。从科学本体看起来，所用的哲学，是唯实哲学。各种科学里面，均有不能证明，不能否认而时常使用的概念，这种概念有分析条理之必要，而唯实哲学就是最能分析、最能条理这种概念的哲学。①

对于新实在论，最具代表的是他的《论道》和《知识论》著作，这两部著作把西方“科学的方法”引入中国哲学的创新之中。

① 金岳霖：《唯物哲学与科学》，见杨书澜编：《金岳霖学术文化随笔》，104～105页，北京，中国青年出版社，2000。

(二)《论道》和《知识论》

《论道》一书，金岳霖从新实在论的立场出发，通过对道、式、能、现实、共相、时空、存在、"无极而太极"等几个哲学范畴的分析，建立了一个完整的形上学体系。

金岳霖在第一章首先提出道、式、能这三个概念，他认为，现存的世界是一个无观的本然世界。"无观"即是说现存的世界不以任何生物类对它的认识为转移，它是纯粹的独立实在。而这个独立实在即现存世界不是由各种物体机械地堆起来的总和，现存世界是处在有规律的、不断运动着的发展过程之中，这个总的过程和总的规律就是"道"。他说，这个"道"指宇宙以及人对宇宙的理解，"是哲学上最上的概念和最高的境界"。然而仅用"道"这个范畴并不能解释世界，于是金岳霖对现存世界又加以逻辑分析，抽象出两种最基本的成分，这就是"能"和"式"，"式"又叫做"可能"。① 所以"道"的基本内容就是"能"和"式"。什么是"能"？金岳霖对"能"有如下规定：能不是普通的所谓东西，也不是所谓普通的事体；"能是构成万物的材料"②，一切事物都以能为构成的材料，都有能，但"能"不是万事万物。它本身无所谓性质；能不是具体的事物，无所谓存在，它是超时空的实在，它无生灭，无新旧，无加减，无始终；能总在活动；能不是独立存在的本体，要受到"式"的制约，它只能在"式"的范围内活动，他常用"×"这一符号表示能。什么是"式"？金岳霖对"式"的规定说：

---

① 关于"可能"，金岳霖解释说，"可能是可以有而不必有'能'的'架子'或'样式'；一部分是普通所谓空的概念，另一部分是普通所谓实的共相"(见《论道》第21页)。即可能界由两部分组成，一部分是未见于现实世界的空概念，另一部分是见于现实世界中的共相。式是无所不包的可能，是可能界的总体。

② 金岳霖：《论道》，15页，北京，商务印书馆，1985。

式是理性的范畴，式可以用概念来表述；式常静，式是静态的架子或样式，本身没有能动性；式可以单独的有，式是永恒不变的实在，无论进入现实世界还是退出现实世界，“它老‘有’，它老‘是’；式是规定各种事物的纯理；式无二，即式外无式”。总之，式与能构成一对范畴，二者既有联系又有区别，“无无式的能”，“无无能的式”。这里金岳霖所说的“式”和“能”相当于程朱理学所谓的“理”和“气”，也就是亚里士多德的形式和质料。金岳霖认为，能是现存世界的材料本质，式是现存世界的形式本原，二者缺一不可，只有二者结合起来，才能构成现存世界，二者相结合的过程就是道，从而形成“道—能—式—道”的本体论系统。

接着金岳霖讲了从“可能”到现实的历程。什么是现实？金岳霖认为“能有出入”，一个“式”在还没有“能”套进去的时候，它仅是一个空套子，只是一个“可能”。必须有“能”套进去，“可能”与“能”相结合，这个“式”才成为现实。他在《论道》第二章第一条说：“可能之现实即可能之有能”，即所谓现实的意义。又说：“可能仅是可以有‘能’，它不必有‘能’；若有‘能’，则有‘能’的可能不仅是可能，而且是普通所谓‘共相’。”“可能”转化为“共相”，就意味着现实世界中出现某类事物。关于共相与个体的关系，金岳霖认为，由式转化而来的共相是不可能独立存在的，要通过现存世界中的个体事物体现出来。他在第三章“现实的个体化”第九条中说：“共相是个体化的可能，殊相是个体化的可能底各个体。”只有个体化的可能才可以转化为共相，没有个体化的可能不能称其为共相。尽管共相不能独立存在，但它是实在的。他说：

> 普通所谓共相是各个体所表现的、共同的、普遍的“相”；或从文字方面着想，相对于个体，共相是谓词所能传达的情形；或举例来说，“红”是红的个体底共相，“四方”是四方的个

> 体底共相等等。共相是哲学里的一个大问题，尤其是所谓共相底实在问题。……共相当然是实在的。相对于任何同一时间，可能可以分为两大类：一是现实的，一是未现实的。未现实的可能没有具体的、个体的表现，它根本不是共相；因为所谓"共"就是一部分个体之所共有，未现实的可能，即未现实，不能具体化，不能个体化，本身既未与个体相对待，所以也无所谓"共"。如果世界上没有个体的鬼，"鬼"不是共相；七十年前没有一个一个的飞机，"飞机"在那时候仅是可能，不是共相，现在既有个体的飞机，"飞机"不仅是可能，而且是共相。……共相当然实在，不过它没有个体那样的存在而已。一方面它是超时空与它本身底个体的，另一方面它既实在，所以它是不能脱离时空与它本身底个体的。①

在三四十年代，关于共相的讨论是中国哲学界都十分关心的议题，特别是共相的存在问题。冯友兰主张共相先个体而"潜存"，认为未有飞机已有飞机之理。金岳霖对于这个问题作了进一步的分析，指出：共相是现实的，现实必然个体化，而共相又不是一个一个的个体。一个一个的个体是殊相，殊相必然在时间空间中占有一定的位置。共相不是殊相，不在时间空间中占有一定的位置，它超越殊相和时空。就这一方面说，它是Transcendent。但共相又不能完全脱离殊相，如果完全脱离，那就只是一个可能，而不是现实的了。就这方面说，共相又是Immanent，这种情况就是所谓"一般寓于特殊之中"。经过这样的分析，不但当时争论的问题得到了解决，理学中关于"理在事上""理在事中"的争论也成为多余的了。② 关于共相与个体的关

---

① 金岳霖：《论道》，67页，北京，商务印书馆，1985。

② 冯友兰：《中国现代哲学史》，191页，香港，中华书局有限公司，1992。

系，金岳霖在一定程度上揭示了二者之间的辩证关系，尤其是没有把共相设想为单个的存在物。但金岳霖的共相是从式演化而来，而不是从个体抽象出来，还没有说明共相寓于个体的道理。

金岳霖在《论道》一书中，从论证本体论入手，经由现实界、存在界三个层次说明现存事物何以存在之后，进而对宇宙发展变化的总规律、总趋势、总过程作了解释，金岳霖称之为“道”，又叫做“无极而太极”。他在第八章“无极而太极”中说：

> 道无始，无始底极为无极。道无始，所谓无始就是说无论把任何有量时间以为道底始，总有在此时间之前的道；或者说从任何现在算起，把有量时间往上推，推得无论如何的久，总推不到最初有道的时候。……这极是极限的极，是达不到的极。它虽然是达不到的，然而如果我们用某种方法推上去，无量的推上去，它就是在理论上推无可再推的极限，道虽无有量的始，而有无量地推上去的极限。我们把这个极限叫作无极。①

关于“太极”，金岳霖在第八章也做了如下说明。第十三条：“道无终，无终底极为太极”；第十四条：“太极为未达，就其可达而言之，虽未达而仍可言”；第十五条：“自有意志的个体而言之，太极为综合的绝对的目标”；第十六条：“太极为至，就其为至而言之，太极至真，至善，至美，至如”；第十七条：“太极为极，就其为极而言之，太极非式而近乎式”；第十八条；“居式由能，无极而太极”；第十九条：“无极而太极，理势各得其全”；第二十条：“就此而言之，无极而太极为宇宙”；第二十一条：“太极绝逆尽顺，理成而势归，就绝逆尽顺而言之，现实底历程为有意义的程序”；第二十二条：“无极而太极是为道”。②以上是金岳霖对宇宙从可能到现实的历程所作的总说明，从而构成一个完整的形而上学哲

①②　金岳霖：《论道》，178页，194～203页，北京，商务印书馆，1985。

学体系。冯友兰称金岳霖的本体论哲学体系是中国哲学近代化时期的“新理学”。他说：“道学的主要两个派别，是理学和心学。在哲学中本来有这两个派别。在西方哲学中，柏拉图、亚里士多德是理学的代表人物，康德、黑格尔是心学的代表人物。中国哲学史近代化时期，也有这样的两派，本书称之为新理学和新心学。新理学的一代表人物是金岳霖。”①

金岳霖的本体论体系，以唯实论为基础，以逻辑学家的眼光看宇宙，对道的逻辑论证十分严密，具有很高的思辨性。他强调宇宙的有序性、逻辑性，力图为科学的研究建立一个坚实的哲学基础，这是他哲学思想中的积极成分。但他用形式逻辑方面的具体思维规律取代世界的最一般规律，把形式方面的逻辑联系看成是客观世界的一般联系，即把形式逻辑的规律和思维的抽象作用绝对化，导致他本体论体系的局限性。

《知识论》是金岳霖探讨知识体系的一部著作。他说：“本书底主旨是以经验之所得还治经验，或以得自官觉者还治官觉。知识者实在是以所与摹状所与，在多数所与中抽出意念以为标准，然后引用此标准于将来的所与，以为接受将来的所与底方式。”金岳霖围绕这一主旨，系统地论述了知识的来源、意念在知识形成过程中的作用、知识可靠性的依据、衡量真假的标准等问题，构成了他的知识论学说体系。

关于知识的来源，金岳霖认为外物是知识的来源，外物是独立的客观实在，不以认识者的认识为转移。他说，“在实在主义底立场上，‘有独立存在的外物’是一个无可怀疑的命题”②，“本

① 冯友兰：《中国现代哲学史》，181页，香港，中华书局有限公司，1992。

② 金岳霖：《知识论》，119页，北京，商务印书馆，1983。

书直接承认这一命题”①。金岳霖认为感觉经验是“知识的大本营”,他把感觉提供的资料叫“所与”,即“所与是客观的呈现”。金岳霖把他的这一观点称做“呈现说”。关于知识的形成,金岳霖认为,“所与”只是知识的来源,“所与”本身还不是知识,还必须纳入“意念”结构才能形成为知识,即“纳所与于意念图案”。金岳霖解释说,意念对所与的收容与应付表现在两个方面②,一是“摹状”,一是“规律”。“所谓摹状,是把所与之所呈现,符号化地安排于意念图案中,使此所呈现的得以保存或传达”③,这叫做“符号的安排”;“所谓规律,是以意念上的安排,去等候或接受新的所与”,这里的“规律”即“规范”的意思。关于知识的可靠性问题,金岳霖进一步提出思议原则与归纳原则,来为知识的可靠性作“理论上的担保”。所谓思议原则,指形式逻辑中的同一律、排中律和矛盾律。他认为“同一、排中、矛盾三原则”,“是摹状底摹状和规律底规律”,任何意念离开它们都不能发挥摹状与规范所与的作用。金岳霖认为,本体界中的“能”是现存世界材料方面的本原,“式”是形式方面的本原,两者的结合构成世界事物的生灭变化,而“式可以说是逻辑的本身。普通所谓逻辑常相似乎只是表示逻辑的工具而已”。事实上,同一、排中、矛盾三思议原则根基于本体界的“式”,具有先天的有效性,依据思议原则而成立的意念也就获得“理论上的担保”,所以,以意念为工具收容与应付所与而形成的知识是靠得住、没问题的。金岳霖认为,知识形成以后,以意思或命题的形式保存下来,并组成复杂的理论体系。那么,什么是衡量意思或命题真假的标准呢?金岳霖首先将迄今为止有代表性的真理论归纳为四种,即融洽说、有效说、

①③ 金岳霖:《知识论》,121页,356页,北京,商务印书馆,1983。

② 金岳霖认为“所与是客观的呈现”,但所与还不是知识,还必须加工,这就叫“所与的收容与应付”。“收容”即知识者把“所与”转化为知识的内容,“应付”即知识者根据得到的知识采取的行动。

一致说、符合说。所谓“融洽说”，即认为真知识应当同“总体经验”相融洽，是一种整体主义的观点；所谓“有效说”，即判断者的假设与所断定的事实相符合；所谓“一致说”，即指某一命题与多数命题之间无矛盾；所谓“符合说”，即指唯物论的反映论观点。然后提出：“本书以符合与否为真假底定义，以融洽，有效，与一致，为符合底标准。”①凡是符合“固然的理”就是真命题，否则就是假命题。

金岳霖的“知识论”是一个结构谨严、精密、思辨力极强的理论体系，正如一些学者指出的，“是朴素实在论和康德认识论的创造性综合。《知识论》区别了感知内容和感知对象，认为感知对象独立存在于感知内容之外。《知识论》又认为，感知内容就是感知对象的性质。这是《知识论》中的朴素实在论内容。岳霖师非常了解休谟所提出的问题，也非常了解休谟哲学的缺点。为了要维护归纳法的正确性和科学知识的可靠性，他提出了普遍性和抽象性的概念具有摹状性和规范性，提出了范畴（概念）和归纳原则的先验性。这里就是吸取了康德认识论的合理内容。《知识论》以朴素实在论去纠正康德认识论的缺点，又用康德范畴的先验性去纠正朴素实在论之不足”②。冯友兰指出，“金先生的《知识论》，可算是一部技术性高的哲学专业著作”；金先生“是分析学派当之无愧的领袖”。③ 尽管金岳霖的一些观点不为我们所同意，但他对东西文化的会通，尤其是把西方“科学的方法”引入中国的哲学之中，以弥补中国传统哲学的不足，无疑是做出了贡献。

---

① 金岳霖：《知识论》，931页，北京，商务印书馆，1983。

② 周礼全：《金岳霖学术论文选·序》，北京，中国社会科学出版社，1990。

③ 冯友兰：《怀念金岳霖先生》，载《哲学研究》，1986(1)。

五、“仁”与科学
——张申府对东西方科学、人文之会通

张申府(1893～1986 年),原名张崧年,字申府,河北献县人。1913 年考入北京大学预科,1917 年北京大学毕业,留校讲授逻辑和数学。1930 年至 1936 年,任职清华大学哲学系教授,此外还曾在广州大学、暨南大学、中国大学任教授。在思想上,张申府由于受罗素哲学的影响,由数学转向哲学,成为中国最早介绍和宣传罗素哲学的一位学者。张申府试图将罗素的分析哲学与中国文化结合,提出了仁与科学会通的思路。主要著作有《所思》、《张申府学术论文集》、《罗素哲学译述集》、《思与文》等等。

(一) 罗素的新实在论与分析哲学

罗素(Bertrand Russell,1872～1970 年),英国著名哲学家。他在哲学领域内的主要贡献是将科学的逻辑分析方法运用在哲学中,开创了 20 世纪分析哲学的传统。罗素的哲学素以善变著称,前后期的哲学思想之间有着明显的差异,即他从新实在论向中立一元论分析哲学的转变。

罗素发表的第一部哲学著作是 1912 年的《哲学问题》,此书是罗素试图用逻辑分析方法来分析和解决传统的哲学问题(即我们究竟该如何得到关于外物的知识这样的问题)。在这本书里,罗素虽然认为我们不能直接地认识或达到外在世界,但是我们却可以借助于感觉内容或感觉材料而间接地达到或认识外在世界。我们虽然不能直接地认识外在世界,但是外在世界的实在性是不能否认的。可见,罗素在《哲学问题》中所表现出来的是新实在论的哲学立场,即他既承认感觉经验的实在性,也同时

承认一般的东西或共相的实在性。《哲学问题》要解决的是我们究竟如何获得关于外在世界的知识问题。外在世界不能直接达到，我们只能通过自己的感觉经验间接地达到。但是问题在于，我们通过自己的感觉经验所构成的关于外物的知识是不是关于外物的知识这一点，在他的新实在论的哲学立场上是永远不可能得到证实或证明的，这就迫使罗素不得不放弃了新实在论的哲学立场。1921 年他在《心的分析》一书中，抛弃了“感觉材料”说，提出了他所谓的“事素”(event)说，其哲学思想完全转变到中立一元论的哲学立场上来。① 为了说明这个问题，罗素从一张桌子讲起。他指出，一张桌子，大家虽然都可以看得见，但是仔细地追究起来，却可以说没有看见这样的桌子。为什么呢？因为大家看这张桌子时的角度和观点不一样，所以所看到的桌子的形状和颜色也就不一样。罗素将这种能够由观察者直接看到的关于桌子的种种叫做现象的桌子。这些所看到的桌子是不同的桌子，还是同一张桌子所呈现的不同的外观？用哲学的术语说就是，我们所看到的桌子是桌子的现象，桌子的现象是由桌子的实体所表现出来的。罗素通过这样的分析，就得出了解决这两个问题的态度，这就是：一、并没有桌子的“实体”这样的东西，所有的只是颜色、形状、质料等等这样的现象；二、桌子的“实体”是有的，它与我们所看到的桌子是不一样的，这是我们所看到的桌子的存在的原因。罗素将桌子划分成现象和实体这两种存在的形式，并提出两种解决的态度之后，紧接着指出，从前的科学和哲学都以为作为实体的桌子是有的，近来的科学家和哲学家都以为桌子就是这些看到的现象，在现象之外再没有什么实体之类的东西，所以用不着再去假定那些看不到、听不见、摸不着

① 胡军：《分析哲学在中国》，65～66 页，北京，首都师范大学出版社，2002。

的什么实体之类的东西了。这样的实体是人们出于对有永久性的东西的期待，然而期待永久性的东西的观念是错误的，世界上最真的莫过于暂时的存在。罗素指出，宇宙中最根本的东西不是什么心，也不是什么物，而是“事素”，这种哲学立场名之为“中立一元论”。具体说来，所谓的桌子就是那些所有关于桌子的事素合成。可见，罗素反对把现象和本质分离开来的做法，在他看来，所谓本质，不过是暂时的种种现象放在一处，照了论理的法则，来组成一种东西。①

如上所述，不管罗素是采取新实在论的立场，还是采取中立一元论的立场，但他始终没有放弃分析和处理认识主体和外在实在的关系问题，始终没有否认外在世界的客观实在性。罗素哲学对中国产生过重大影响。1920 年 9 月，罗素应中国尚志学会、北京大学、新学会、中国公学等团体的邀请，在中国讲学。讲演的主要内容可以概括为五大系列：“哲学问题”、“心的分析”、“物的分析”、“数学逻辑”和“社会结构学”。所讲的主题内容就是通过对主观唯心论、客观唯心论和神秘唯心论的批判，强调科学的方法在哲学领域中的运用，而所谓的科学方法就是逻辑分析方法，即运用逻辑分析方法来分析和解决传统哲学中的一系列问题。罗素来华，在中国社会的各个方面都产生强烈反映，《新青年》、《东方杂志》、《民铎》、《改造》、《晨报》等也都以显著位置对罗素进行了很有力度的宣传和介绍。据罗素本人回忆，中国听众的“求知欲望非常强烈，他们聆听演说时就像饥饿者面对盛宴一样”。

三四十年代，罗素哲学在中国哲学界已经渐渐扎下根，产生了一些比较成熟的哲学家，出现了一批很有水准的分析哲学著

① 胡军：《分析哲学在中国》，68～69 页，北京，首都师范大学出版社，2002。

作，如前面所述冯友兰的《新理学》、金岳霖的《知识论》等；而张申府也是其中一位名副其实的罗素哲学研究专家，其一生都受罗素哲学的影响。在五四运动前后，张申府致力于介绍罗素和罗素的思想，翻译罗素的文章，称罗素的数理逻辑是哲学里的科学法，是哲学中理性的、科学的极致。三四十年代，张申府仍然能够撰写大量关于罗素的文章，在肯定唯物辩证法真理价值的同时，承认形式逻辑的科学意义，被称为“中国研究罗素学说最有成绩的人”。

（二）“解析的辩证唯物主义”

张申府受罗素哲学的影响，认为逻辑解析是哲学里的科学方法，其思维特色是“辩而通”；同时，他又推崇唯物辩证法，认为唯物辩证法是“方法的方法”，是“活而通”，两者结合起来，可以解决知识的“全”与“分”的问题。他的这一思想被称为“解析的辩证唯物主义”。①

张申府认为罗素的最大贡献就是数理逻辑，数理逻辑或逻辑解析是哲学里的科学方法。他认为哲学里逻辑解析的对象有三种：一是字或名词，二是句子或命题，三是学问的系统。他说：“以字为对象的，目的在得于字的解析的界说，以句子为对象的目的在找出句子的切实意谓，以学问为对象的，目的则在组成逻辑的系统，显明其所据。解析的界说，切实的意谓，意思也都在还元于直接经验上。……所以也可说逻辑解析就是由逻辑到经验，法似抽象，而其实，找的是具体。”②张申府进而认为，逻辑解

---

① 张申府在翻译罗素的分析哲学时，把 analysis 这一概念翻译为“解析”，而不是“分析”，他认为“解析”更符合逻辑。见郭一曲：《现代中国新文化的探索——张申府思想研究》，41 页，广州，广东人民出版社，2002。

② 张申府：《解析的解析》，见《张申府学术论文集》，84 页，济南，齐鲁书社，1985。

洋文明,自古及今,最大的特色,一言以蔽之,不外乎逻辑。逻辑普通分为两部。古代开始有演绎,近代开始有归纳。但是归纳影响人生,尤在它的产物,现在人人都晓得了的科学便是。”①

对于中西文化,张申府认为西洋文明的要义是战胜自然,中国文明的要义在与自然调和,但两者并不是不相容的,在思想方法上是可以互补的,“一与通是东方哲学之特长,多与析则西方哲学之所擅”,从而提出“辩证综合”的文化建设思路。张申府相信,东方文化的最大贡献是“仁”,西方文化的最大贡献是“科学法”,而唯物辩证则代表未来世界文化,这三者应合而为一。他说:“我始终相信,孔子、列宁、罗素,是可合而一之的。……孔子表示最高的人生理想,由仁、忠、恕、义、礼、智、信、敬、廉、耻、勇、温、让、俭、中以达的理想。罗素表示最进步的逻辑与科学,尤其是数理逻辑,逻辑解析,科学法与科学哲理。列宁表示集过去世界传统最优良成分的一般方法,即唯物辩证法与辩证唯物论,以及从一个实际角落来实践最高的人生理想的社会科学。”②

综上所述,40年代,张申府努力会通中西,融贯古今,想创造一个新的哲学体系,从而反映了张申府在文化主张上的“全球意识和本根意识的统一,深厚的历史感与强烈的时代精神的一致”③,但由于种种原因没有成功。

张申府是最早参与创建中国共产党的成员之一,同时,20世纪50年代以前,张申府在学术界、社会活动界也是一个耳熟能详的名字。但是,1948年9月,张申府因《呼吁和平》一文,政治

① 张申府:《非科学的思想》,《张申府学术论文集》,76页,济南,齐鲁书社,1985。

② 张申府:《思与文》,见郭一曲:《现代中国新文化的探索——张申府思想研究》,99页,广州,广东人民出版社,2002。

③ 郭一曲:《现代中国新文化的探索——张申府思想研究》,广州,广东人民出版社,2002。

地位从此垮塌，此后，“张申府”也被湮没，被遗忘。①

六、“自成系统的哲学”
——张东荪对东西方科学、人文之会通

张东荪（1886～1973年），字圣心，浙江杭州人（一说江苏吴县人）。1904年官费留学日本，入东京帝国大学攻读哲学。1911年回国，辛亥革命后，曾任上海《时事新报》主笔。20年代以后，专门从事哲学研究，曾任燕京大学等多所大学教授，是中国现代史上著名的哲学家。张东荪是一位知识分子、学者，但“又不能忘情于政治”，因此，一生屡遭磨难。国民党时代，他曾作为“学阀”被通缉。抗战期间，被日本宪兵关入大牢，“曾受过敌人的引诱与苦刑，而不变其节操”。20世纪50年代初，他因“叛国罪”退出社会政治生活，1968年1月，在82岁高龄时被捕，终难再逃牢狱之灾，并至死未恢复自由。张东荪一生著译颇丰，影响甚大，主要代表作有《科学与哲学》、《新哲学论丛》、《道德哲学》、《认识论》、《知识与文化》、《思想与社会》、《理性与民主》等。

（一）对西方文化的介绍

张东荪对西方文化的介绍，是从西方哲学入手的。张东荪认为，输入西方文化不应仅仅是引进西方自然科学，而尤应引进西方哲学。他说：“要起中国的沉疴非彻底输入西方文化不可。所谓输入西方文化自然是指科学而言，然而输入科学却非先改变做人的态度不为功。所以输入科学而求其彻底，则非把科学的祖宗充分输入不可。科学的祖宗非他，西洋哲学便是。……

① 郭一曲：《现代中国新文化的探索——张申府思想研究》，11页，广州，广东人民出版社，2002。

我们介绍科学不求彻底则已，如其要彻底，则非充分介绍哲学不可。”①

张东荪早年留学日本时，专攻哲学，有着深厚的哲学功底，从20年代开始，便把精力放在介绍西方的哲学上。如他的《哲学ABC》(1929年)、《新哲学论丛》(1929年)、《哲学》(1931年)、《道德哲学》(1933年)等著作的大部分是用来介绍西方哲学的；他的《精神分析学ABC》(1929年)、《现代哲学》(1934年)、《价值哲学》(1934年)、《近代西洋哲学史纲要》(与姚璋合编，1935年)、《伦理学纲要》(1936年)等著作，更是专门介绍西方哲学的著作。同时，他还直接翻译了柯尔的《社会论》(1922年)，柏格森的《物质与记忆》(1923年)、《创化论》(1922年)以及《柏拉图对话集六种》(1933年)等西方哲学典籍。②

张东荪对西方哲学的介绍，不仅把握准确、深刻，而且十分广泛，从古希腊哲学到近代经验论和唯理论哲学，从康德、黑格尔哲学到新康德主义，从启蒙哲学到现象学，从实用主义到生命哲学，从叔本华、柏格森到杜威，他无不涉猎。1935年，郭湛波在他的《近五十年中国思想史》一书中，称张东荪是“输入西洋哲学方面最广、影响最大的人”③。如他对实用主义哲学的介绍就很具代表性。实用主义是20世纪初期在欧美思想界影响很大的一种哲学思潮，本章前面已述，其代表人物是美国的皮尔士、詹姆斯、刘易斯和杜威等人。五四时期，杜威来华讲学，实用主义哲学在中国得到空前传播。1919年和1922年，胡适先后写《实验主义》和《五十年来之世界哲学》，成为介绍实用主义哲学

① 张东荪：《初学哲学之一参考》，《东方杂志》，第23卷1号，1926年1月10日。

② 张耀南：《知识与文化——张东荪文化论著辑要·前言》，4页，北京，中国广播电视出版社，1995。

③ 郭湛波：《近五十年中国思想史》，183页，北平人文书店，1936。

的代表作。张东荪对实用主义哲学的介绍与胡适不同，胡适偏重于杜威的实验主义，而且主要是偏重于方法论的介绍，张东荪则把介绍的重点放在实用主义的哲学义理上。1923 年 8 月，张东荪在《东方杂志》上连载《唯用论在现代哲学上的真正地位》长文，系统考察了实用主义哲学的产生、演变和发展历程，不仅对杜威的观点作了介绍，而且对詹姆斯和席勒的哲学思想也作了阐述；不仅介绍了实用主义的方法论，而且介绍了实用主义的本体论和认识论。他介绍说：一、唯用论认为惟一的存在只是经验，主观、客观与心物都是经验以内并由经验而分化的；二、经验的原始材料（即所谓所与）只是浑沌，这种浑沌并没有绝对客观的实在性，乃是真伪杂淆的；三、对于所与而加工，便是把所与拉进内而为内在的存在，所以对于所与愈加工，便是使其愈真，愈真便是愈实在，真理是正在发展的，本体也是处于发展中的；四、宇宙的本体就在经验本身，我们的自我实现就是宇宙的圆满化；五、我们的自我实现就是即知即行、即智即情；六、心既然是即知即行，所以不是体而只是用；七、真即是实在，则伪便是非实在，真伪只是一个价值化的历程。①

又如，张东荪对新实在论的介绍也较早。前面已述，新实在论也是 20 世纪初流行于西方的一个重要哲学思潮，冯友兰、金岳霖、瞿世英等人都深受影响，而张东荪也是较早介绍和研究新实在论的人。早在 20 世纪 20 年代初，张东荪就写过《新实在论的论理主义》（1922 年）、《新实在论研究》（1923 年）（后来张东荪将这两篇文章合并，以《新实在论》为名，收入《新哲学论丛》），以后又在《现代哲学》、《西洋哲学 ABC》等著作中较全面地介绍过实在论。

在《新实在论》一文中，张东荪介绍说：一、新实在论主张宇

---

①　张东荪：《唯用论》，引自左玉河：《张东荪学术思想评传》，13 页，北京，北京图书馆出版社，1999。

宙是多元的，在多元间自有多种的关系，这种关系的普遍不由心理所创造，所以新实在论是论理主义。二、新实在论主张这些关系的形式不尽在认识中，即不认识而这些关系依然存在，所以新实在论非经验主义。三、新实在论主张认识作用只是关系之一种，这种关系初非普遍的必然的，乃是占全宇宙之一部分罢了，所以新实在论不以为研究思想即是窥破宇宙的神秘。四、新实在论认宇宙是已成的而不是创造的，不过所谓已成的却是多样的，不是单纯的罢了。五、新实在论主张认识的对象即是实物，不是其物的影像，但他们以为实在不尽在知识中，尚有未被知的东西，他们又以为论理的各种法则都不是绝对真理，而只是设准，所以不是十分崇尚理知。①

再如，张东荪对柏格森生命哲学的介绍，直接翻译了柏格森的《物质与记忆》(1923 年)和《创化论》(1922 年)两大巨著。1934 年，张东荪还主编过一套大型介绍西方哲学的哲学丛书，“从柏拉图、笛卡儿到黑格尔，从名学、道德学到美学”，“第一次向中国人展示了‘西洋哲学’完整图画”。②

上述张东荪对西方哲学的介绍，不仅“输入西洋哲学方面最广、影响最大”，同时还不拘泥于一家一派，而是就每一哲学家和哲学流派的问题本身进行梳理和思考，有批评、有比较、有借鉴，并结合自己的思想进行融合创新。正如贺麟在他的《当代中国哲学》一书中评价说：“他首先译出柏格森的《创化论》和《物质与记忆》二巨著，后来又译了《柏拉图五大对话》。他又根据阅读数十种西洋伦理学名著的结果，著成了一厚册道德哲学，这书内容相当充实，其性质有似关于西洋伦理思想的读书报告。此外他

① 张东荪：《新实在论》，引自左玉河：《张东荪学术思想评传》，14 页，北京，北京图书馆出版社，1999。

② 张耀南：《知识与文化——张东荪文化论著辑要·前言》，4 页，北京，中国广播电视出版社，1995。

还撰了不少的论文，介绍西洋现代哲学。对于实用主义、新实在论、批评的实在论、层创论、新唯心论等等，他都以清楚流利的文字各有所介绍。他搜集起来，成为一巨册，叫做《新哲学论丛》。中间有一篇讲述柏拉图的'理性'的文字，表示他对于柏拉图以及新实在论的共相说研究的结晶，而且也能见出他的批评与融合能力。那或许要算是民国十八年前后，谈西洋哲学最有价值的一篇文字。"①

（二）"新哲学"体系

张东荪是康德式的唯心主义者，从 20 世纪 20 年代后期开始，张东荪在广泛介绍西方哲学的基础上，参考康德的认识论体系，建构了一个以认识论为重心，包括宇宙观、人生观在内的所谓"新哲学"体系，其主要代表作是《认识论》和《道德哲学》两书。

关于认识论，张东荪主张"认识的多元论"。他说：

> 认识的多元论（Epistemological pluralism）或称知识之多元说（A pluralistic theory of knowledge）是与认识的一元论不同，亦和认识的二元论不同。我此说既不把能知吸收于所知内，亦不把所知归并于能知中（这是认识的一元论所为的），我此说却亦不同于认识的二元论，因为他只承认主客的对立，似乎太简单了。我此说当然亦是认识的批判论中之一种。……例如批判的实在论是三元论，因为他们主张于能知的心与被知的物以外尚有所谓"义蕴"。康德的批判哲学是隐然仍用二分法，因为他把"与料"与"方式"分开，不过后者能层层推进罢了。我的认识论大体上可说仍是循康德的这条轨道。但重要之点却有不同。就是我把方式不纯归于主观的立法作用。我不像康德那样以为外界是无条理

① 贺麟：《当代中国哲学》，30 页，重庆，胜利出版公司，1947。

性。所以仍可以说宇宙是个架构。①

关于张东荪的人生观,他称为创造的人生观。张东荪认为,人生是宇宙的一部分,“人生观决离不了宇宙观”,“我相信宇宙确有一个自然之流。而个人生命亦即是这个流中之一流”。②生命,是永久不断逝去的,所以,人生是无目标、无目的的。但张东荪同时又强调,人生虽本无目的,但可以“加上去一个目的”,使人生有所作为,因为靠得不是别的,就是人类特有的“理智”,即宇宙进化赋予人的精华,理智能够“窥透机械,阐解自然”。张东荪将“理智”又称为“真我”,主张人生应该“把这个真我提出来,使他不断地从事于改造我们自己”。③ 他说:

> 人生就是好像放花炮一样,相续而出,没有预定的达到目标,所以可以说人生是无目的。……人生虽本无目的而后来却可以加上一个目的。加上去的目的是很有限的……所以就目的来论,可以说人生的目的由无而到有……就自由论,亦是由无自由而渐自由……自然的机械性与人文的自由性完全是一个互相消长的东西。但两者始终分不开。自由即在机械中,不在机械外。目的即在自然中,不在自然外。……机械被理智窥透了,自然被理智阐释了,便不啻机械与自然是被人攻进去了,加了一些东西上去了。换言之,即机械若被理智窥破,则机械便可被理智转移,是不啻机械自失其固定性了。所以人类之有理智即不啻天赋人类以金刚钻,无论甚么都可以用此钻破。于是固定的呆板的没有

---

① 张东荪:《认识论》,见汤一介、杜维明主编:《百年中国哲学经典》(三四十年代卷),160页,深圳,海天出版社,1998。

② 张东荪:《知识与文化》,见张耀南编:《知识与文化——张东荪文化论著辑要》,221页,北京,中国广播电视出版社,1995。

③ 张东荪:《一个雏形的哲学》,《新哲学论丛》,56页,上海,商务印书馆,1929。

> 丝毫破绽的宇宙，居然因为有了人类的理智，竟稍稍摇动起来了。①

又说：

> 著者相信把人生完全托付与理智乃是最相宜的人生观。所谓完全托付理智就是凡事必以理智为指导。理智以为可则可之，以为不可则不做。②

总之，张东荪认为，人生如果说有目的，亦就是因为有了理智，能把无目的自然生活改变为有目的的理想生活。人活着在超越"今此"（Here and Now），放大"生命"（The Living In Itself/Life In Itself），在用我们可怜而有限的"知"之灯火，去照亮广漠无边的尘世的黑暗。照亮的范围越大，生命的意义和价值就越大；照亮的范围越小，生命的意义和价值就越小。

以上是张东荪的由认识论推导出宇宙论，再由宇宙论推导出他的人生观，构成所谓"自成系统的哲学"。张东荪的"新哲学"体系是沿着西方哲学演进的思路，又根据自己的哲学思考，所尝试建立的一种新哲学体系。这种哲学体系体现了西方认识论的文化路向，是"在融会西洋各家哲学思想，来建设中国近代哲学的新体系"。③

30年代中期，张东荪哲学努力的方向发生了变化，从认识论的研究转向知识社会学的研究，从过去基本上沿着西方哲学的传统，开始向中国传统哲学思路回归。其代表作就是他的《知识与文化》、《思想与社会》和《理性与民主》三本书。

对于张东荪哲学努力方向的转变，他自己曾有过这样的解释，他说：

---

① 张东荪：《人生观ABC》，83页，上海，商务印书馆，1929。

② 张东荪：《宇宙观与人生观》，《东方杂志》，第25卷，1928年4月。

③ 郭湛波：《近五十年中国思想史》，193页，北平人文书店，1936。

> 最初使我觉得着一些暗示乃是由于我发见西洋哲学上的问题大半不是中国人脑中所有的问题。我因此乃觉得西方与东方在心理上，换言之，即在思想的路子上，确有不同。根据这一点，又使我不得不承认西方人所有的知识论不能不加以修正。因为西方人的知识论是把西方人的知识即视为人类普遍的知识，而加以论究。然殊不知西方人的知识仅是人类知识中之一种而已，在此以外，尚确有其他。①

又说：

> 我自己仍然一直在怀疑哲学家的贡献。……我觉得，我们所学的学问如果与人类幸福无关，则其价值都是可疑的。我这样说，并不是浅薄得不讲理论的价值，我是研究知识论的，读康德(Kant)最多，后来改从社会学去研究知识论，兴趣渐渐转到社会研究上去，而不再专讲形而上的奥妙的那一套，于是就变为社会学与知识论的合并，把文化发达与社会学配合起来看。我的这种转变，一般人很少知道，总还根据我以前写的书来研究我。②

在这个阶段，张东荪仍关注知识问题，但他对知识理解的视野大大拓宽了。他不再按照近代西方认识论根据自然科学的知识模式形成的知识概念来理解知识，而是从社会文化的角度来理解哲学和知识。这个阶段是张东荪哲学思想的成熟期，也是他真正有创见的时期。如在他看来，知识、生命、社会、文化、价值这五者从根本上说是一件事。“知识是为了便利，而便利却就是为了活着，可以说就是生命。愈求便利当然愈推广其范围，自成为社会，造成文化。这乃个人生命的放大，愈放大乃愈有用，

---

① 张东荪：《思想言语与文化》，见《知识与文化》，171页，上海，商务印书馆，1946。

② 张东荪：《哲学是什么、哲学家应该做什么》，《时与文》，第1卷(5)，1947年4月。

即是愈有价值。所以这五个概念只是说明一件事。”①

对于张东荪上述“自成系统的哲学”，他的激烈批评者叶青也不得不承认：“中国在‘五四’时代才开始其古代哲学底否定，现在固没有坚强的近代体系，然而已在建设之中了。作这种企图的，首先要算张东荪。……如果我们说梁启超和陈独秀是中国近代哲学的启蒙运动者，那么张东荪就是中国近代哲学底系统建立人。”②另一位当代学者评价说：“读遍张东荪写的关于西方哲学的文字，会发现他有自己的理解、疑问和批评在内。他决非只是一台‘录音机’，或曰‘思想的二道贩子’，而是始终与他所研究和介绍的西哲共同思想。所以他能不囿于一家一派之谈，而能兼容并包，融会贯通。”③以上，就是张东荪对于东西方科学与人文精神会通所作的努力。

综上所述，三四十年代，在东西方科学与人文精神之会通中，有两条思路：一是站在人文主义的立场，从中国传统哲学入手，继承儒家哲学传统，同时吸收近现代西方哲学的思想和方法，把西方“科学的方法”引入中国哲学的创新之中，对儒家思想进行改造和阐发，以实现东西方文化的会通，如熊十力、冯友兰、贺麟等人；二是站在科学主义的立场，从西方近现代哲学发展的趋向入手，在介绍、消化和接受西方哲学的哲学基础上，会通东西文化，并尝试建立新的哲学体系，如金岳霖、张申府、张东荪等人。

---

① 张东荪：《知识与文化》，40页，上海，商务印书馆，1946。

② 郭湛波：《近五十年中国思想史》，185页，北平人文书店，1936。

③ 张汝伦：《中国现代史上的张东荪》，《现代中国思想研究》，488页，上海，上海人民出版社，2001。

第五章　科学与人文之扭曲

——20世纪六七十年代的科学与人文思潮

1949年10月,中华人民共和国成立,中国社会的发展进入到一个新的历史时期。至此,“文化——意识形态”的转型遂告成功,马克思主义哲学成为中国文化的主流意识形态。

马克思主义哲学是在近代西方文化发展基础上形成的一种文化,不仅蕴涵着科学精神,而且也蕴涵着在科学基础上的人文精神。但是,新中国成立以后,尤其是20世纪六七十年代,由于受到当时国际与国内各种现实条件的制约,特别是“左”倾政治路线的严重干扰,不仅社会主义现代化建设处于艰难的发展过程中,文化思想研究也由于高度意识形态化和政治化而举步维艰,中国科学与人文精神的发展长期处于不正常状态。

一、人文、科学文化的短暂繁荣

新中国成立后,中国与西方世界处于尖锐的政治对立中,这种对立也表现在意识形态和思想文化上的对立,但在新中国成立初期,人文、科学文化也曾出现过短暂的繁荣。

首先在中国传统文化的整理和研究方面,新中国成立后,曾涌现一批重新阐释、评价以及修订再版的论著,一度出现学术的繁荣。如冯友兰的《中国哲学史新编》、杨荣国的《中国古代思想史》、郭沫若的《十批判书》(修订再版)、范文澜的《中国通史简编》(修订再版)、吕振羽的《中国政治思想史》(修订再版)、侯外庐、赵纪彬、杜国庠等人的《中国思想通史》(修订再版)、杜国庠的《先秦诸子的若干研究》、张岱年的《中国唯物主义思想简史》、《中国哲学大纲》、任继愈的《中国哲学史》、汤用彤的《魏晋玄学论稿》、高亨的《周易古经通说》、《诸子新笺》和《周易杂论》等都是这一时期有影响的研究著作。

其次,对西学的介绍也取得了一定成果。新中国建立初期,对于西方文化的介绍是在"一边倒"的政治环境中进行的,即"一边倒"向苏联。因此,对于西学的传播,无论从指导思想、研究方法或材料处理,均以苏联的传播与研究模式为标准,给西学的介绍带来了消极影响。但尽管在这样的社会历史背景下,对西学的介绍也还是取得了不少成果。当时翻译德国古典哲学的主要有:贺麟翻译的黑格尔《小逻辑》;周谷城重译的英国学者哈里斯英译的《黑格尔逻辑大纲》;洪谦翻译的费尔巴哈《未来哲学原理》;王太庆翻译的费尔巴哈《宗教的本质》;蓝公武翻译的康德《纯粹理性批判》;关文运翻译的康德《实践理性批判》;宗白华、韦卓民翻译的康德《判断力批判》;贺麟、王玖兴合译的黑格尔《精神现象学》(上);杨一之翻译的黑格尔《逻辑学》(上);范扬、张企泰翻译的黑格尔《法哲学原理》;王造时翻译的黑格尔《历史哲学》;贺麟、王太庆合译的黑格尔《哲学史讲演录》(1～3 卷);王荫庭、荣震华等人翻译的《费尔巴哈哲学著作选集》(上、下卷)等。翻译西欧各国的哲学著作主要有:贺麟翻译的斯宾诺莎《伦理学》、《知性改进论》;温锡增翻译的斯宾诺莎《神学政治论》;水天同翻译的《培根论说文集》;陈修斋翻译的休谟《自然宗教对话录》;高达观等翻译的伏尔泰《哲学通信》;吴绪翻译的卢梭《人类不平等的起源和基础》;顾寿观翻译的法国学者拉梅特里《人是机器》;陈修斋、江天骥、王太庆等翻译的《狄德罗哲学选集》;管士滨翻译的霍尔巴赫《自然的体系》(上卷);王荫庭翻译的霍尔巴赫《健全的思想》;徐公肃、任起草翻译的蒲鲁东《贫困的哲学》(第一卷);周新翻译的车尔尼雪夫斯基《哲学中的人本主义原理》等。翻译古希腊罗马哲学的主要有:吴献书翻译的柏拉图《理想图》;吴寿彭翻译的亚里士多德《形而上学》、《政治学》;朱光潜翻译的《柏拉图文艺对话集》;周士良翻译的奥古斯丁《忏悔录》等。另外,新中国成立前翻译的16～18世纪的哲学著作,这一时期经过校订后,也陆续出版,这些译作是:笛卡儿的《哲学原理》、洛克的《人类理解论》、贝克莱的《视觉新论》、《人类知识原理》、《哲学对话三篇》、休谟的《人性论》、《人类理解研究》等。①

除了对西方古典哲学原著的翻译外,西方现代哲学著作的翻译也取得了一些成果,主要有:何钦翻译的怀特海《科学与近代世界》;朱光潜翻译的克罗齐《美学原理》;何情翻译的日本学者西田几多郎《善的研究》;吴士栋翻译的柏格森《时间与自由意志》;刘放桐翻译的柏格森《形而上学导言》;何明翻译的罗素《哲学问题》;李季翻译的罗素《心的分析》;许崇清翻译的杜威《哲学的改造》;傅统先翻译的杜威《经验与自然》、《自由与文化》以及美国学者培里著的《现代哲学倾向》等。②

上述说明,在新中国成立初期的十几年时间里,虽然,"左"倾思想不时冲击文化战线,但是,无论是对中国文化遗产的整理与研究,或是对西学的传播和介绍,都取得了一些有益的研究成果。

①② 见郭庆堂等编著:《20世纪西方哲学在中国》,181页、193页、194页,195页,徐州,中国矿业大学出版社,2002。

二、科学与人文精神之扭曲

新中国成立后，在马克思主义哲学意识形态化、学术研究政治化的形势下，为配合唯物主义世界观和人生观的普及和宣传工作，在中国大陆展开了对各种唯心主义思想文化的批判运动。这场批判运动，尽管对唯物主义世界观和人生观的宣传和普及取得了一定成效，但从今天看来，很少是真正学术性的，大多以政治批判取代了学理分析。

（一）对胡适科学观唯心主义实质的批判

关于胡适的唯科学主义立场，第二章已述。胡适毕生都在宣传实用主义，并把实用主义的观点应用于哲学、文学、史学、教育等领域。胡适认为科学的方法应该是一种观察方法和实验方法，是一种怀疑态度和批判态度，用他的话说就是“大胆假设，小心求证”，所以胡适被称为“经验论唯科学主义”和“经验论哲学在中国的最大代表”。①

对胡适思想的批判是建国初期一场最大的有组织有领导的思想批判运动。其间，全国理论界撰写的批判文章近二百篇，总字数逾二百万，此外，还出版了一些批判专著。对胡适思想的批判在哲学领域、政治思想领域、史学领域、文学领域、教育学领域全面展开。同时，一些解放前同胡适有过交往、受胡适思想观点和治学方法影响的学术界前辈，如罗尔纲、周汝昌、冯友兰、贺麟等人，也迫于形势一面撰文批判胡适思想，一面检讨自己。在哲学领域集中批判了胡适科学观的唯心主义实质，即他的实用主

① ［美］郭颖颐著，雷颐译：《中国现代思想中的唯科学主义》，70页，南京，江苏人民出版社，1989。

义真理观、人生观、方法论、实在论等。其中，艾思奇的《胡适实用主义批判》、李达的《胡适反动思想批判》等论著在当时的影响较大。①

艾思奇《胡适实用主义批判》一书，从六个方面对胡适的科学观的唯心主义实质进行了批判：(1)实用主义和辩证唯物主义是根本不相容的；(2)实用主义是主观唯心主义的一派；(3)主观唯心主义——不可知论的认识论；(4)抹杀真伪标准的真理观；(5)实用主义的庸俗进化论；(6)反科学的主观唯心主义的方法论。艾思奇首先认为："实用主义是美国资本主义土壤里生长起来的一种最反动最腐朽的唯心主义哲学。……我们一般地都知道胡适是'五四'以来与马克思列宁主义相对抗的资产阶级反动思想的主要代表者，但直到现在，并没有对胡适的实用主义思想进行过认真的系统的批判，对于实用主义的影响的散布，不但熟视无睹，并且当青年的同志们自发地起来对实用主义思想的一种具体表现如俞平伯的'红楼梦'研究举行进攻时，反而有人加以阻抑。这不但是思想工作者本身的失职，而且是对资产阶级思想的投降主义的表现。……我们的任务是要揭破实用主义的'科学'的'最新'哲学的假面具，暴露它的反动的反科学的真面目。"②

关于胡适实用主义的认识论，艾思奇认为它是一种主观唯心主义——不可知论的认识论。他说：

> 实用主义者把"实在"看做是由感觉和观念所构成，否认了在感觉和观念以外独立存在着的客观实在，认为对于感觉和观念以外的客观实在至少是应该抱"存疑"的态度，

① 本章中的"对胡适科学观唯心主义的批判"，见拙著《当代中国哲学思想史》，194～214页，开封，河南大学出版社，1999。

② 艾思奇：《胡适实用主义批判》，3～5页，北京，人民出版社，1955。

这就是说，至少要把它看做是我们感觉所不能达到的，因此我们对于它的真相是毫无所知的。这样，他们就不承认任何能够反映客观事物及其变化发展规律的知识。①

艾思奇还认为，实用主义不但不承认"实在"是物质的客观实在，而且用"经验"的字眼来掩盖主观唯心论的实质。他说：

当实用主义者说到经验就是"一个活人对于自然的环境和社会的环境所起的一切交涉"的时候，人们很容易发生一种混淆不清的印象，以为实用主义好像也在宣传实践，并且也和辩证唯物主义一样地主张人类在实践中获得认识，因而模糊了它的主观唯心论的真面目……实际上实用主义者是在宣传蒙昧主义，是在向人类的真正的知识和思想进攻。实用主义者向人类的知识和思想进攻的手法是这样的：他们首先以经验主义的面貌出现，假装做重视经验，重视"具体的事实"的样子来向理性进攻，来向反映客观事物发展的内部规律性的理论知识进攻……又反过来对于"经验"和"事实"也给与主观唯心主义的曲解，把"经验"解释成主观的偶然的应付的活动，把事实硬说成可以任人随便摆弄，随便"涂抹"和"装扮"的东西，因而从经验里也找不到任何客观事物的反映，而仍然只剩下一些"人造的"和"供人用的"应付的"法子"。②

关于胡适实用主义的真理观，艾思奇认为，实用主义主张主观真理，否认客观真理，抹杀科学真理与主观虚构的界线，把信仰主义装扮为科学，妄图取消绝对真理。他说：

实用主义者的"真理"观，恰恰和上述唯物主义的、科学的看法完全相反，他们把"真理"看做纯主观的东西。实用

①② 艾思奇：《胡适实用主义批判》，21页，27～30页，北京，人民出版社，1955。

> 主义者否认了任何能反映客观事物及其发展规律的知识，把人的认识——包括科学知识在内——看做仅仅是人们主观地虚构出来的“应付环境的工具”，因此，在他们的眼中，一种知识是否具有“真理”的意义，就不是决定于它是否能够如实地反映客观现实。他们根本就不承认，至少是怀疑客观现实的存在，所以也就完全谈不到反映客观现实的问题。他们所关心的只是一种知识、思想能否帮助他们达到按照他们的主观要求来“应付环境”的目的。能够对于他们“应付环境”的主观目的收到“效果”的，他们就叫做真理，否则他们就认为是错误。①

又说：

> 实用主义的这种主观唯心主义的“真理”观，抹煞了真伪的客观标准，把科学的真理和主观的虚构混淆不分，并由此否认科学真理的客观性，进而把科学真理曲解为主观的信仰，由此建立起走向宗教迷信的桥梁。②

关于胡适实用主义的方法论，艾思奇认为实用主义的方法论是反科学的主观唯心主义。他认为，科学方法不能简单地归结为“实验室的方法”，不能泛泛地空谈“尊重事实”，而要从客观存在的实际事物出发；科学的假设要以“谨严”为原则，而不是以大胆为原则；要在实践中检验认识的真理性，而不是要求片面的“事实”和“证据”。他最后总结说：“胡适用他的实用主义哲学帮助中国的反动派散布了三十多年的谎言，在马克思列宁主义指导下的中国人民的革命斗争面前终于被粉碎了。”③

李达《胡适反动思想批判》一书，从哲学思想、社会思想、政治思想、治学方法等四个方面对胡适思想进行了批判。李达认

①②③ 艾思奇：《胡适实用主义批判》，33页，38页，90页，北京，人民出版社，1955。

为，胡适反动思想的基础是美国资产阶级的实用主义哲学，批判胡适的反动思想，必须批判实用主义。他指出，以美国哲学家皮尔士、詹姆士、杜威为代表的实用主义哲学派别的阶级实质，是“对资产阶级有无实用一事来说明那种思想的意义的一种学说”，其哲学根源“和马赫主义一样，同是十八世纪英国主教贝克莱的主观唯心论”。

关于实用主义的实在论，李达在批判中说，实在是什么？在唯物论说来，实在即是存在，即是物质。他引用列宁在《唯物论与经验批判论》中的话说，“物质是作用于我们的感觉器官引起感觉的东西，物质是在感觉中给予我们的客观的实在”。实用主义是怎样解释“实在”的呢？“詹姆士说，‘实在’是由三部分构成的：第一是感觉，第二是感觉和感觉、意象和意象之间的种种关系，第三是旧有的真理。……实用主义者所说的感觉、意象和旧有的真理，都完全是主观的东西。这些主观的东西，就是实用主义者所说的经验，就是他们所说的实在。由此可见，实用主义就是唯心论的经验论。”①

关于实用主义的真理论，李达认为，实用主义的真理论和辩证唯物主义的真理论完全相反，实用主义的真理论从根本上否认客观世界，否认客观真理，否认客观的科学法则，认为真理和科学法则是人造的，“是为了人造的，是人造出来供人用的”，“是假定的”。他说：

> 实用主义者既然否认客观世界而认为主观经验就是一切，那么，他们的认识就不是认识客观世界而是认识主观经验了。实用主义者用主观经验去认识主观经验，就只要专凭自己的推想力去捏造一种什么观念或思想，认识过程便结束了。于是，他们就在认识过程终结以后，把所捏造的什

① 李达：《胡适反动思想批判》，6页，武汉，湖北人民出版社，1955。

么观念或思想拿到实践中去实践，看看那种观念或思想能发生什么“效果”，或者看它“解释事实能不能满意”。如果有了“效果”，或者解释得满意，那个观念或思想便成了真理。这便是实用主义的真理论。①

关于实用主义的治学方法，李达批判了胡适的实验法、历史法和考证法。李达认为胡适的实验法师承于杜威的思想五步法。杜威思想五步法的具体内容是：(1)疑难的境地；(2)指出疑难何在；(3)提出种种假定解决的方法；(4)决定哪一种假设适用；(5)证明。胡适将这五步法简化为三步法：(1)先研究问题的种种方面的种种事实，看看究竟病在何处；(2)根据一生的经验学问，提出种种解决方法；(3)用一生的经验学问，加上想像的能力，推想这种效果是否真能解决眼前这个困难问题，拣定一种假定的(最满意的)解决。这种方法即为“大胆的假设，小心的求证”。对此，李达批判说：“主观唯心论者捏造假设并求证，是有一套秘诀的。胡适说：‘思想的真正训练是要使人有真切的经验来作假设的来源；使人有批评判断种种假设的能力，使人能造出方法来证明假设的是非真假’。这就是说，假设的来源是经验，而假设的有无效果是依靠想象力来造出证明假设的方法。”②

胡适曾把实用主义的“历史的方法”解释成是“祖孙的方法”。他说，历史的方法——“祖孙的方法”，这个方法从来不把一种制度或学说看做是一个孤立的东西，总把它看做是一个中段；一头是它所以发生的原因，一头是它自己发生的效果；上头有它的祖父，下面有它的子孙。捉住了这两头，它再也逃不出去了。他认为这个方法的应用，一方面是很忠厚宽恕的，因为它处处指出一个制度或学说所以发生的原因，指出它的历史的背景，

①② 李达：《胡适反动思想批判》，10页，59页，武汉，湖北人民出版社，1955。

故能了解它在历史上占的地位与价值，故不至于有过分的苛责。一方面，这个方法又是最严厉的，最带有革命性质的，因为处处拿一个学说或制度所发生的结果来评判它本身的价值，故最公平，又最厉害。他认为这种方法是一切带有评判精神的运动的一个重要武器。对此，李达批判说：

> 这个“祖孙法”是实用主义者对待一种制度或一种学说的历史的态度。这个方法的应用是很奇怪的，一方面对于受了祖宗影响的制度或学说，要“忠厚宽恕”，不要过分苛责；一方面又要采取“最严厉”“最革命”的态度，来对付那种制度或学说，拿它的结果来评判它的价值，以示公平。这样的方法究竟怎样应用呢？后来看了胡适的著作才明白。胡适对这个方法有两种应用法：一种是用来研究当时中国的社会制度，第二种是研究中国古人的学说。他在研究当时的半殖民地半封建的中国社会制度时，认为这种制度是祖宗积的德，造的孽，“祸延到我们的今日”，以致“我们罪孽深重”，但事已如此，对祖宗要“忠厚宽恕”，不要“有过分的苛责”，“我们要认错，要知耻，要反省”，要一点一滴的对这个制度作改良的运动，要积德不要造孽，千万不能作根本的改革，要顾虑到将来的效果，使子孙收点好报。①

李达进而指出，实用主义的“历史的方法”据说是从达尔文的进化论得来的。实际上，实用主义者只是片面地窃取了达尔文进化论中关于生物逐渐变化的部分理论并把它应用到人类历史方面来，从而得出了“世界是一点一滴一分一毫的长成的”，“文明不是笼统造成的，是一点一滴的造成的”的错误结论。李达认为，实用主义学派所引用的进化论并不是达尔文的进化论，

---

① 李达：《胡适反动思想批判》，61～62页，武汉，湖北人民出版社，1955。

而是19世纪后期的庸俗进化论。李达认为，实用主义学派荒谬透顶地把关于生物界的庸俗进化论移到了人类历史方面来，其主要目的是在于否定革命，主张改良，反对唯物辩证法。

李达认为，胡适把实用主义的方法用在考证方面，便成了他的考证法。胡适关于考证法的专论很多，有《清代学者的治学方法》，有《治学方法与材料》，有《红楼梦》考证，还有几十万字的小说考证。胡适认为"清代学者的治学方法"就是他的实用主义的方法。他把清代汉学者的治学方法归纳为四种：(1)汉学家建立一种新见解，必须有物观的证据；(2)汉学家的证据完全是例证，例证就是举例为证；(3)举例为证就是归纳的方法；(4)汉学家的归纳手续是很能用假设的。他认为清代汉学者的这四种方法归结起来只是两点："大胆的假设，小心的求证。"对于胡适的考证法，李达批判说："实际上，胡适的考证法是实用主义的方法和封建的考证法的混合物。在这个混合物之中，封建的考证法是主要的。"①又说，胡适"强调他的考证法是科学方法，并且说'科学方法其实说来很简单'，只是'尊重事实，尊重证据'。但是他的考证法完全是受他的主观唯心论所指导的，并不是什么科学的方法。我们不要被他所说的'事实'、'证据'、'物观证据'一类名词所迷惑"。②

李达最后在结论中说，最近思想战线上展开了对于胡适反动思想的斗争，胡适的文化买办的反动面貌已经完全被揭露。可是在此之前，有人还觉得胡适对于五四运动还是有微劳的，现在事实证明，胡适当年不但不参加五四运动，而且是反五四运动的，所以五四运动完全没有胡适的份儿。在此以前，有人还觉得胡适在五四以前的新文化运动中是革命的。现在事实证明，胡

①② 李达：《胡适反动思想批判》，67页，67页，武汉，湖北人民出版社，1955。

适在五四以前只是新文化运动的右翼，还说不上什么“是革命的”。他还说，在此以前，大家都不知道胡适在留学美国7年期间的政治面貌怎样。胡适自己曾宣称在留美期间曾为“中国的民主辩护”过，现在事实证明，胡适在留美期间，首先反对辛亥革命，其次赞成袁世凯接受日本的二十一条，赞成袁世凯做皇帝。现在，胡适的反动历史完全暴露无遗了。他打从1910年到美国留学的时候起，1917年归国，到1948年逃到主子的国家为止，在38年的岁月里，始终是一贯反动的。① 那么，胡适在中国有没有留下什么“工作成绩”呢？李达认为，胡适最大的“工作成绩”是在中国散布了反动思想的毒素。在文学方面，除了写一些改良主义的、形式主义的、“八不”主义的“理论”以外，创作是没有的；在国学方面，全无成绩可言，而他的罪恶是引诱了许多青年逃避现实，走上“故纸堆”的死路；在考证方面，他曾在“烂纸堆”里发现过几颗“恒星”，但那点“滴水微功”不能折补他糟蹋现实主义古典文学的罪恶。他认为，胡适的“盖棺”论定，大概就是这样的。

胡适的一生反对马克思主义，反对共产党，反对工农革命运动。所以，在当时的政治气氛下，几乎不可能对他的思想做出科学的评价。因而，在对胡适思想批判的过程中，政治的声讨和阶级感情的义愤多于理智的说理和辨析。正如当今一些学者指出的，“自从五十年代‘胡适大批判’运动以来，胡适就被戴上‘美帝国主义豢养的买办’、‘与封建主义沆瀣一气的反动文人’、‘反苏、反共、反人民的资产阶级右翼政治代表’等几顶政治帽子，定性的阶级分析使胡适成了中国历史上最受人冷落的文化人

① 李达：《胡适反动思想批判》，71页，武汉，湖北人民出版社，1955。

物”①。

胡适一生不赞成共产主义，这是一个事实。但胡适早年积极投身于五四新文化运动，宣传实验主义的思想方法，倡导个性解放，鼓吹文学改革，从事新文学创作等等，在这些方面，可谓开一代风气之先。“他是一位自五四以来，在中国的启蒙运动中，最能将科学的怀疑思想与求证精神普及于中国知识界的一位学者。”②

（二）对梁漱溟人文主义哲学立场的批判

梁漱溟的人文主义哲学立场，第三章已述。梁漱溟是一位立足儒家立场、同时吸收西方近现代的哲学思想与方法，主张生命本体的人。梁漱溟受柏格森生命哲学与佛教唯识学的影响，主张把本体还原为人的生命进程，强调本体的人文精神、价值意义和理性自觉，力图把本体与现象、生命与理性、本体的主体性与本体的理想性统一起来，认为宇宙就是一大生命。

1955 年 5 月 11 日，在对胡适思想批判方兴未艾之时，《人民日报》发表《批判梁漱溟先生的文化观和“村治”理论》一文，遂成为对梁漱溟批判的发端。这场批判从 5 月开始，至年底结束，主要对其唯心主义世界观、直觉主义、生命主义哲学等方面进行批判。③

关于唯心主义世界观批判。葛力在《揭露梁漱溟的唯心主义的世界观》一文中指出，梁漱溟是一个企图以维持封建制度为

① 欧阳哲生：《自由主义之累——胡适思想的现代阐释》，329 页，上海，上海人民出版社，1993。

② 朱文华：《自由之师——名人笔下的胡适》，60 页，上海，东方出版中心，1998。

③ 本章中“对梁漱溟人文主义哲学立场的批判”，见拙著《当代中国哲学思想史》，206～212 页，开封，河南大学出版社，1999。

基础来"解决"中国问题的人，对于中国历史、社会、文化有他一套荒谬的看法；梁漱溟所坚持的"哲学思想"是建立在主观唯心主义的世界观之上的，宣称宇宙乃由生活而成，与生活同一，不是客观独立存在的，即认为"尽宇宙是一生活，只是生活，初无宇宙，由生活相续，故尔宇宙似乎恒在，其实宇宙是多的相续，不似一的宛在。宇宙实成于生活之上，托乎生活而存者也"。

葛力批判说：

> 这段话的意思就是说：生活是连续的过程，其中贯串着许许多多的事件；这些事件的连续的组合，既是生活，又是宇宙。宇宙和生活是同一的东西。宇宙不是客观独立存在的，只是由于"生活相续"，它才显现为恒常存在的；实质上它是"依托"于生活的。这说法显然是反对马克思主义的唯物主义的宇宙观的。马克思主义的唯物主义肯定宇宙是客观独立存在的，宇宙包括自然界和社会界。它有它的物质基础以及所表现的种种现象；所以它绝不可能是"生活相续"的产物。难道没有"生活相续"，宇宙就不存在了吗？显然梁漱溟的说法是主观唯心主义的。①

葛力又认为，梁漱溟的主观唯心主义的宇宙观得出了唯我论的结论，成为唯意志主义者。他不仅以意欲为基础来解释自然界，而且还凭借意欲来解释社会文化，把文化解释成"民族生活的样法"。他批判说："总之，一步一步推论下去，我们得到这样的一个结论：在梁漱溟看来，纷纷万状的现象统归诸一个精神的动因，那就是'大潜力或人要求或人意欲'。这种唯意志主义的谬论显然是反对唯物主义的科学观点的；它否定了客观独立

① 葛力：《揭露梁漱溟的唯心主义的世界观》，载《光明日报》，1955年9月9日。

存在的物质现实的第一性的地位，而代之以属于精神的意欲。”①

朱伯崑在《批判梁漱溟先生的文化观》一文中认为，梁漱溟的文化观的哲学基础是印度佛家的唯心论和儒家学派的唯心主义，尤其是陆王学派的主观唯心论，并结合了西方帝国主义资产阶级最反动的哲学流派——叔本华、柏格森等“生命派”——的神秘主义和直觉主义。他说，梁漱溟宣称“宇宙为一大生命、生物进化与人类社会之进化同为此大生命之开展表现”，这就是说，自然界和人类社会都是“大生命”所创造的。他们所说的“大生命”，其实就是把人的“精神”、“意欲”和“冲动”加以神秘化。在他们看来，“欲望”和“冲动”不仅是物质世界的实体，也是“人类行为的源泉”。朱伯崑强调指出，“这是一种极端反动的反理性的神秘主义的主观唯心论，和实用主义的哲学流派一样，都是企图用动物的本能来说明人类社会生活。……梁先生反动的唯心主义文化观，还表现在崇拜伟人天才和极端仇视劳动人民在文化创造上的巨大成就。他认为文化只是少数天才的伟人所创造的，而且人民群众反而成了文化发展的障碍。……因此，他便得出结论说：‘无剥削就无文化。’这就是说，只有少数剥削者才能创造文化，如果社会上没有剥削阶级，文化就要灭亡了”。“毫无疑问，梁先生的反动的文化观点是彻头彻尾的剥削阶级观点”，是“唯心主义的文化观”。②

关于直觉主义批判。直觉是什么？梁漱溟认为，直觉就是人的“良知”和“本能冲动”。他说，人的感觉在根本上并不是由“物”引起的，而只是人直觉到的，只要人们在认识时“向里用

① 葛力：《揭露梁漱溟的唯心主义的世界观》，载《光明日报》，1955年9月9日。

② 朱伯崑：《批判梁漱溟先生的文化观》，载《哲学研究》，1955(3)。

力”，就可以领会“自然流行、日用不知”的天理了。

贺麟在《批判梁漱溟的直觉主义》一文中认为，这是一种神秘主义的直觉论，他指出，直觉主义是一种以公开反对科学和理智为主要特征的主观唯心论。由于反对理智、理性和科学，注重模糊混沌的直觉，因此，它又是一种反理性主义的神秘主义。贺麟接着说，直觉主义，一方面把自我放在第一性的地位，一切从自我出发；另一方面，直觉主义主张破除人我界限，向往人我一体、物我不分、天人合一的神秘境界。既有其使剥削阶级自我陶醉于神秘境界的一面，又有其麻痹被剥削阶级个人自觉和斗争意志，不作反抗的一面。梁漱溟所讲的直觉主义，也有这两方面。他批判说：

> 简单讲来，梁漱溟思想中有两面；一面自己妄自尊大，另一面教人克己让人；一面培养少数特权阶级的个性伸张、自我扩张，直至发展到唯我独尊的发狂的个人主义，另一面教人“尊重对方，忘了自己”，“舍自己的立场而以对方的立场为立场”，这就叫做“人我一体”的情绪。在这种教育下，人可以不要个性，不要自我，放弃任何方式的斗争，特别是阶级斗争。这正反映了直觉主义的两面，也反映了封建统治阶级所要求的两面。①

贺麟进一步指出，梁漱溟的直觉主义是认意志或生命为第一性的主观唯心论的世界观。他还指出了梁漱溟直觉主义在认识论上的反科学性，认为梁氏的直觉主义有宗教的根源，利用不可知论以反对唯物论，为宗教、封建伦理留地位，是唯识学和柏格森思想的杂拌；认为梁氏的“理性”也是和直觉相统一的东西，是封建统治阶级的专利品，是反人民、反阶级斗争的东西。

周辅成在《梁漱溟怎样宣传反动唯心哲学》一文中，对梁漱

① 贺麟：《批判梁漱溟的直觉主义》，载《新建设》，1955(8)。

溟的直觉主义也进行了批判。他指出，梁漱溟是在借西方腐朽的资产阶级唯心哲学的“直觉”或“理性”来掩饰复兴封建唯心思想，其手法是拼命地将孔子与柏格森结合起来，以此来证明孔子也是直觉主义者。

关于生命主义哲学批判。梁漱溟在《中华民族自救运动的最后觉悟》中说：“宇宙为一大生命，生物进化与人类社会之进化同为此大生命之开展表现。”在《东西文化及其哲学》一书中又说：“尽宇宙是一生活，只是生活，初无宇宙，由生活相续，故尔宇宙似乎恒在”，“宇宙的本体不是固定的静体，是‘生命’，是‘绵延’”。对于梁漱溟的生命主义哲学，汤用彤、任继愈在《批判梁漱溟的生命主义哲学》一文中指出，照梁漱溟看来，世界是“大生命”，生物进化和人类社会发展是由文化决定的，文化是由“意欲”决定的，而“意欲”却是这一个“大生命”的表现。这就是说，世界本身、社会本身以及生物界，都不是客观存在，而只是由于有了“大生命”的存在，它们才存在。文章还进一步指出，问题也很清楚，梁漱溟的生命主义哲学认为，有了“大生命”，有了“生活”，才有了“宇宙”。显然“生命”、“生活”是第一性的，而宇宙的存在是第二性的。真正永恒存在的，不是物质，而是“生命”。①汤用彤、任继愈最后批判说：

> 我们不难看出，北宋的二程、王阳明、曾国藩到蒋介石、陈立夫这一系列的生命主义哲学，都自己号称继承了中国文化。如果叫它做“中国文化”，那就是中国文化中最反动的封建性的糟粕，而这一反动的生命主义哲学的传统，恰恰也就是梁漱溟奉为至宝，尊为“中国文化”的“要义”的。
>
> 梁漱溟的这些根本的观点，并不只是辞句上和蒋介石、

① 汤用彤、任继愈：《批判梁漱溟的生命主义哲学》，见《梁漱溟思想批判》，第2辑，北京，生活·读书·新知三联书店，1956。

> 陈立夫的“唯生”哲学的词句相同，而是精神实质上完全一致。胡适以他的实用主义为蒋介石和帝国主义服务，梁漱溟以他的生命主义哲学为蒋介石和帝国主义服务，这一点也是一样的。①

另外，在这场批判中，艾思奇的《批判梁漱溟的哲学思想》一书，李达的《梁漱溟政治思想批判》一书以及吴景超《批判梁漱溟的乡村建设理论》和《批判梁漱溟的中国文化论》、徐宗勉《梁漱溟对帝国主义采取甚么态度》、千家驹《梁漱溟的乡村建设运动究竟为谁服务?》、袁方《批判梁漱溟的“乡村建设运动”》、晓亮《梁漱溟和他的反动思想》、孙定国《驳斥梁漱溟的“职业分途”的反动理论》和《批判梁漱溟的反动的世界观》、潘梓年《梁漱溟的“理论”是极端唯心主义的》、任继愈《向梁漱溟的反动思想展开斗争》、吴廷璆《批判梁漱溟的反动的历史观点》、金克木《批判梁漱溟关于印度文化和哲学的谬论》、王若水《梁漱溟所谓“理性”是甚么?》、钟宇人《批判梁漱溟的主观唯心论哲学思想》、胡庆钧《梁漱溟是怎样向马克思主义进攻的》等文章，均从不同方面，对梁漱溟的思想进行了全面分析和批判。

对于梁漱溟思想的批判，是建国初期思想文化领域几次大的批判之一，也是作为对胡适哲学批判的补充而展开的。对胡适和梁漱溟的批判在当时被认为是用马克思主义哲学批判西方资产阶级哲学和中国封建哲学的两个主战场。毋庸讳言，梁漱溟哲学思想中确有不少唯心主义和混乱之处，建国初期，对其唯心主义的清理和批判是必要的，也不乏真知灼见之作，但是在这场批判中，也是政治的义愤多于理性的分析，正如一些学者指出的，“在批判中，抓住他早期发表的一些不成熟的思想，而且是后

---

①　汤用彤、任继愈：《批判梁漱溟的生命主义哲学》，见《梁漱溟思想批判》，第2辑，北京，生活·读书·新知三联书店，1956。

来已经抛弃了的观点不放而大加挞伐，则是大可不必的。至于后来发展到把学术问题、思想认识问题上纲到政治立场问题，用政治批判代替学术批判，甚至不允许梁漱溟有反对意见发表，学术批判变成了政治的无限上纲，则严重混淆了学术争论和政治斗争的界限，造成了极其有害的影响”①。

梁漱溟与毛泽东有过长期的交往。早在20年代，毛泽东还在北京大学图书馆当管理员时，由于梁漱溟与毛泽东的岳父杨怀中的情谊，梁漱溟与毛泽东已有不少鲜为人知的交往；1938年1月，梁漱溟赴延安与毛泽东彻夜长谈；1946年初再访延安与毛泽东等中共领导人讲叙政见；1950年初由重庆北碚进京成为毛泽东的座上客。这场批判，使梁漱溟与毛泽东长达几十年的交往就此结束。

（三）“文化大革命”时期对孔子与儒学的批判

对孔子与儒学的批判，“文化大革命”时期达到高潮，这一极端的批孔非儒运动，究其原因，都是为了现实政治的需要。尤其毛泽东对孔子和儒学思想的看法与这场批孔非儒运动有直接联系。

毛泽东是一位政治家，但同时也是历史学家，他一生熟读史书，对中国史学有很深的研究，他是知道孔子在中国历史上的作用的。但现实政治上的需要，他对孔子与儒学的批判基本上都是从政治角度非学术角度考虑的。如1953年，毛泽东在一次批判梁漱溟发言中说：“关于孔夫子的缺点，我认为就是不民主，没有自我批评的精神，有点像梁先生。‘吾自得子路而恶声不入于耳’，‘三盈三虚’，‘三月而诛少正卯’，很有些恶霸作风，法西斯

① 樊瑞平、要兴磊等：《中国当代哲学》，28页，东营，石油大学出版社，1990。

气味。我愿朋友们,尤其是梁先生,不要学孔夫子这一套,则幸甚。”①又如1957年1月,毛泽东在一次会议谈话中,把老子、孔子与蒋介石、康德、黑格尔相提并论,他说:“禁止人们跟谬误、丑恶、敌对的东西见面,跟唯心主义、形而上学的东西见面,跟孔子、老子、蒋介石的东西见面,这样的政策是危险的政策。”“你们如果懂得唯物主义和辩证法,那就还需要补学一点它的对立面唯心主义和形而上学。康德和黑格尔的书,孔子和蒋介石的书,这些反面的东西,需要读一读。”②再如,1971年“9·13”事件以后,从林彪卧室中搜出几副尊孔崇儒条幅,毛泽东由此想到“批林批孔”,把林彪说成尊孔派。同年9月23日,毛泽东在接见埃及总统时说:“秦始皇是中国封建社会第一个有名的皇帝,我也是秦始皇。林彪骂我是秦始皇。中国历来分两派,一派讲秦始皇好,一派讲秦始皇坏。我赞成秦始皇,不赞成孔夫子。”③

与此同时,中国的“左”倾思想愈来愈严重,自1951年发动的对电影《武训传》、《清宫秘史》的批判后,1954年批判了胡适、梁漱溟,1955年批判了胡风“反革命集团”,1957年反“右派”斗争,1959年庐山会议批判彭德怀,意识形态的斗争一浪高过一浪。至1964年和1965年,毛泽东主持制定了《农村社会主义教育运动中目前提出的一些问题》(二十三条),明确提出了这次运动的重点是整“党内那些走资本主义道路的当权派”。1966年,这一基本原则被写进《中共中央关于开展文化革命的决议》(十六条)中,至此,“文化大革命”的爆发已势不可免。

“文化大革命”期间,包括孔子在内的一切历史人物、一切历史文化遗产都难逃劫数。如1968年秋,在山东曲阜发动了一次由20万人参加的、以“文化大革命”名义进行的空前规模的破坏

①② 《毛泽东选集》,第5卷,113页,346页,北京,人民出版社,1976。

③ 见晓地:《文革之谜》,235页,北京,朝华出版社,1993。

文物的事件,孔庙被捣,孔坟被挖,孔碑被砸,许多历朝历代的珍贵文物遭到洗劫。① 又如,从1973年到1974年,在“批林批孔”运动中,据不完全统计,全国各类报刊发表的“评法批儒”文章有两千多篇。这些文章肢解史料,虚构史实,用主观意志代替科学研究,严重地败坏了学风,在“批臭儒学”的口号下,中国的科学与人文精神荡然无存。

(四)学者的自我反省和检讨

新中国成立后,不少著名的学者均留在大陆。由于他们长期接受唯物史观的教育,思想上或多或少改变了原来的立场,开始对自己早期思想进行清理或反省,有些甚至表现为一种清醒和自觉。但是,这种清理和反省大多都是在“左”的学术气氛下进行的,不是出于学术内部的反思,不是由学术自身发展所推动,因而采取了用政治取代学术的做法,要么以适应政治需要,要么对自己的研究成果进行全盘否定,一概抹杀。

金岳霖是“新理学”的著名代表,在第四章已述。新中国成立后,在建国初期的二三年内,他开始对过去的思想进行清理,连续发表了《论真实性与正确性底统一》、《对旧著〈逻辑〉一书的自我批判》、《论推论形式的阶级性和必然性》、《论“那么”》等文,在一系列文章中,贯穿着一个基本观点,就是刻意论证推理形式有阶级性,不同的阶级有不同的推理形式,乃至不同的逻辑,即将阶级性强加于形式逻辑。在《对旧著〈逻辑〉一书的自我批判》一文中,他首先自我批判说:

> 我在解放前曾经写过逻辑一书,被列为当时的大学丛书。这本书从头到尾,贯穿着资产阶级的逻辑思想,流传所

① 见张允熠:《中国文化与马克思主义》,356页,太原,山西教育出版社,1999。

及，发生过极为有害的影响，我感到有进行彻底自我批判的必要。①

金岳霖在自我批判中认为，关于形式逻辑有两种根本对立的看法：一种是把它看做在辩证唯物主义、历史唯物主义指导之下，因此也是在辩证逻辑指导之下，在具体的思维认识过程中帮助我们得到更正确的思维和认识的一种科学；另一种是和这个看法对立的资产阶级逻辑学家的看法，如席勒、杜威、罗素等人，他们用唯心主义的世界观和认识论来搞形式逻辑，然后又用唯心主义化了的、形而上学化了的形式逻辑来推行他们的唯心主义哲学。金岳霖说："这样的形式逻辑对我的影响特别大。我个人从前搞形式逻辑也是为我的唯心主义的世界观和认识论服务的。"②在这篇文章中，金岳霖从思想规律、概念、命题、推论等五个方面进行了自我清算。在其中"关于推论方面的批判"中说：

> 我在《逻辑》一书中的中心思想是把形式逻辑绝对化、无对化、形而上学化，使它脱离具体的思维认识过程，从而减少它在这个过程中所起的帮助我们更正确地反映客观事物的作用。这个思想是贯彻到整本书的各部分中的。这就是资产阶级的理论脱离实际在逻辑方面的表现。这是有毒的学术思想。③

金岳霖在文末还谈起了他的《论道》、《知识论》，他说，解放前我最初写成的是大学丛书的《逻辑》，其次是《论道》，最后是《知识论》，这只是时间上的顺序而已。就当时的思想说，我是用《论道》那样的唯心主义的世界观和《知识论》那样的唯心主义的认识论来写《逻辑》这本书的，也是用唯心主义化了的、形而上学化了的形式逻辑来推广我的唯心主义世界观和认识论的。

---

①②③　金岳霖：《对旧著〈逻辑〉一书的自我批判》，载《哲学研究》，1959(5)。

在金岳霖的一系列的自我批判性的文章中，实际上已经蕴含着形式逻辑是有阶级性的这一思想。他在《对旧著〈逻辑〉一书中的自我批判》一文中说：

> 形式逻辑有没有阶级性，我认为还是应该具体地研究的问题。近两年来，我深深地感觉到社会主义国家人民的言论，特别是正式的文件都是逻辑性强的。资本主义国家里的言论大都没有什么逻辑性。他们报纸上的文章大都是跑野马的东西，看了半天仍然是莫名其妙。……判断是严肃的、认真负责的。但是，就我们说，所谓严肃、所谓认真负责，除了坚持工人阶级立场之外还有什么意义呢？……我认为，“所以”本身有时是有阶级内容的。党性是阶级性的集中表现。在“所以”上，就我们说，党性和科学性是统一的。①

在《论推论形式的阶级性和必然性》一文中，金岳霖又进一步地论述了推论形式的阶级性问题。他认为，推论形式是有阶级性的，不同的阶级有不同的推论形式，乃至不同的逻辑。他归结说：“一、作为推论形式所需要的组成部分或因素的断定是断定形式。二、在阶级社会里没有全人类的断定形式。三、只有各阶级的断定形式。作为推论形式的组成部分或因素的就是各阶级的断定形式。”②（金岳霖在1978年《全国逻辑讨论会开幕式上的发言》中，纠正了逻辑学有阶级性的说法，他说：“逻辑学没有阶级性，但是用逻辑学的人都有阶级性。”）

上述，金岳霖自觉或不自觉地采取了用政治取代学术的做法。为了批判资产阶级的逻辑思想，他不但对自我进行了全盘

---

① 金岳霖：《对旧著〈逻辑〉一书的自我批判》，载《哲学研究》，1959(5)。

② 金岳霖：《论推论形式的阶级性和必然性》，载《哲学研究》，1962(5)。

否定，而且也否认了人类有共同的逻辑推理形式，以至于将以往西方学者研究形式逻辑的科学成果也一概抹杀了。

贺麟是“新心学”的著名代表，在第四章已述。新中国成立初期，贺麟先后到陕西、江西等地参加土改。1951 年 4 月 2 日，还在《光明日报》发表题为《参加土改改变了我的思想》的文章，谈他的思想转变。

从 1954 年底开始，贺麟积极参加了批判胡适、梁漱溟的思想运动。先后写了《两点批判、一点反省》、《批判胡适的思想方法》、《批判梁漱溟的直觉主义》等文。在他写的《两点批判、一点反省》一文中，一方面批判了胡适，一方面又检讨了自己的思想。贺麟对胡适的“两点批判”，一是指出胡适“由反对研究主义进而反对研究哲学是对抗马克思主义哲学的新花招”；二是说明“胡适所谓‘自然主义’是反动的唯心论思想”。贺麟认为，批判胡适的资产阶级唯心论思想，首先应该有这样几点认识：第一，胡适所传播的是西方帝国主义的反动资产阶级的唯心论思想，特别是美国詹姆士和杜威那一派的反动实用主义或实验主义哲学；第二，胡适的反动思想是旧中国半封建半殖民地社会的突出的反映，它是有代表性、典型性的意识形态。因此，批判胡适资产阶级唯心论思想就是摧毁半封建、半殖民地的旧中国的上层建筑中的一个重要堡垒，而为向着建设社会主义社会过渡的新中国的上层建筑铺平道路；第三，胡适的资产阶级思想并不是他一个人，或仅只他的少数门徒如俞平伯等孤立的独特的思想，而是广泛存在着的现象。他进而批判说：

> 我们可以把胡适和杜威、罗素及逻辑实证论者如卡纳普等人，放在一起，作为现代世界潮流中，替帝国主义服务的资产阶级唯心论的代表。他们的共同之点如下：一，他们都是唯心论者——主观唯心论者，他们共同的主要的思想来源就是列宁曾经用力加以毁灭性的打击的反动的马赫主

义。他们认为只能认识经验及经验以内的东西，离经验、意识而独立的物质或客观实在是不可知，不能“实证”的。二，他们都反对辩证法，杜威以他所谓“实验逻辑”，罗素及逻辑实证论者以其所谓形式的、支离空疏的“逻辑分析”及“语意分析”或“名词分析”，胡适以他所谓“大胆假设，小心求证”的考据方法来代替真正科学方法，来反对辩证法。……三，他们都反对从全面、从联系来认识事物，他们反对谈革命的主义、反对建立合理的哲学的世界观和人生观。①

贺麟在批判胡适的同时，还涉及曾经对他思想产生过影响的梁漱溟。他说，梁漱溟先生的思想，好多地方好像与胡适对立，但他只注重中国文化、社会、政治问题上的研究，只谈“佛家的生活态度”或“中国文化的路向”等，而讳言主义，却与胡适相同。解放后很长一段时间内，他还不承认他自己的观点是属于唯心主义的范畴。解放后才出版的、目的在于叙述他“对中国历史和文化的见解”的书，叫做《中国文化要义》，也明确地表现出他同胡适一样有着反动哲学——基本上是反对马克思主义的思想。

贺麟认为，批判别人的反动唯心论思想，也就是自己要和自己过去的反动唯心论思想划清界限的一种表现方式，“是很有意义的工作”。他在反省自己时说：

解放前在学术思想方面我和胡适曾有过唯心论内部派系间的矛盾，但反人民革命、反共产主义的目的，我和他却始终一致。他贩运杜威的实用主义，我贩运反动的神秘化黑格尔哲学的新黑格尔主义，和他相对立，也只是分途去达到反对马克思主义哲学的同一目的。②

①② 贺麟：《两点批判、一点反省》，载《人民日报》，1955年1月19日。

贺麟还在批判梁漱溟直觉主义的同时，反省自己说，梁先生把直觉说成是一种“生活态度”，一种内心修养境界。我不仅赞同这一点，而且还走得远些。梁先生的直觉态度是反功利的、不算账的、不计较利害得失的境界，而我要根据西洋直觉派哲学家的思想，把它发展为不计较苦乐善恶，不分辨君子小人、道德与不道德的境界。换言之，梁先生所讲的哲学是一种道德敏感或道德的直觉，而我进而把它发展为超道德的、艺术的、宗教的直觉。这样我所了解的直觉，也就与胡适、俞平伯的思想是同类型的反动的东西了。贺麟最后总结说：

> 总之……我宣扬唯心论比胡适更公开、更放肆，我提倡直觉比梁漱溟先生更极端、更神秘。我用唯心论和唯心论辩证法直接去为旧三民主义辩护，直接为蒋匪的法西斯统治服务，也到了公开无耻、渎亵哲学和辩证法的程度。……我很欣幸，现在批判胡适思想，已和从前资产阶级唯心论内部的派系之争有了本质的不同，我是在参加无产阶级思想对资产阶级思想的严肃的阶级斗争。我是站在人民的立场，为过渡到社会主义社会的新中国树立马克思列宁主义在学术思想上的领导权而斗争。①

贺麟作为一个著名的哲学家，敢于解剖自己、批判自己、公开检查自己的唯心主义哲学思想，这种精神是应该肯定的。但是，贺麟同样受当时“左”的思潮的影响，把哲学上不同派别的斗争完全等同于政治斗争、阶级斗争，这显然是不合适的。在他唯心论前面冠以“反动”二字，也是过火的。对俞平伯的那场不公正批判，1986 年已有了正确的结论。对胡适的批判，用今天的眼光来看，也明显地缺乏历史的科学性。

冯友兰是“新理学”的著名代表，第四章也已述。50 年代，冯

① 贺麟：《两点批判、一点反省》，载《人民日报》，1955 年 1 月 19 日。

友兰写了一系列自我批判的文章反思过去的思想,其中《四十年的回顾》一文,是对自我批判的一次总结。在这篇文章中,冯友兰对其新理学哲学体系作了全面的修正。如共相与殊相是新理学探讨自然观的核心问题,在共相和殊相的关系上,存在着三种观点,即“理在事先”、“理在事上”和“理在事中”。前两种观点在本质上是一致的,是一种客观唯心主义的观点,中国传统的程朱理学和古希腊的柏拉图都主张“理在事先”和“理在事上”,冯友兰“新理学”的自然观基本上与“理在事先”和“理在事上”是一致的。在《四十年的回顾》中,冯友兰对“新理学”中的“理在事先”的观点做了自我批判。他指出,“新理学”“企图用资产阶级唯心主义的逻辑在先说明旧理学中的理在先”,认为“有方的东西必定有方,但有方不一定有方的东西。如果在客观世界没有任何方的东西,那所谓有方又有什么意义呢?它实际上只是一种精神上的东西,如果存在,它只能存在于人的思想中”。他说:

> 关于共相和殊相的关系问题,正确的回答是“理在事中”,这就是说,共相寓于殊相之中。一类事物的共相和这一类事物,有则俱有,无则俱无,有则同时有,无则同时无,有了飞机这一类的东西,飞机之理也就有了。如果飞机这一类的东西都没有了,飞机之理也就没有了。这并不妨碍上边所说的把宇宙一分为二,分成“真际”和“实际”那个说法。但不能了解为,像讲地理学那样,把一个地球一分为二,分为东半球和西半球。因为地球虽然很大,它也是个具体的东西。……宇宙并不是像地球那样的一个具体的东西,虽然其中也有具体的东西。上边所说的把宇宙一分为二成为“真际”和“实际”,是按着抽象和具体这个标准分的。一部分是共相,看不见,摸不着,不可以成为感觉的对象。一部分是殊相,看得见,摸得着,只可以成为感觉的对象。当然,这种逻辑的分析,只可以在人的思想中进行,人可以

在思想中把一个具体的事物之中所寓的共相加以抽象，但不可能把这个共相在实验室中分离出来。①

冯友兰的这一批判表明他已认识到共相与殊相的分析只可以在人的思维中进行，不能将思维中的分析当做实际的分割，不能把共相从殊相中分离出来当做独立的实体。他又说：

如果了解了具体的共相那个道理，“理在事中”的道理就不难了解了。这本来是一个道理的两种说法。每一个普通名词所指的都是一个具体的共相，它的内涵就是“理”，它的外延就是“事”。理和事，内涵和外延，本来就是合在一起的，只是人的思维对它们加以分析，才显出它们的分别和对立。这是一个关于认识的问题，并不是一个关于存在的问题。就存在说，本来没有谁先谁后、谁上谁下的问题。其所以有这些问题，就是因为把关于认识的问题与关于存在的问题混淆了。②

由上可见，冯友兰前期的新理学哲学体系强调共相与殊相的分析，即强调逻辑的思维作用，后期注重具体的共相，强调共相与殊相、一般与个别的统一，由客观唯心主义转向了唯物主义。

冯友兰在自我反省的同时，也积极参加批判胡适、梁漱溟的思想运动。由于“左”的思想的影响，冯友兰的批判也有违心和过火的地方，如他在《批判梁漱溟先生的文化观和“村治”理论》一文中说：在过去中国半殖民地半封建的社会里，有反映帝国主义统治的帝国主义奴化思想，也有反映封建主义统治的封建主义复古思想，这两种思想是有区别而又互相结合的。在解放了的中国，帝国主义已被赶走了，封建主义作为一种社会制度已被

①② 《冯友兰学术精华录》，427～428页，429页，北京，北京师范学院出版社，1988。

消灭了。但是这两种反动的思想,在人们的头脑中的流毒,还是很严重的。近年对于胡适思想的批判,严重地打击了帝国主义奴化思想。为了扫除走向社会主义道路上的障碍,封建主义复古思想也还是有待肃清的。梁漱溟先生所宣传的文化观和“村治”理论就是典型的封建复古思想。① 冯友兰的这篇文章遂成为从哲学思想上批判梁漱溟的发端,自此以后,哲学界、理论界人士纷纷撰文,对梁漱溟思想展开批判。

80 年代,冯友兰对其解放前的思想有所回归,决定只写自己的“理解和体会,不依傍别人”。以至到了 90 岁高龄,还孜孜不倦地工作,奋力撰写《新编》,《中国哲学史新编》第七册也于 90 年代完成。他在《中国哲学史新编》第七册自序中说:《中国哲学史新编》第一、第二册于 1964 年 6 月印行,很快我就感到不满意,遂又从头撰写。……经过二十多年的努力,《新编》七册终于完成了。回顾二十多年的工作过程,不禁感慨系之矣。我的老妻任载坤在一九七七年去世的时候,我写了一副挽联:“同荣辱,共安危,出入相扶持,碧落黄泉君先去;斩名关,破利索,俯仰无愧怍,海阔天空我自飞”。在那个时候,我开始认识到名、利之所以为束缚,“我自飞”之所以为自由。在写本册第八十一章的时候,我真感觉到“海阔天空我自飞”的自由了。② 是的,冯友兰直到晚年做到了他自己说的“不依傍别人”,“我确是照我所见到的写的”。

---

① 冯友兰:《批判梁漱溟先生的文化观和“村治”理论》,载《人民日报》,1955 年 5 月 11 日。

② 冯友兰:《中国现代哲学史·自序》(即《中国哲学史新编》第 7 册,香港中华书局有限公司出版时,以《中国现代哲学史》书名出版),香港,中华书局有限公司,1992。

三、哲学、政治上的“多元主义”——顾准对民主、科学精神的诉求

顾准(1915～1974年),字哲云,江苏人,上海出生。早年就读于黄炎培创办的中华职业学校。1927年毕业后,经友人推荐进入上海立信会计师事务所工作,后参加革命。1949年5月,上海解放,随军进入上海,担任党的领导工作。1956年9月,正式调入中国科学院经济研究所,期间,两次被错划为“右派”分子,“文化大革命”期间更是在劫难逃,1974年11月,因病逝世。顾准是一位著名经济学家、思想家,他长期身处逆境,但却不顾横逆,对中外政治、哲学、历史、经济等都做了深入的研究和比较,现有《希腊城邦制度史》、《从理想主义到经验主义》、《顾准文集》、《顾准日记》等问世。

顾准才华横溢,思想敏锐,对于科学与民主思想的认识,有着深邃的见解。如他的《希腊城邦制度史》以及以《从理想主义到经验主义》为书名的通信集,都涉及民主起源、尤其是古希腊城邦民主起源等诸多问题。对于这些问题的研究,顾准完全不是发思古之幽情,而是为了探索“为什么播下革命的理想主义的种子却得到了林彪、‘四人帮’法西斯专政的结果问题”①,用顾准借鲁迅的话说,就是“娜拉出走以后怎样”的问题。顾准对此有明确的回答,他说:“我自己也是这样相信过来的。然而,今天当人们以烈士的名义,把革命的理想主义转变为保守的反动的专制主义的时候,我坚决走上彻底经验主义、多元主义的立场,

① 吴敬琏:《中国需要这样的思想家》,见《顾准日记》序二,7页,北京,经济日报出版社,1997。

要为反对专制主义而奋斗到底。”①下面仅仅阐述顾准关于民主与科学的关系以及他在哲学和政治上的多元主义立场。

(一) 科学与民主的关系

关于科学与民主的关系,顾准认为:“唯有立足于科学精神之上的民主才是一种牢靠的民主。”②他在《科学与民主》一文中指出,民主的解释可以是多种多样的:一种把民主解释为“说服的方法”,而不是强迫的方法。这就是说,说服者所持的见解,永远是正确的,问题在于别人不理解它的正确性。贯彻这种正确的见解的方法,有强迫与说服之分,其中说服的方法就是民主的方法;又有一种把民主解释为下级深入地无拘束地讨论上级的决定,并且指出这是动员群众积极性,加强群众主人翁感觉的方法。这个定义,同时强调少数服从多数,以及不准有反对派存在。这种对于民主的解释,和上面那种解释方法,一样以民主集中制为最高原则,实际上,两者都是权威主义,而不是民主主义;还有一种号称为反对权威主义的民主主义者,通常主张,政治上必须保留反对派,实行两党制,但是两党制的实际状况也造成了那些民主主义者的幻灭,因为两党制只允许你二者择一,好像结婚,候选对象只有两个,你不要这个,只好要那个。如果两个都不喜欢,只好打光棍——放弃公民权。何况这两个党,往往是换汤不换药,随你选哪个,唱的还是那出戏。于是,这种民主,不过是粉饰门面,不过是欺骗。③ 顾准主张完全的民主——立足于科学精神上的民主,因为科学要求这种民主,他说:

> 我所说的科学精神,不是指哪一门具体的科学上的成

---

① 《顾准文集》,424 页,贵阳,贵州人民出版社,1994。

②③ 顾准:《科学与民主》,见罗银胜编:《顾准:民主与“终极目的”》,297 页,298 页,北京,中国青年出版社,1999。

就，而是：(1)承认人对自然、人类、社会的认识永无止境。(2)每一个时代的人，都在人类知识的宝库中添加一点东西。(3)这些知识，没有尊卑贵贱之分。研究化粪池的人和研究国际关系、军事战略的人具有同等的价值，具有同样的崇高性，清洁工人和科学家、将军也一样。(4)每一门知识的每一个进步，都是由小而大，由片面到全面的过程。前一时期的不完备的知识A被后一时期较完备的知识B所代替，第三个时期的更完备的知识，可以是从A的根子发展起来的。所以正确与错误的区分，永远不过是相对的。(5)每一门类的知识技术，在每一个时代都有一种统治的权威性的学说或工艺制度；但大家必须无条件地承认，唯有违反或超过这种权威的探索和研究，才能保证继续进步。所以，权威是不可以没有的，权威主义则必须打倒。这一点，在哪一个领域都不例外。

说穿了，这些不过是学术自由、思想自由的老生常谈而已。但是，学术自由和思想自由是民主的基础，而不是依赖于民主才能存在的东西。因为，说到底，民主不过是方法，根本的前提是进步。唯有看到权威主义会扼杀进步，权威主义是和科学精神水火不相容的，民主才是必须采用的方法。①

又说：

不过我想，把民主当作前提，不免有一种危险：人家可以把民主集中制说成民主，也可以恩赐给你一些“民主”，却保留权威主义的实质。相反，把科学精神当作前提，就可以把“集中起来”的神话打破。你说“集中起来”这个集中，分

① 顾准：《科学与民主》，见罗银胜编：《顾准：民主与“终极目的”》，298～299页，北京，中国青年出版社，1999。

明带有(1)集中、(2)归纳这两个因素。你主张你“集中起来”的是群众中正确的意见,你就是主张你归纳所得的结论是100%正确的。可是你的归纳,决不比别人的归纳更具有神圣的性质,你能保证你没有归纳错了?何况,这种归纳,实际上往往不过是“真主意、假商量”而已。这么看来,唯有科学精神才足以保证人类的进步,也唯有科学精神才足以打破权威主义和权威主义下面的恩赐的民主。①

(二)哲学、政治上的多元主义

顾准认为哲学上的多元主义,“就是否认绝对真理的存在,否认有什么事物的第一原因和宇宙、人类的什么终极目的”②。他说:世界就是这么个世界,这个世界的主人是人类。不设想人类作为主人,这个世界就无须认识。人类认识世界,就是为了改进人类的处境。人类从什么状况进到现在这样境界,正在由多门科学加以研究,这也是人类不断在扩大认识的领域之一,说人类是万物之灵,说人类是由上帝创造出来的,说人类的终极目的是建立一个地上的天国等等,那都是早期人类的认识,已经由现在更进步的认识代替了。

顾准主张“哲学多元主义”,目的是为了反对设立“终极目的”。在他看来,设定一个“至善”目标,必然导致“政治上的权威主义”。他说:“革命家本身最初都是民主主义者。可是,如果革命家树立了一个终极目的,而且内心里相信这个终极目的,那么,他就不惜为了达到这个终极目的而牺牲民主,实行专政”。他接着举例说:“斯大林是残暴的,不过,也许他之残暴,并不100%是为了个人权力,而是相信这是为了大众福利、终极目的

---

①② 顾准:《科学与民主》,见罗银胜编:《顾准:民主与“终极目的”》,298～299页,300页,北京,中国青年出版社,1999。

而不得不如此办。内心为善而实际上做了恶行，这是可悲的。反之，如果不承认有什么终极目标，相信相互激荡的力量都在促进进步，这在哲学上就是多元主义。”①

对于政治上的多元主义，顾准认为，把哲学上的多元主义贯彻到政治上就是政治上的多元主义，他说：

> 那就是，可以有各种政治主张的存在，有政治批评——来自各种立场的政治批评。这当然不是说，没有当时大家承认的一种政治制度，例如我们的社会主义制度。不过这种制度无论何时（哪怕比现在完善得多）也不是绝对完善到无可再改善的。要改善，就要有批评。所以，它也是多元主义的。
>
> 至于政府的形式，看起来不能做到大家当家作主，那是没有关系的。因为人类社会发展到现在，高度分工势不可免——消灭分工，100 多年的历史证明那是空想。会有“政治家”，他和工程师和清洁工人一样是一种服务，而不是什么“时代的智慧、荣誉和良心”，更不是皇帝。②

（三）“中国传统思想产生不出科学与民主”

顾准自陈，他“是一个‘倾心’西方文明的人”，认为中国思想是贫乏的，要在中国确立科学与民主，必须彻底批判中国的传统思想。他说：

> 科学与民主，是舶来品。中国的传统思想，没有产生出科学与民主。如果探索一下中国文化的渊源与根据，也可以断定，中国产生不出科学与民主来。不仅如此，直到现

---

① 顾准：《民主与“终极目的”》，见罗银胜编：《顾准：民主与“终极目的”》，228～229 页，北京，中国青年出版社，1999。

② 顾准：《科学与民主》，见罗银胜编：《顾准：民主与“终极目的”》，301 页，北京，中国青年出版社，1999。

在，中国的传统思想还是中国人身上的历史重担。现在人们提倡读点历史，似乎更着重读中国史。而且古代文物成为悠久文明的证据和夸耀，无论自觉还是不自觉，这种“读史”，其意图在于仰仗我们祖先的光荣历史来窒息科学与民主。所以，批判中国传统思想，是发展科学与民主所十分必须的。①

对此，顾准分析说，“希腊思想是工商业城邦文化的产物”，希腊思想中的“格物”精神、数理神秘主义、静观世界的形而上学体系以及城邦民主传统等，都为后来的思想家、科学家所继承。如神秘主义部分，被哲学史上唯理主义所继承，笛卡儿发明了解析几何、牛顿发现了力学三定律等。而中国文化的渊源，虽然并非和工商业无关，然而它是“王家文化”、“史官文化”，没有穷根究底精神，只有道德诫命，中国思想是贫乏的，他说：

中国思想只有道德训条。中国没有逻辑学，没有哲学。有《周髀算经》，然而登不上台盘。犹如中国有许多好工艺，却发展不到精密科学一样。中国没有唯理主义。范文澜痛诋宗教，他不知道，与基督教伴生在一起的有唯理主义，这是宗教精神。固然窒息科学，也培育了科学。中国有不成系统的经验主义，一种知其然不知其所以然的技艺传统，这成不了“主义”，只成了传统的因袭。中国有原始的辩证法，然而中国人太聪明，懒得穷根究底，所以发展不出什么有系统的辩证法来——何况，辩证法还必须要有真正的宗教精神才发展得出来，黑格尔可以为证。②

上述，顾准主张哲学、政治上的多元主义，反对政治上的权

---

①② 顾准：《要确立科学与民主，必须彻底批判中国的传统思想》，见罗银胜编：《顾准：民主与“终极目的”》，199页，204页，北京，中国青年出版社，1999。

威主义和“终极目的”，表示了他在六七十年代对科学与民主精神的诉求。这些思想和观点可能不一定都十分缜密，但我们分明看到了，当“把理想主义庸俗化了的教条主义”的时候，一位努力去追求民主和自由的人，这个人就是顾准。

顾准是一位具有多方面知识的学者，早在50年代中期，他就写过《试论社会主义制度下的商品生产和价值规律》论文，提出社会主义的商品经济问题，这在当时把斯大林模式“神化”的年代，的确是一桩惊世骇俗的事情。顾准还是一位民族苦难的见证人，在他两次被戴上“右派”分子帽子下放劳动改造期间，记下了他亲眼目睹、亲身体验的“大跃进”带来的恶果：“饥饿——浮肿——死亡”，这就是今天公开出版的《顾准日记》中的“商城日记”。至今读来惊心动魄，被评价为“一个时代的实录，一个受难的灵魂的实录”。① 顾准思想深邃，50年代以后，他个人的遭遇、国家的命运，使他努力弄懂“民主”是怎么一回事，《希腊城邦制度史》就是这样的著作。当他意识到民主起源于古希腊与罗马的城邦国家以后，决心先研究西方的历史，后研究中国的历史，尝试从东西方科学与人文精神的比较中，探索人类的未来。

顾准一生坎坷，苦难深重。由于两次戴上“右派”分子帽子，他妻离子散，孑然一身，连最后至死也不能与老母晤上一面，子女也疏远了他，当代著名学者李慎之笔下有这样的感言，他说：

> 如果说在中国被戴上帽子成为人下之人而被“孤立”、被批斗、被下放劳改的人并不少的话，像顾准那样被迫与至亲爱的妻子离婚，而妻子却又终不免自杀，子女与自己划清界限，而自己还不得不签具脱离父子、父女关系的声明，从此形单影只、独处斗室，以啃冷馒头、钻图书馆度日以至于

① 李慎之：《智慧与良心的实录》，《顾准日记》序二，10页，北京，经济日报出版社，1997。

死，除了挨批挨斗挨骂挨打以外，连一天都没有能直起腰来松一口气的人也算达到苦难的极致了。他甚至被孤立到这样的地步：永远不会与他“划清界限”而且日夜想念他的九十岁老母，虽然与他同在北京，也因为他的身份而始终被阻至死未能一面。真是“人生到此，天道宁论！”①

① 李慎之：《点燃自己照破黑暗的人——读〈顾准文集〉并纪念顾准八十冥寿》，《改革》，1995(5)。

第六章　西方人文精神的追寻
——20世纪80年代的科学与人文思潮

80年代，是中国进入全面改革、开放的时代，也是中国学术思想界空前活跃的时代。其间，在人文科学领域，新思想、新观念、新见解风起云涌，汇成纷繁复杂的文化思潮。其中最令人关注的就是关于人、人道主义以及异化问题的讨论，以及《河殇》文化现象。

一、王若水、周扬对人、人道主义、异化问题的阐述及论争

关于人、人道主义和异化问题的论争，是中国思想发展史上的一个重大事件。自1980年开始，在短短的两年时间里，全国有近二百多种杂志参加了这场讨论。在这场论争中，王若水、周扬等人关于人、人道主义和异化问题的主张也最为人关注，同时，王若水和周扬在这场争论中也由此付出了政治代价。

（一）王若水对人、人道主义及异化问题的阐述

王若水（1926～2002年），江西人，出生于上海。1946年考入北京大学哲学系，此前已秘密加入中国共产党。1950年调入《人民日报》理论部工作，1972年被周恩来总理任命为《人民日

报》"看大样小组"成员，1977 年出任《人民日报》副总编辑，也曾担任过中纪委委员。1983 年 10 月，在"清除精神污染"运动中，王若水因"自由化"主张，被免去《人民日报》副总编职务，1987 年 8 月将其"劝退"出党。王若水曾在美国哈佛大学费正清中心做短期学术交流，2002 年 1 月因病在美国去世。王若水"是一位有独立见解的、有深湛理论修养的理论家"，"在许多重大理论问题上，尤其是人道主义与异化问题上，有独特的创见，人称'人'的哲学家"。① 其主要论著有《人是马克思主义的出发点》、《为人道主义辩护》等。

1. "人是马克思主义的出发点"

马克思主义怎样看待人的问题，即人的问题在马克思主义中究竟占什么位置，这是在人、人道主义、异化问题的讨论中的核心问题。王若水以《人是马克思主义的出发点》为题，最先把人的问题上升到马克思主义哲学基本问题的高度上来论述。他认为多年来我们的马克思主义哲学教科书，很少触及到人的价值、人的异化、人的解放等问题，因此未能准确完整地概括马克思主义哲学。他说：

> 如果看一看我们目前的马克思主义哲学教科书，这个问题确实是没有多少地位的，给读者的印象是马克思主义并不重视人的问题。那么现在流行的哲学教科书的体系是否准确完整地概括了马克思主义的哲学呢？……我们过去的哲学读物，往往是偏重于讲思想方法和工作方法的；人的因素是讲到了，但只是强调人的主观能动性作用（这种作用后来被夸大到唯心论的地步），而对人的价值、人的异化、人的解放等问题，却极少触及到。……马克思在他的著作中曾多次强调人的问题。1932 年，马克思的《一八四四年经济

① 顾骧：《晚年周扬》，39～40 页，上海，文汇出版社，2003。

学——哲学手稿》全文发表了。在这篇手稿中，马克思集中地详尽地表达了他的人道主义思想和关于劳动的异化的思想。……我认为，《手稿》给我们的一个重要启示，就是要重视人的问题。人的问题应该在马克思主义哲学体系中占一个重要地位，而这个问题恰恰被我们忽视了。①

王若水为了说明“人是马克思主义的出发点”，首先从马克思主义哲学的来源、产生说起。王若水认为，马克思主义哲学来源于德国古典哲学，特别是黑格尔和费尔巴哈，这是大家知道的。费尔巴哈的唯物主义哲学又是18世纪近代唯物主义的继承和发展，而18世纪的唯物主义正是研究人的问题，被看成是“现实的人道主义学说”。他说：

马克思在《神圣家族》中，曾经论述了近代唯物主义的发展，通过这个论述，他清楚地表明了他认为唯物主义不应该忽视人的问题，而18世纪的唯物主义正是由于研究了人的问题，被看成是“现实的人道主义学说”，才成为19世纪的英国和法国的共产主义的哲学基础。②

接着，王若水又从马克思对德国古典哲学黑格尔、费尔巴哈的批判，进一步说明“人是马克思主义的出发点”。他分析说：从德国古典哲学到马克思主义哲学发展，是一个“从抽象王国到现实的人的世界”的过程。本来，反对虚幻的神，就要回到现实的人；否认盲目的信仰，就要肯定健全人的感觉和理性。可是在这个过程中，唯心主义者又出来了，他们把人的理性无限夸大，使它成为脱离人的头脑而独立存在的东西，成为世界的创造主，从而把丰富多彩的现实世界淹没在抽象世界之中，黑格尔就是这

①② 王若水：《人是马克思主义的出发点》，见汤一介、杜维明主编：《百年中国哲学经典》(80年代以来卷)，357～358页，359页，深圳，海天出版社，1998。

样做的。他用“世界理性”或“绝对精神”的辩证发展来说明世界。在他看来,自然界是由精神“异化”出来的,以后精神又通过一连串异化和克服异化的发展过程而达到思维和存在的同一。在实质上,黑格尔的“绝对精神”同宗教说的神并没有什么两样。所以黑格尔死后,他的门徒(青年黑格尔派)对宗教的批判发展为对黑格尔唯心主义的批判,这个任务,首先是费尔巴哈担当起来的,马克思说:“费尔巴哈在理论方面体现了和人道主义相吻合的唯物主义。”①费尔巴哈抛弃了黑格尔的“绝对精神”,把自然和人作为出发点,从而回到了唯物主义。但是由于费尔巴哈是独立地、生物学地看人,所以他所说的人仍是抽象的人。正如马克思所批评的,费尔巴哈“没有从人们现有的社会联系,从那些使人们成为现在这种样子的周围生活条件来观察人们”,因此他“没有看到真实存在着的、活动的人,而是停留在抽象的‘人’上,并且仅仅限于在感情范围内承认‘现实的、单独的、肉体的人’,也就是说,除了爱与友情,而且是理想化了的爱与友情之外,他不知道‘人与人之间’还有什么其他的‘人的关系’”。② 恩格斯也批评说:“费尔巴哈不能找到从他自己所极端憎恶的抽象王国通向活生生的现实世界的道路’。”③王若水最后强调,“马克思和恩格斯在这里表明,他们既不同于黑格尔又不同于费尔巴哈。黑格尔把人归结为‘自我意识’,这就是从‘设想的东西’出发;费尔巴哈是从抽象的人出发,因而是从‘设想出来的人’出

① 《神圣家族》,《马克思恩格斯全集》,第2卷,160页,北京,人民出版社,1972。

② 《德意志意识形态》,《马克思恩格斯全集》,第3卷,50页,北京,人民出版社,1972。

③ 《路德维希·费尔巴哈和德国古典哲学的终结》,《马克思恩格斯全集》,第4卷,236页,北京,人民出版社,1972。

发”，“马克思恩格斯讲的人，从形式到内容都是现实的”。①

2．“为人道主义辩护”

王若水的人道主义主张，最有代表性的是他的《为人道主义辩护》一文。文章开篇指出，三年来，有关“人”的问题的论文发表了四百多篇，其中有相当一部分是探讨马克思主义的人道主义的。人的问题引起了如此强烈的兴趣，这不仅是对十年内乱的反动，而且是反映了新时期建设高度文明、高度民主的社会主义社会的需要。在这个过程中出了一些偏差，当然是需要通过讨论和批评而加以纠正的。然而一些好心的同志却根本不赞成任何人道主义的口号，认为这是一种异端。他们举出的主要理由是：人道主义是资产阶级的意识形态；人道主义讲的人是抽象的人；人道主义早已被马克思批判过和加以抛弃了。基于这样的理由，他们就用马克思主义来和人道主义对立，而不是用马克思主义的人道主义来和资产阶级的人道主义对立；他们不是否定人道主义的某种形式，而是从根本上否定人道主义。鉴于这种情况，需要为人道主义，特别是为马克思主义的人道主义辩护。文章从“什么是人道主义”、“人道主义只能是资产阶级的意识形态吗？”、“从费尔巴哈到马克思”、“从青年马克思到老年马克思”、“社会主义需要人道主义”等五个方面进行了阐述，其中，对于什么是人道主义，他说：

> 什么是人道主义，它有个共同的原则，简单地说就是人的价值。各种人道主义对人的价值的理解可以有很大的区别，但只要它们都重视人的价值，那么这种区别只是一种人道主义和另一种人道主义的区别，而不是人道主义和非人

① 王若水：《人是马克思主义的出发点》，见汤一介、杜维明主编：《百年中国哲学经典》（80年代以来卷），362～364页，深圳，海天出版社，1998。

削工人？因为他们占有生产资料，占有机器。机器是谁造的？工人造的。工人自己的产品变成了奴役工人的工具。在资本主义社会里，存在着商品拜物教、货币拜物教。商品是人创造出来的，货币是人创造出来的，结果倒过来了，好像是金钱万能，金钱成了神，人什么本事都没有，得靠金钱。金钱本来是死的东西，倒过来把人统治住了。物把人统治住了。马克思把这个叫做劳动的异化。马克思就按照这一条思路，研究政治经济学，写了《资本论》，并且得出结论：要消灭异化，就要消灭剥削。经济的异化是其他一切异化的根源，消灭剥削，消灭私有制，异化问题就解决了，宗教问题也解决了。①

关于社会主义社会是否存在异化问题，王若水在文章中指出："那么这个问题发展到现在，为什么又引起大家这么大的兴趣呢？我想这个问题也是社会主义实践提出来的，现在有它的新的意义。就是社会主义还有没有异化？社会主义应该是消灭异化，但究竟是不是已经消灭了异化，没有了异化呢？我想我们应当承认，实践证明还有异化。不仅有思想上的异化，而且有政治上的异化，甚至经济上的异化。""首先，个人迷信，现代迷信，是思想上的异化。""政府变成了老爷，不受人民控制了，变成了异己的力量，这就是异化，政治上的异化。""牺牲人民的生活水平去追求高速度，去追求重工业，为重工业而重工业，为高速度而高速度，结果人的干劲越大，就越是大吃苦头。劳动的结果不是对人民有利，反而使人们吃亏，这也是异化。由于这种唯意志论，不认识客观经济规律，还带有很大盲目性，因此经济上也会异化。"②文章进一步分析说："所以问题比较复杂。不是说公有制一建立，什么问题都解决了。原来马克思、恩格斯的设想，好像一切的异化的根源都是私有制，好像只要社会一旦掌握生产

①②　王若水：《谈谈异化问题》，载《新闻战线》，1980(8)。

资料，异化就消灭了。……现在看来，废除私有制，消灭剥削，是一个很重要的问题，但是不等于这个问题解决了以后，社会上一切问题都没有了，人就完全进入自由王国。不！还会有异化，因为人们还可能对社会发展的规律不完全认识，还有盲目性，还会产生一些问题，因此还会陷入某种不自由的状态。据我看，在这个问题上，毛主席有发展。毛主席说：'人类的历史，就是一个不断地从必然王国向自由王国发展的历史。这个历史永远不会完结。'这个提法就比较科学，符合唯物辩证法。"①

上述，王若水关于人、人道主义以及异化问题的主张，在哲学界曾引起广泛讨论。1983 年，在"清除精神污染"运动中，遭到批判。

（二）关于人的问题的讨论

人学的兴起首先是在文艺理论界展开的。随着讨论的深入，讨论很快从文艺理论转移到哲学理论上。王若水《人是马克思主义的出发点》一文，首先把人的问题上升到马克思主义哲学基本问题的高度上来论述，引起哲学界的热烈讨论。争论的问题主要是人在马克思主义中的地位，什么是人性与人的本质，有没有共同的人性等。其中，人在马克思主义中的地位问题，是争论的中心。

一部分人赞同王若水的观点，并作了进一步的发挥。如张奎良等人在《论社会主义社会人的价值问题》一文中认为，人是万物之灵，是世界上惟一有创造力的生命实体。历史的发展不过是人的准备和形成的过程而已，人类对自己所特有的这种强烈的人的意识，完全是人所独有的，是人的全部价值和尊严的基础，是推动人的发展和完善的强大力量。正是为了人的生存和

---

① 王若水：《谈谈异化问题》，载《新闻战线》，1980(8)。

幸福，人才孜孜不倦地实践和探索；正是为了人的价值和尊严，人才永无休止地创新和追求。一切为了人，这是衡量一切社会行为的尺度，是判明一切思想理论的标准。任何一种社会动机和效果，只有在有利于人的生存和发展的前提下，才有存在的价值和理由。在这个意义上，人的价值是终极的、绝对的、无条件的。所以，提高人的信念和意识，把人本身当做人的最高价值，这完全是发自人之为人的根本特性。文章接着指出："马克思恩格斯对人的价值的高度重视贯穿了他们一生的全部著作。在将近三十年后，他们在《哥达纲领批判》、《反杜林论》中仍以极其充沛的感情倾吐自己对人的理想，在坚实的历史唯物论的基础上，把人的解放同建立共产主义社会的理想联系在一起。"①文章进一步阐述了社会主义社会人的价值问题。他们认为，在社会主义社会中，要真正消除非人化，充分地尊重人的价值，必须逐步实现下列要求：第一，要尊重个人尊严，做到在人格面前人人平等；第二，要尊重人作为社会主人的权利，实现经济、政治、思想、法律方面的充分的民主、自由和平等；第三，普及教育，合理分工，充分发挥人的才能；第四，要正确处理人的自由和责任。文章最后说："总起来说，人的价值和人的解放程度是考察社会主义优越性的综合指示器。它最能标志生产力、生产关系和社会精神生活的总的面貌。所以，对人的考察和研究应当成为科学社会主义的核心，成为马克思主义的重要组成部分。"②

另外，薛德震的《再谈人在唯物史观中的地位》，张尚仁的《试论马克思主义哲学关于人的学说》等文章，也都强调了人在马克思主义哲学中的地位问题。薛德震在文章中认为，长期以来人们之所以不同意以人为出发点，就是缺乏从马克思主义哲

①② 张奎良、毕治国、王雅林：《论社会主义社会人的价值问题》，载《学习与探索》，1981(1)。

学发展史的角度对它加以研究，把历史唯物主义看做一个先验的结构。文章指出："越是认识了社会发展规律，就越不能忽视人与社会发展规律的关系，那种只见'规律'不见人，只见'理'不见人的做法是不足取的。"①张尚仁在文章中指出，"辩证唯物主义哲学的出发点就不是人之外独立的客体，而是现实存在的主体——人"。"确定以'从事实际活动的人'为马克思主义哲学的出发点，决不是马克思和恩格斯的一个无关紧要的偶然提法，而是符合哲学思想发展的必然性的"，哲学必须研究人，"哲学就是人学"。②

李鹏程的《人的解放问题是马克思实现哲学革命的思想纲领》一文，则从另一个角度强调了人在马克思主义哲学中的地位问题。文章认为，历史的真实过程表明，人的解放问题才是马克思实现哲学革命的纲领，如果忽视了这一基本历史事实，把马克思实现的哲学革命归结为辩证唯物主义和历史唯物主义的传统解释，并不能正确反映马克思实现的哲学革命的实质和本来面目。文章从人的解放问题是马克思进行哲学革命的思想基础、科学地阐明人的本质是马克思哲学革命的基本内容、创立科学的关于人的哲学是马克思实现哲学革命的实质等三个方面进行了阐述。最后指出："由于马克思生活的时代提出探讨和解决人的解放问题的迫切性，并由于马克思本身的具体条件，使马克思把解决人的解放问题作为自己的思想纲领，从而实现了人类哲学史上一次伟大的革命。这个革命恰好是在批判地继承人道主义和自然主义的人本主义中的科学成分的基础上产生的哲学飞跃，它使人的哲学科学化，因此它高于并在本质上有别于它以前

① 薛德震：《再谈人在唯物史观中的地位》，载《学习与探索》，1982(6)。

② 张尚仁：《试论马克思主义哲学关于人的学说》，见《关于人的学说的哲学探讨》，4～11页，北京，人民出版社，1982。

的任何一种‘人的哲学’。”①

与上述观点相反的意见认为，马克思主义和历史唯物主义的出发点都不是人，而是人的物质生产活动或社会物质生产实践。如王锐生在《人的研究在历史唯物主义中的地位》一文中认为，一个理论体系的核心，应当是贯串于整个理论体系及其各个范畴、原理并集中体现这个理论的实质的东西。例如，列宁把对立面的统一看做“辩证法的核心”，就是因为对立统一贯串于辩证法的各个规律和范畴，集中体现“辩证法的实质”。历史唯物主义的核心只能是社会存在决定社会意识、社会的物质生活决定社会的精神生活。文章接着指出：“社会生活中的一切固然都离不开人。但人既生活于物质世界，又生活于精神世界之中。把人作为历史唯物主义的核心问题，并没有回答它的基本问题：到底是人的物质生活决定人的精神生活，还是相反？”“历史唯物主义要重视对人的研究，要承认它在马克思主义哲学中的适当地位，要有马克思主义关于人的学说。但这种对人的研究并不要求导向（或归结为）人道主义，并不意味着人是马克思主义哲学的核心。”②徐亦让也在《评“人是马克思主义的出发点”》一文中指出，提出“人是马克思主义的出发点”的理论，显然不是为了处理这种日常生活的问题，而是要说明马克思主义作为一种世界观，是从“人”出发的。也就是说，在研究自然、社会和思维的规律时，马克思主义不是从这些对象出发，而是从“人”出发的。他认为这种说法是完全错误的，也根本不是马克思主义的观点。因为自然科学工作者早已知道，不从他自己所研究的自然对象出发，就不可能找到它的规律。思维虽然是属于人的，但是每个

---

① 李鹏程：《人的解放问题是马克思实现哲学革命的思想纲领》，载《学术月刊》，1982(4)。

② 王锐生：《人的研究在历史唯物主义中的地位》，载《文汇报》，1982年5月3日。

形式逻辑的研究工作者也知道，研究思维的规律，不能只从“人”出发，而是必须从人们的思想活动出发。离开了人们的思维过程，是不可能发现任何思维规律的。同样，社会虽然也是属于人的，但是研究社会的规律，也不能只从“人”出发，而是必须从人们的社会活动出发，这个道理在马克思发现唯物史观以前，人们是不知道的。他们往往从“人”出发，而不是从人们的社会活动出发，因此他们都没有发现社会发展的客观规律，只能在黑暗中摸索，难免对社会现象做出各种各样的唯心主义解释。只有在马克思发现唯物史观以后，才第一次在人类历史上打破了研究社会问题的唯心主义世界观。文章接着指出，十分明显，马克思主义三个组成部分的出发点，不是“人”，而是人们的生产活动。“可见，从‘人’出发，还是从一定的经济关系出发，既是两种世界观的对立，又是两种方法论的对立。只要把马克思主义的出发点从经济关系改变为‘人’，就会使马克思主义从世界观到方法论都倒退到从前的唯心主义思想体系里去。因此，这个‘出发点’关系到马克思主义能否存在的命运，不可等闲视之。”①

（三）关于人道主义问题的讨论

关于人道主义的研究，在1957年以后曾多次开展过对资产阶级人道主义的批判，从此，凡提到人道主义则统统被斥之为“反动的地主阶级、资产阶级的人性论和人道主义”，认为谁承认人道主义就是唯心史观、人道主义与阶级斗争不可调和、人道主义与共产主义不可同日而语、马克思主义中不存在人道主义等。到了80年代，在关于人学的争鸣中，人道主义问题又被重新提了出来，并成为讨论的中心议题。在讨论中，先是提出要恢复革

---

①　徐亦让：《评“人是马克思主义的出发点”》，载《解放日报》，1983年12月14日。

命人道主义在马克思主义中的历史地位，要研究人道主义的历史演变，接着理论界重点探讨了人道主义与马克思主义的关系问题。

在人道主义的讨论中，大多数人的观点是赞同马克思主义包含有人道主义的。认为马克思主义的人道主义是存在的，是马克思主义学说的重要内容之一。如胡皓等在《试论人道主义》一文中指出："马克思主义中包含着深刻的人道主义价值，其根本原因如前所说，在于现代无产阶级同样深受异化压抑之苦，存在着解放人性的强烈愿望，马克思主义是现代无产阶级的人道主义要求的集中表现；同时，还在于马克思主义批判地继承了以往人道主义发展的积极成果。"①

又如汝信在《人道主义就是修正主义吗？——对人道主义的再认识》一文中指出，批判人道主义的一个最重要的论据，是把马克思主义和人道主义当做两种绝对对立、互不相容的世界观，因此根据逻辑所得出的结论必然是：只要把马克思主义和人道主义联系在一起，就是对马克思主义的"修正"和"篡改"。但是，马克思主义和人道主义果真是这样绝对对立、水火不相容吗？只要我们不抱成见地采取科学的客观态度，那就不能不承认，当马克思开始作为一个共产主义者踏上自己的发展道路时，他最为关心的也正是有关人的问题。他对资本主义社会里的人的处境和地位的深刻分析以及对未来共产主义社会里人的展望，都贯彻着一种把人的价值放在第一位的人道精神。② 文章又指出，实际上，马克思自己也明确指出过，他的"这种共产主

---

① 胡皓等：《试论人道主义》，见《人是马克思主义的出发点——人性、人道主义问题集》，北京，人民出版社，1981。

② 汝信：《人道主义就是修正主义吗？——对人道主义的再认识》，载《人民日报》，1980年8月15日。

义，作为完成了的自然主义，等于人道主义"①。马克思还说，共产主义就是"以扬弃私有财产作为自己的中介的人道主义。②我们有些同志出于善良的愿望，想在马克思主义和人道主义之间划一道不可逾越的鸿沟，对马克思的这些话讳莫如深，这是完全不必要的。在这个问题上，我们用不着担心自己会和某些西方资产阶级的"马克思学"研究者"同流合污"，因为这些研究者的真正错误不在于把《1844年经济学——哲学手稿》中的马克思看做人道主义者，而在于：第一，他们把青年马克思同成熟时期的马克思截然对立起来，硬说什么后期的马克思"背弃"了自己青年时期的人道主义思想；第二，把马克思的人道主义同过去的资产阶级人道主义混为一谈，抹杀了它们之间的原则区别。文章强调："马克思的思想有一个发展的过程，青年马克思和成熟时期的马克思自然是有区别的。问题在于究竟应该如何估计看待这些区别。""在青年马克思的著作中，已经表现出他离开费尔巴哈而开始对现实的人进行独立的探索，他的较晚的成熟时期的著作正是这种探索的丰硕成果。如果说随着马克思的思想越来越成熟，他对现实的人的理解也越来越深刻，他对解决人的问题的方案也越来越具有科学的性质，那么难道能够说这是'背弃'原先的人道主义思想吗？"③"唯物史观和剩余价值这两个伟大发现，标志着马克思思想发展已达到完全成熟。唯物史观说明了人类社会历史发展的客观规律，而剩余价值学说则揭露了资本主义生产方式下人剥削人的秘密。这些划时代的发现不仅没有取消或削弱马克思的人道主义思想，反而使它建立在真正科学的基础上而得到了加强。正是有赖于这些发现，人们才第

①② 《马克思恩格斯全集》，第42卷，120页，174页，北京，人民出版社，1979。

③ 汝信：《人道主义就是修正主义吗？——对人道主义的再认识》，载《人民日报》，1980年8月15日。

一次在历史上弄清楚究竟什么是人的社会本质。……如果我们把马克思的早期作品和他成熟时期的著作作一比较,就可以看出,人的问题始终是马克思注意的中心”。“人道主义是马克思主义必不可少的因素”。① 汝信在文章中除坚持上述观点外,同时也指出:“当然,不应该把马克思主义融化在人道主义之中,或是把马克思主义完全归结为人道主义,因为马克思主义不仅仅是研究人的问题。”马克思主义的人道主义同其他人道主义学说应有以下区别:第一,其他人道主义学说都从抽象的一般的人出发,缺乏对人的具体的、历史的分析。马克思主义则确认这样的一个基本事实,即在原始公社瓦解以后,社会上的人是划分成为不同阶级的,这些阶级的存在与生产发展的一定历史阶段相联系,而不同阶级之间的相互斗争则构成人类社会全部有记载的历史。在阶级社会里,一切有关人的问题都是与以上这个基本事实相联系的。除了隶属于一定的阶级、在一定的阶级关系中进行活动的无数具体的个人以外,并没有什么超阶级的“一般的人”。所以马克思主义始终坚持要用阶级观点去观察、分析和解决人的问题。与否认人的阶级性的那些人道主义理论不同,马克思主义的人道主义是离不开阶级观点的。第二,历来的人道主义者对社会中存在的种种不人道现象表示义愤和抗议,但却认识不到产生这些现象的社会根源,他们的人道主义不可能是彻底的。马克思主义则通过对历史上各种社会形态,特别是资本主义社会结构的深刻剖析,指出人对人的剥削是造成一切不人道现象的最重要根源。从这一点来说,马克思主义是一种最彻底的人道主义。第三,马克思主义以外的人道主义者都是唯心史观的信奉者,他们把建立体现人道理想的未来社会的希望,

① 汝信:《人道主义就是修正主义吗?——对人道主义的再认识》,载《人民日报》,1980年8月15日。

寄托于“人性”的改善和“永恒正义”的胜利，或是寄托于个别杰出人物的“人类大救星”的出现。马克思主义则是资本主义社会中最受压迫的阶级即无产阶级解放条件的理论概括。它彻底抛弃了关于“人性”、“正义”的空谈而诉诸现实的斗争。第四，马克思主义者也不像某些人道主义者那样在原则上反对一切暴力。文章最后说，归根到底，马克思主义的人道主义能否得到承认，关键仍在于解放思想。我们有必要破除对人道主义的“恐惧症”。[①] 另外，在人道主义与马克思主义关系问题的讨论中，还有上述王若水的《为人道主义辩护》一文。

与以上观点对立的意见认为，马克思主义与人道主义分属于两个不同的思想体系，它们的理论出发点、基本原则、社会变革手段和研究方法，都是相矛盾和不相容的。马、恩青年时期虽然使用过“人性”一词，而且也没有完全摆脱费尔巴哈人道主义的影响，但实际上，马、恩都主张从现实的一切社会关系的总和、从分析资本主义的生产关系中来考察人的本质，反对把现实的人变成抽象的人。他们还认为人道主义原则与社会主义精神文明也是相抵触的，今天的社会主义精神文明建设不能停留在人道主义的水平上。邢贲思、王复三等人所持的就是这一观点。

邢贲思在《怎样识别人道主义》一文中指出，有一种理论认为，人道主义是一种同人类的历史同始终的、永恒的、“全人类”的思潮，它超乎一切时代，超乎一切阶级，是全人类的“至高信仰”，认为一部人类思想史无非就是人道主义的历史，马克思主义也不过是人道主义发展史这根链条中的一个环节。又有人把人道主义分为广义和狭义的，似乎文艺复兴时期开始的人道主义是狭义的，而广义的人道主义包括奴隶占有制和封建时期的

---

① 汝信：《人道主义就是修正主义吗？——对人道主义的再认识》，载《人民日报》，1980年8月15日。

然对共产主义的理论思想作了力所能及的论证，但是还未能把这些思想建立在唯物史观的哲学基础上，他的新世界观还没有形成为科学的理论形态，所以马克思在进行《1844年经济学——哲学手稿》、《神圣家族》的写作时，在某些方面继续沿用了费尔巴哈的关于人道主义的某些表述。这是不足为怪的。同时，马克思写作《1844年经济学——哲学手稿》的目的是为了揭露私有制的本质，而不是出于一般人道主义的激情。马克思写作《1844年经济学——哲学手稿》时的理论活动，也表明马克思不是把自己的理论同人道主义的特殊表现混为一谈，而是要创立一种崭新的理论体系。这是马克思在这一时期思想发展的主要实质。第三阶段，马克思对人道主义的清算，是在他发现了唯物史观以后的事情。1845年4月，马克思在《关于费尔巴哈的提纲》中初步概述了自己的历史观，批评了费尔巴哈关于人的本质的错误观点。随后，他把清算费尔巴哈人本学的工作引申到对整个人道主义的批判上。这个任务，在他和恩格斯合著的《德意志意识形态》一书中出色地完成了。"由此可见，所谓以'人'为出发点的共产主义，决不是马克思的共产主义。至于它是哪一家的共产主义，在这里是无关紧要的。把这种'共产主义'加到马克思的身上，认为这就是'马克思主义的人道主义'，是不符合历史事实的。"①

对于人道主义与社会主义精神文明的关系，王复三在文章中也分析说，应当承认，在现实生活中，人的价值和人道主义问题之被重新提到理论课题的位置上来，是有社会原因的，因而是情有可原的。在过去的一段时间里，由于"左"的指导思想的影响，人们大都不敢接触人性和人道主义问题，甚至因为这个问题的讨论，给人们留下了谈虎色变的后遗症，这是很不正常的。然

---

① 王复三：《我们的科学信仰和人道主义》，载《文史哲》，1982(3)。

而，这只是问题的一面，诚然是不可轻视的一面。问题的另一方面，就是在涉及马克思主义的基本理论的问题上，在涉及马克思主义世界观的纯洁性问题上，马克思主义和人道主义的界限则是泾渭分明的。所以，“当我们在新的基础上全面建设社会主义精神文明的时候，我们就不应当把自己停顿在人道主义的水平上。因为人道主义所主张的个性解放，必然要同社会主义精神文明的原则发生抵触”①。

（四）关于异化问题的讨论

关于异化问题的讨论与人道主义问题的讨论是同时进行的。异化问题的讨论主要涉及三方面的内容：什么是异化，对异化概念涵义的理解；异化理论在马克思主义中的地位；社会主义社会是否存在异化。其中，异化理论在马克思主义中的地位和社会主义社会是否存在异化是争论的焦点。

上述王若水在《新闻战线》第 8 期上发表的《谈谈异化问题》一文，在哲学界引起热烈讨论，其中一些论者赞同王若水的观点。他们认为，所谓“异化”，就是主体在发展过程中，由于自己的活动而产生出自己的对立面，然后这个对立面又作为一种外在的、异己的力量而转过来反对或支配主体本身；异化理论在马克思主义的形成中起了关键的作用，是马克思为历史唯物主义奠定的基石，是全部马克思主义的基础和线索；劳动异化理论同马克思主义整个思想形成融为一体，具有不可分割的性质；成熟时期的马克思不但没有抛弃异化理论，而且在继续使用这些概念，不断发展、丰富和深化在这些问题上的思想。劳动异化理论和历史唯物主义是一致的，用劳动异化的理论说明社会的发展同样是科学的；社会主义社会存在着异化，是社会主义社会中一

① 王复三：《我们的科学信仰和人道主义》，载《文史哲》，1982(3)。

切弊端的集中表现，其根源不在社会主义制度本身，而是由于生产力水平不高、封建思想和资产阶级思想的腐蚀、社会主义民主不完善所致等等。

一些论者则反对王若水的观点，他们认为，异化是一个具体的概念，它在不同的历史条件下具有不同的内容，因此，就不能把它和存在于一切事物中、贯串于一切过程始终的唯物辩证法的规律等同起来；异化劳动理论不过是马克思从费尔巴哈的唯物主义向马克思主义过渡的中间环节，它包含了新哲学的萌芽，但还不是新哲学本身，它带有明显的人本主义痕迹；成熟时期的马克思用剩余价值论代替了劳动异化论，同异化理论决裂了；社会主义不产生异化，这是历史发展的必然，因为异化作为一种社会现象，不是从来就有的，也不会永远不断产生和存在下去。如先达在《为什么说“社会主义异化论”是错误的？》一文中指出，近年来，我国理论界的一些同志受一部分国外思潮的影响，发表了不少文章，认为社会主义也存在着异化。有的文章认为，社会主义在政治领域、经济领域、思想领域都存在着异化。有的文章认为只有异化才是对社会主义社会中各种弊端的“唯一科学的说明”。有的文章还认为社会主义社会异化的产生，其根源在于社会主义本身。他认为，这种“社会主义异化论”在理论上是完全错误的，在政治上是极其有害的。文章指出：“‘社会主义异化论’虽然有种种不同的说法，但它们都不是用唯物史观来分析社会主义社会的现状和前途，也无视马克思关于异化劳动的思想仅仅适用于资本主义经济范围，把社会主义社会中存在的某些缺点、弊病而属于社会主义历史发展阶段的某些必然现象，统统塞进‘异化’这个概念中。这些说法，实际上是把马克思关于异化劳动的思想改变成一种以抽象概念出发的唯心主义哲学。这不但是理论上的一种大倒退，而且客观上是为反对社会主义提供了一种假马克思主义的工具。”①

林建公、咎瑞礼在《评“社会主义异化论”》一文中也指出，异化概念在马克思那里，主要用于描写资本主义社会中工人的雇佣劳动，可是在今天，有些同志不是用雇佣劳动的异化去批判资本主义，却谈论所谓社会主义异化。这不仅涉及如何理解马克思使用的异化概念，而且关系到如何看待我们的社会主义制度。只要我们不是把异化概念随意地扩大，而是严格按照马克思在《资本论》中使用的异化概念来分析问题，就不难看出社会主义在本质上是不产生异化和不存在劳动异化的。其根据是：第一，劳动产品不再与劳动者相异化了。按照马克思的意见，资本主义的雇佣劳动制度，使劳动生产出来的产品，作为一种不依赖于生产者的异己的力量与人对立；劳动产品不属于劳动者，却被不劳动者所占有，反过来变成压迫劳动者的力量。而在社会主义社会中，雇佣劳动制度被消灭了，生产的目的是为了最大限度地满足劳动者日益增长的物质文化生活的需要，劳动产品属于劳动人民，不再作为某种异己的力量来统治、奴役劳动者了。第二，劳动活动本身不再与劳动者相异化了。所谓劳动活动的异化，就是劳动者在自己的劳动中不是肯定自己，而是否定自己；不是发展了自己的肉体和精神的能力，反而伤残了自己的肉体和心灵；劳动不是出于自己的需要，反而是成为被压迫的不得已的事情。但在实现了生产资料公有制、消灭了剥削和压迫的社会主义条件下，劳动的性质发生了根本的变化，劳动者不再为剥削者而劳动，而是真正为社会同时也是为自己而劳动。第三，人与人之间不相异化了。所谓人与人之间相异化，是马克思在接近发现历史唯物主义时，对工人与资本家、被剥削者与剥削者之

① 先达：《为什么说“社会主义异化论”是错误的？》，载《红旗》，1983(22)。

间的关系的一种描写。而在社会主义社会里，人与人之间则是新型的互助友爱、互相合作的关系，一方有难八方支援。工人、农民、知识分子是社会主义社会的基本力量，他们之间没有根本的利害冲突，旧社会遗留下来的三大差别虽然还存在，但已经不是对抗性的矛盾了。① 文章认为，“社会主义不产生异化，这是历史的必然。因为异化作为一种社会现象，不是从来就有的，也不会永远不断产生和存在下去”。如果套用异化概念来解释社会主义社会的弊端，不仅不会提供任何新的东西，而且会带来以下三种后果：一是抹杀了社会主义和资本主义两种经济形态的根本区别；二是为资产阶级自由化思潮提供了理论根据；三是使人们动摇以至丧失对共产主义必胜的信心。②

（五）周扬对人道主义、异化问题的阐述及结局

周扬（1908～1989 年），湖南益阳人。周扬是五四以后成长起来的知识分子。早年毕业于上海大厦大学，1929 年留学日本，1931 年回国后参加领导中国左翼作家联盟。新中国成立后，长期担任文艺工作的领导人。周扬一生走着曲折的道路，他宣传过“左”的理论，执行过“左”的政策，整过人。“文化大革命”受过迫害。但“文化大革命”的惨痛教训，使周扬思想发生了根本性的转变，在 1983 年“人道主义与异化问题”这桩公案中，显示了晚年周扬“一位共产党人、一位理论家凛然的勇气、正气与骨气”③。

1. 周扬对人道主义、异化问题的阐述

1983 年 3 月 7 日至 13 日，中共中央宣传部、中共中央党校、中国社会科学院和教育部，在中央党校联合召开了全国纪念马

①② 林建公、昝瑞礼：《评“社会主义异化论”》，载《红旗》，1983(22)。

③ 顾骧：《晚年周扬》，3 页，上海，文汇出版社，2003。

克思逝世100周年学术报告会，周扬在会上作了题为《关于马克思主义的几个理论问题的探讨》的报告。报告的内容分为四个部分，其中第四部分专门论述了马克思主义与人道主义的关系和社会主义社会中的异化现象。

关于马克思主义与人道主义的关系。周扬在报告中认为：在“文化大革命”前的17年，我们对人道主义与人性问题的研究，以及对有关文艺作品的评价，曾经走过一些弯路。这和当时的国际形势的变化有关。那个时候，人性、人道主义，往往作为批判的对象，而不能作为科学研究和讨论的对象。在一个很长的时间内，我们一直把人道主义一概当做修正主义批判，认为人道主义与马克思主义绝对不相容。这种批判有很大的片面性，有些甚至是错误的。人是我们建设社会主义物质文明和精神文明的目的，也是我们一切工作的目的。生产本身不是目的，阶级斗争、人民民主专政本身也不是目的。过去许多同志把这一点忘了。马克思从他成为共产主义者的第一天起，就是以全人类的解放为己任的。关于人的问题，他在早期著作中谈得比较多、比较集中，其中有十分精辟的见解，当然也有不成熟之处。后期马克思集中力量研究经济问题，关于人的问题谈得少一些，但比之早期著作又有新的发展。只有把马克思的早期著作和后期著作连贯起来研究，既看到两者的区别，又看到两者的关系，才能对马克思主义获得完整准确的了解。报告指出：

> 我不赞成把马克思主义纳入人道主义的体系之中，不赞成把马克思主义全部归结为人道主义；但是，我们应该承认，马克思主义是包含着人道主义的。当然，这是马克思主义的人道主义。①

① 周扬：《关于马克思主义的几个理论问题的探讨》，载《人民日报》，1983年3月16日。

作为世界观和历史观的人道主义，是同马克思主义对立的资产阶级唯心主义思想体系，它在今天已经没有任何意义可言；而作为伦理原则和道德规范的人道主义，则应该以“社会主义人道主义”的名称提倡实行。关于异化问题，文章认为，一些人提出的“思想异化”、“政治异化”、“权力异化”以及“经济异化”，都是对异化的滥用，社会主义社会里，各种消极现象的产生和存在，有多方面的复杂原因，“抛开对具体问题作具体分析的方法，把如此复杂的问题简单化为一个社会主义的异化，似乎有很深刻的内容，实际上思想极为贫乏。它在认识上不能推进任何对真理的接近，在实践上不能提供任何解决的办法。相反，由于它具有模糊的但是又相当固定的反现实的倾向，又具有可以到处乱套的抽象形式，可以把社会上的一切消极现象都归罪于社会主义制度或社会主义社会的领导力量，把反对的目标集中于党和政府的领导，因而不可避免地会在社会上散布对社会主义、共产主义和党的领导的不信任情绪和悲观心理”。文章还指出：“成熟时期的马克思认识到异化作为理论和方法是不能揭露事物本质的，他已经超越了这种理论和方法，而创造了辩证唯物主义和历史唯物主义的科学。他不再用异化理论说明历史，而是用历史唯物主义科学地说明历史；他也不再用异化理论说明资本主义和资本主义制度下的劳动，而是用剩余价值学说来科学地说明它们。”①文章通过对究竟什么是人类社会进步的动力、依靠什么思想指导我们的社会主义社会继续前进、为什么要宣传和实行社会主义的人道主义、能否用“异化”论的说法来解释社会主义社会中的消极现象等四个方面的分析，最后强调指出：

> 从以上几个方面的说明可以看到，宣传人道主义世界观、历史观和社会主义异化论的思潮，不是一般的学术理论

---

① 胡乔木：《关于人道主义和异化问题》，载《理论月刊》，1984(2)。

问题，而是关系到是否坚持马克思主义的基本原理和能否正确认识社会主义实践的重大现实政治意义的学术理论问题。在这个问题上的带有根本性质的错误观点，不仅会引起思想理论的混乱，而且会产生消极的政治后果。……虽然一开始就有一部分理论工作者从马克思主义立场对这些错误思潮进行了严肃的批评，仍然不能够阻止它们的蔓延，以致党中央不能不出来说话。①

胡乔木讲话以后，主张马克思主义人道主义和社会主义异化论的观点不再发表，报纸杂志上陆续刊登了一些与讲话基本观点一致或对讲话赞成、拥护的文章。如汝信的《批判资产阶级人道主义　宣传社会主义人道主义》、王锐生的《两种历史观的斗争——关于人的问题争论的实质》、陈先达的《评资产阶级人道主义的出发点》、罗国杰的《社会主义人道主义和抽象人道主义的对立》、刘大年的《异化和历史动力问题》、胡万福的《唯物史观与个人自觉活动》等文。到 1984 年底，有关人、人道主义、异化问题的讨论趋于平息。

作为"清污"的一个结果，周扬在 1983 年 11 月 5 日向新华社记者发表谈话，违心地作了检讨。1984 年秋，周扬因病住院，五年之后，郁郁而死。对于这一次的打击，顾骧在他《晚年周扬》一书中说："他一辈子先后被打倒过三次。……这第三次打击更加难以承受，还不在于以他为靶子的全国范围的批判，更在于他在别人软硬兼施下举措失当，所作的违心'检讨'而带来未曾料到的影响，他为内心的懊恼、矛盾、痛苦深深地缠绕，心灵受到重创，郁闷成疾。"②

关于人、人道主义和异化问题的讨论，在中国的发生绝不是

① 胡乔木：《关于人道主义和异化问题》，载《理论月刊》，1984(2)。

② 顾骧：《晚年周扬》，114～115 页，上海，文汇出版社，2002。

偶然的，有着一定的社会历史和思想文化背景。首先，"文化大革命"的历史错误造成的对人性的扭曲和践踏，构成了人道主义热的直接原因，人们迫切需要恢复人的尊严、提高人的价值。其次，没有以真理标准讨论为标志的思想解放运动的推进，如此广泛深入探讨人的问题的哲学争论也是不可能的。另外，第二次世界大战后，西方哲学界曾经出现过人道主义研究热潮，它在某种程度上对中国思想界产生了一定的影响。这场讨论，尽管没有继续下去，但是毫无疑问，它的影响已经深入到文化学、教育学、历史学、人类学、社会学等人文社会科学领域，因此，对于推动理论研究的向前发展，还是具有重要意义的。①

二、《河殇》文化现象

20 世纪 80 年代，由苏晓康、王鲁湘总撰的六集电视连续节目《河殇》在中央电视台两次播出，一时间，全国上下反映强烈，有观众来信，有专家研讨，或褒或贬，遂成为《河殇》文化现象。

(一) "黄河文明"的衰落

《河殇》的主题是沉重的，"殇"字在字书上均作"不到成年就死去"解。《河殇》的寓意应该是中国古老的黄河文明，是一种非常早熟的文明，现在已经衰落了，我们再也不能回避对中国古老文明命运的反思了，我们再也不应盲目地一味歌颂它了，我们再也不应一味地虚骄下去了。

《河殇》开篇"寻梦"中指出：

> 黄河孕育的文明，的确是人类历史上一种非常早熟的

① 本章中关于人、人道主义及异化问题的论争，见拙著《当代中国哲学思想史》，开封，河南大学出版社，1999。

文明。同恶劣气候和洪水泛滥的斗争，使得中国人的治水、历算、土地测量以及农业耕作、饲养家畜、制陶冶炼等等技术，比西方早成熟至少一千年。……然而，文明毕竟衰落了。历史的富足、文明的悠久，毕竟都是昨天的故事。我们的考古发现再丰富、文物古迹再精美、文明的源头再延伸，难道不都意味着祖先对于后代的嘲笑吗？难道不是让我们今天的遗憾、懊悔和惭愧更沉重吗？①

又指出：

龙的传人呵，黄河能给予我们的，早就给了我们的祖先。我们祖先已经创造了的文明，黄河不能再孕育一次。需要我们创造的，是崭新的文明。它不可能再从黄河里流淌出来。旧文明的沉渣已经象淤积在黄河河道里的泥沙一样，积淀在我们民族的血管里。它需要一场大洪峰的冲刷。这场大洪峰已经来到。它就是工业文明。②

（二）呼唤“蓝色文明”

在《河殇》中，“黄色文明”代表农业文明，“蓝色文明”代表工业文明。《河殇》呼唤用蓝色文明代替黄色文明，即以工业化社会取代农业社会，为此，《河殇》发出了沉重的诘问。

为什么封建社会形态在中国延续这么长？《河殇》作者引述美国哈佛大学华裔学者张光直教授的话说：两河流域的苏美尔文明，由于自身具有重视经济、贸易和技术等等因素，后来同地中海的古希腊文明结合，产生了突破性的新文明因素，最后走向现代西方工业文明。人类从野蛮走向文明的过程中，具有世界普遍性的常规通道，实际上是东方式的亚细亚形态，亚洲、非洲

---

①②　苏晓康、王鲁湘总撰：《河殇》，14页、20页，23页，郑州，河南美术出版社，1988。

和美洲的古老文明都具有类似的普遍性。因此，并不是中国文明多么特殊和奇怪，它的漫长，恰恰是整个古老世界的最后挣扎。亚细亚遇到的挑战，是欧洲对全人类的挑战。①

为什么东方悠久的专制主义同“亚细亚生产方式”有着密切的联系？《河殇》作者引用“亚细亚生产方式”的观点解释说：东方的自然气候状况，使大规模的人工灌溉设施成为农业的首要条件，在那时的生产力水平下，就必须由一个高度集中的中央专制政权来组织成千上万人去完成，如埃及的金字塔、中国的大运河、长城等。因此，民主、自由、平等这些东西，就很难成为“亚细亚”了。②

为什么我们的祖先那么眷恋大陆，始终不能超越土地的限制走向大海呢？《河殇》的作者引述湖北大学历史学教授冯天瑜的话说：“黄河流域中下游作为中华文化的核心地带，它的北边是比较难以逾越的蒙古戈壁，西北是万里黄沙，这形成交通障壁。西南是世界上最高大最险峻的青藏高原。东边面临地球上最大的海洋——太平洋，它浩瀚无际，跟地中海那种有许多群岛和半岛的情况不一样。对于古人来说，也是难以征服的，这么看来，地理环境对以黄河流域为中心的中华文化形成了一种隔绝机制，造成了一种内向的、求稳定的文化类型。”③

为什么从15世纪开始，郑和就率领船队七下西洋，竟是一次次毫无经济目的的大规模航海活动？《河殇》的作者引述黑格尔的观点解释说，“大海邀请人类从事征服和贸易”。可是，太平洋邀请来的中国人，竟是所谓“正其谊而不谋其利”，是一次纯而又纯的政治游行，以施恩于海外诸国。④

为什么中国曾经领先了上千年的文明之光，怎么到17世纪

---

①②③④　苏晓康、王鲁湘总撰：《河殇》，18～19页，15页，44页，56页，郑州，河南美术出版社，1988。

以后就暗淡下去呢?《河殇》的作者引述北京大学哲学教授叶朗的话说:“看一个民族的自信心、生命力和创造力的表现,很重要的一个方面,就是看它对外来文化的态度,是拒绝的,还是开放接受的。”①又引述中国科学院研究员刘青峰的话说:“中国古代的科学技术发达,其实主要是技术发达。四大发明都是技术发明,不是一般的技术,而是和国家统一有关的,如通讯、水利和军事以及官营手工业。与封建地主经济相适应的技术就发达,我们这种技术为大一统型技术,以四大发明为代表。大一统技术给中国古代科学带上枷锁,它很难实现转移。另外,从文化角度看,中国古代的有机自然观、直观外推式的思维方法,还有一个伦理中心主义,使中国古人很难超越是非与伦理,很难仅仅根据客观中立原则来判断事物。……”②

《河殇》作者以慷慨悲壮的历史感和沉重的忧患意识,在一连串的诘问后,最后的结论是:中国必须面向世界,面向地球上蔚蓝色的那一大片,即蓝色文明代替已经衰落的黄色文明,《河殇》指出:

> 儒家文化或许有种种古老完美的“法宝”,但它几千年来偏偏造就不出一个民族的进取精神、一个国家的法治秩序、一种文化的更新机制;相反,它在走向衰落之中。……只有当蔚蓝色的海风终于化为春雨,重新滋润这片干旱的黄土地时,这些只在春节喜庆日子里才迸发出来的令人惊异的活力,才有可能使巨大的黄土高原重新获得生机。③

上述,《河殇》作者打破风光旅游题材中长期的国土崇拜、历史崇拜、祖先崇拜的老观念、老模式,站在宏观的世界历史舞台上,反思中国历史发展中的种种问题,从而给人思想上的震动。

①②③　苏晓康、王鲁湘总撰:《河殇》,31页,60页,125页,郑州,河南美术出版社,1988。

开始的第三阶段，至今仍在发展过程中，主要代表人物可以说有杜维明、刘述先、蔡仁厚、成中英等人。①

对于第一代现代新儒家，在第三四章已述，梁漱溟的《东西文化及其哲学》、张君劢在“科玄论战”中的玄学立场、熊十力的《新唯识论》、冯友兰的“新理学”、贺麟的“新心学”等，都试图站在传统的基础上融会西学，并各自构建了自己的思想体系，开启了现代新儒学发展的基本方向。

50年代，随着新中国的成立，马克思主义成为主流意识形态和指导思想，现代新儒学已没有生存和发展的土壤。但现代新儒学并没有断绝薪火，一部分从大陆去台湾的新儒家学者，如唐君毅、牟宗三、徐复观等，把新儒学发展的中心移到了港台地区，开始了现代新儒学的第二阶段。1958年元旦，唐君毅、牟宗三、徐复观、张君劢联名发表《为中国文化敬告世界人士宣言——我们对中国学术研究及中国文化与世界文化前途之共同认识》宣言，时称“港台新儒家文化宣言”。对于“宣言”的起草过程和意义，方克立在他主编的《现代新儒家学案·序》中这样说：“此宣言酝酿于1957年唐君毅访美之时，与旅居美国的张君劢长谈，共同感到西方人士研究中国学术文化的态度，或为传教士式的格义和曲解，或为汉学家式的收藏古董的好奇心，或为近代史研究者的过于现实功利的动机，均不能对中国历史文化之活的精神生命有真切的了解。他们尤其深受‘在许多西方人与中国人之心目中，中国文化已经死了’，抱着一种凭吊古迹的态度研究中国文化的看法和做法之刺激，觉得有必要写一篇文章，阐明中国文化之过去、现在和可以展望的未来，为一从未绝断的活的精

① 方克立：《现代新儒学的发展历程》，见方克立、李锦全主编：《现代新儒家学案·序》（上），4页，北京，中国社会科学出版社，1995。对于现代新儒学发展阶段的划分，也有划分为四个阶段，见郑家栋：《现代新儒学概论》，南宁，广西人民出版社，1990。

神生命之存在，并有其所以长久不死的理由，有对世界文化做出特殊贡献和值得西方人学习的地方，值此正告世界人士，什么是研究中国学术文化应取的正确方向和态度，并表明对世界文化之期望。于是由唐君毅起草，张君劢致函在台湾的牟宗三、徐复观，征求同意联名发表后，再由张、牟、徐修改，往复函商定稿。……这篇文章四人联名以‘宣言’的形式发表，自然有其特别重要的意义，它被看做是代表第二代新儒家集体思想取向的一个纲领性的文献。唐、牟、徐等人在这个时期发表的大量著作、论文和演讲，无非就是进一步宣传、论证、充实、发挥‘宣言’中所阐述的基本思想。”①从 70 年代末、80 年代初，方东美②、唐君毅、徐复观几位重要新儒家代表人物相继去世，第二阶段新儒学也大体告一段落。

进入 80 年代以后，现代新儒学发展到第三阶段。这一代新儒家学者，在一定程度上总结了新儒学运动发展过程中的经验与教训，与他们的前辈相比，思想开放，视野开阔，更富有现实感。他们对中国文化的发展所做的努力，尤其是对东西方科学与人文精神的会通，在国际学术舞台上已产生了不容忽视的影响。

---

① 方克立：《现代新儒学的发展历程》，见方克立、李锦全主编：《现代新儒家学案·序》(上)，25 页，北京，中国社会科学出版社，1995。

② 方东美是不是现代新儒家，学术界一直有不同看法。方克立在《现代新儒家学案·序》中说，方东美不赞成现代新儒家所遵循的道统观念和续统意识，而是以恢弘的气度认知中外文化。对于发展中国文化精神，他认为不仅是儒学传统，应是原始儒学、道家、大乘佛学和宋以后的新儒家哲学四大传统。

二、牟宗三、唐君毅、徐复观对东西方科学、人文之会通

(一) 道德的形上学——牟宗三的新儒学主张

牟宗三(1909～1995年),字离中,山东栖霞人。1927年考入北京大学预科班,1929年由预科升入北大哲学系。1933年自大学毕业后,先后在大理民族文化书院、华西大学、中央大学、金陵大学等校任教。1949年只身赴台湾,任教于台湾师范学院(今台湾师范大学)和东海大学,讲授逻辑和中国哲学史等课程。1960年秋去香港,先任教于香港大学,后转香港中文大学新亚书院,1974年从中文大学退休,1995年4月在台湾逝世。牟宗三学贯中西,为一代大哲,对于中西文化都有很深的造诣,是当代新儒家的集大成者。他提出的第三期儒学发展说、三统并建说、良知自我坎陷说等理论一直是当代学人的热门话题。牟宗三一生勤奋,著作等身,主要著作有《道德的理想主义》、《历史哲学》、《政道与治道》、《心体与性体》、《智的直觉与中国哲学》、《现象与物自身》、《圆善论》等。这里主要阐述牟宗三为重建中国文化,对东西文化的会通与融合所作的努力。

1. "返本"与"开新"

50年代,牟宗三写了《道德的理想主义》、《历史哲学》、《政道与治道》三本书,着重回答怎样本于传统儒家的内圣心性之学,开出现代新外王事功问题,即牟宗三的"返本开新"主张。所谓"返本"就是"保内圣",固守住儒家心性学的道统;所谓"开新",就是"开外王",与西方文化接轨,发展民主与科学。"返本开新"理论可以说是港台现代新儒家的思想纲领。

如何"返本开新",牟宗三认为,中国的历史文化是有"道

统”，但无“学统”和“政统”。“道统”即一脉相承的儒家内圣之学，这方面已达到了很高的境界，而以寻求客观知识为目的的科学思想和“法制化”的民主政治思想，始终没有取得独立和客观的地位。他说：历史上的儒家文化，实只成就了内圣的一面，至于外王方面始终没有得到充分发展，“此一面在先秦儒家即未达定型之境，只有一大体之倾向，只顺现实历史称赞尧舜三代。……宋明儒对此亦贡献甚少”。① 在传统政治中，民始终未取得一客观的地位，“民起不来，君成为一个无限制的超越体，则限制君的唯一办法就是德与‘天命靡常’的警戒。如是，遂不能不以圣君贤相来期望君相。但是道德的教训是完全靠自律的。没有道德感的君相，不能以德自律，便对他毫无办法”。于是，中国的政治遂“不能向民主一路走，而向君主专制一路走”。② 所以说，中国历史上的文化是有“道统”，而无“学统”和“政统”。为此，他提出了“三统并建”说：

> 道统之肯定，此即肯定道德宗教之价值，护住孔孟开辟之人生宇宙之本源。
>
> 学统之开出，此即转出“知性主体”以融纳希腊传统，开出学术之独立性。
>
> 政统之继续，此即由认识政体之发展而肯定民主政治为必然。③

对于这“三统”的地位和作用，牟宗三认为，没有一面是可以缺少的，他说：

> 关于道德宗教方面，吾人必须知这是“人道之尊”之总

---

① 牟宗三：《心体与性体》，引自郑家栋：《现代新儒家概论》，309 页，南宁，广西人民出版社，1990。

② 牟宗三：《中国文化的特质》，引自郑家栋：《现代新儒家概论》，309 页，南宁，广西人民出版社，1990。

③ 牟宗三：《道德的理想主义・序》，台北，台湾学生书局，1992。

根源，价值所从出之总根源。人性之尊严，人格之尊严，俱由此立。人间理想与光明俱由此发。宗教不是外在的迷信，乃是人生向上之情，期有以超越其形限之私之不容已。而此不容已也就是人之“内在道德性”之发现处。是以道德也不是外在的干枯条文之拘束，而是内在的向上之情，人之所以为人的“绝对主体”之透露，使人成为一真正的人，从为感觉的、形限之私的奴隶中解放出来；乃是人格之大开展，心灵之大开扩。以前圣贤立教总是在这里点醒人。这不是科学，也不是知识，这是德性之自觉。

关于民主政治，我们必须知道这是近代化的政治生活方面的常轨。这个常轨的建立之动机，就是人们已经意识到，对于无限体的皇帝，有依照一政治法律形态的制度来限制他的必要。有这么一个制度，则超越而在上的，是宪法，不是个人。……这即表示以前的儒者所讲的外王是不够的，有推进一步的必要。……我们现在的人文主义必须含有近代化的国家政治法律之建立这一义，即必须含有外王之重新讲这一义，这就构成今日儒家学术之第三期的发展这一使命。（第一期由孔子至董仲舒而建造汉朝大帝国。第二期为宋明理学。）近代化的国家政治法律不能建立起来，儒家所意想的社会幸福的“外王”（王道）即不能真正实现；而内圣方面所显的仁义（道德理性），亦不能有真实的实现，广度的实现。……

关于科学知识一面，我们必须知道，儒家在以前所确定的文化模型，虽是仁智合一的，然毕竟是仁为笼罩，以智为奴隶者。……在以前儒家学术的发展中，智始终是停在圣贤人格中的直觉形态上，即智慧妙用的形态，圆而神的形态上；始终未彰著出来，成为其自身之独立的发展，因而亦无其自身之成果。即智没有从直觉形态转而为“知性形态”。

它总是上属而浑化于仁中，而未暂时脱离乎仁而成为“纯粹知性”。因此，逻辑数学都出不来。智，必须暂时冷静下来，脱离仁，成为纯粹的“知性”，才有其自身独立的发展，因而有其自身之成果，这就是逻辑、数学与科学。①

牟宗三认为上述道统的肯定、政统的建立、学统的开出，是这时代的人文主义所必函摄，亦是第三期儒学的骨架和纲维。

2.“良知坎陷”说：开显民主与科学

上述牟宗三的“三统”说，是港台新儒家所主张的“返本开新”思想纲领较为全面的表述，那么如何从“德性主体”转出“知性主体”和“政治主体”，即开显民主与科学，这就是牟宗三提出的“良知坎陷”说。

“坎陷”一词，源于《周易·说卦》言“坎，陷也”。牟宗三所谓的“坎陷”有陷落、下降、逆转、自我否定等意义。50年代中期，牟宗三开始在他的文章中正式使用道德理性自我坎陷来解决中国文化的现代化问题，即开显民主与科学问题。牟宗三认为，从内圣、道德理性（即仁智合一心性）的运用表现中直接推不出民主与科学来，因而道德理性只有通过自我坎陷，即自我否定才能成为观解理性（理论理性），从而才能成就民主与科学。他说：

德性，在其直接的道德意义中，在其作用表现中，虽不含有架构表现中的科学与民主，但道德理性，依其本性而言之，却不能不要求代表知识的科学与表现正义公道的民主政治。而内在于科学与民主而言，成就这两者的“理性之架构表现”，其本性却又与德性之道德意义与作用表现相违反，即观解理性与实践理性相违反。即在此违反上遂显出一个“逆”的意义。它要求一个与其本性相违反的东西。这

① 牟宗三：《论三统之说》，见方克立、李锦全主编：《现代新儒家学案》（下），516～520页，北京，中国社会科学出版社，1995。

实上不可能。”①

3.“道德的形上学”:对康德哲学的会通

牟宗三一生最欣赏康德,他一生的学问,就是透过康德哲学,来彰显中国儒家道德的生命。他晚年的《心体与性体》、《现象与物自身》、《圆善论》著作,就是以康德的“现象”与“物自身”之区分为中心,以中国道德的进路,对万物之存在有所说明,由对现象与物自身的超越区分,完成了他的道德的形上学体系,建立了两层存有论,即无执的存有论(又曰本体界的存有论)和执的存有论(又曰现象界的存有论),使他既消化了康德哲学,又升进了康德哲学。他自称他的“道德的形上学”,“上通本体界,下开现象界”,“是全体大用之学”。②

康德认为,在理性之认知的运用中,是无所谓自由可言的,因为一切皆在因果系列中,都是被决定的。在理性之实践的运用中(即在道德领域),却必须设定自由意志的存在,因为舍此便无真正的道德可言。但康德强调,道德的法则既不能从经验中引申出来,也不能从“人性中的特殊构造”、“人类之特殊的自然特征”、“脾性、性向、性好”以及现实的范例(人格榜样)中引申出来,因为这一切都不是必然的,都无绝对的普遍性。道德法则只能出自理性的“绝对命令”,是先验的、普遍的。

牟宗三十分赞同康德关于道德法则的先验性和普遍性的论证。但在牟宗三看来,康德的意志自由的实践理性的存在只是说明人的道德行为所不能不有的一种理论的“公设”,只是“理上应该如此”,至于事实上是否如此乃是人的理性所无法证明的。所以牟宗三说,康德讲的“只是理上应当如此,只是一套空理

① 周立升、颜炳罡:《牟宗三评传》,见方克立、李锦全主编:《现代新儒家学案》(下),398页,北京,中国社会科学出版社,1995。

② 牟宗三:《现象与物自身》,40页,台北,台湾学生书局,1984。

论”，只是“一假定、一设准，而不能讲到它的真实性是一‘呈现’”。①

牟宗三认为，康德的第一批判——《纯粹理性批判》，确定知识的范围及其限度，判定知性只能认识现象，而不能触及最后的真实。这正好对显中国哲学知识性之不足。康德的第二批判——《实践理性批判》，突显了实践理性（道德实践）的优越性，扭转了西方不重视主体，把道德化为知识的偏差，并由此稳立了形上学与宗教。但康德把道德实践之根基的自由意志，仅是作为一个设准，因而由道德实践通往形上实在的企图落了空，这正好对显了中国哲学的优越性。

牟宗三认为，康德之所以把自由意志（实践理性）视为只是说明人的道德行为所不能不有的一个理论的设准，关键是他没有能够回答“纯粹理性如何其自身就能是实践的”，即智的直觉问题。此康德想完成未完成的问题，在中国儒家却已完成。

牟宗三认为，“人虽有限而可无限”。就人的有限性言，牟宗三言感性和知性，言知识，建立执的存有论；就人的无限性言，他言智的直觉，言智知，建立本体界的存有论。他说：“我们依‘人虽有限而可无限’，需要两层存有论，本体界的存有论，此亦曰‘无执的存有论’，以及现象界的存有论，此亦曰‘执的存有论’。”②

“执”与“无执”是佛家语，“执”就是执著、僵执、停滞之意。“执”与“无执”主要是就主体言，同是一心，执著就是识心，不执著就是无限心。在中国，佛家的智心、道家的道心、儒家的良知明觉等皆是无执的无限心，而佛家的识心、道家的成心、儒家的气灵之心，则都是有限心。依西方的哲学传统，人只能有限而不

① 牟宗三：《心体与性体》，第1册，135页，台北，正中书局，1973。

② 牟宗三：《现象与物自身》，29页，台北，台湾学生书局，1984。

能无限。在康德,他认为人只有感触的直觉,而无智的直觉,人只能认识现象,而不能认识物自身。牟宗三认为,人不是决定的有限,而是“虽有限而可无限”。人虽有限而可无限并非是偶然的无限,“乃是人之最内在的本质也”。如在“人能知道什么”问题中,若只从知性和感性看人的能力,人的知解能力自然有限。但若展露出智的直觉,则人亦可知本体和物自身,则人虽有限可无限,“若从此看人,则人自是有限的。但当他们被转化时,人的无限心即呈现。若从此看人,则人即具有无限性”。①

人虽有限而可无限,这一命题亦蕴含人有智的直觉,即人有智的直觉是对人的无限性的进一步说明。牟宗三认为在康德,他只承认人有感觉的直觉,而不承认人有智的直觉。牟宗三认为,依中国的传统,人虽有限而可无限,人圣之间并非睽隔不通,因而人可有智的直觉,否则成圣、成佛、成真人将不可能。那么,这种智的直觉究竟如何可能呢?牟宗三认为就道德言,便可在理论上肯定直觉的存在,在实践上肯定直觉的呈现。他说:“道德即依无条件的定然命令而行之谓。”发此无条件定然命令者,康德称之为自由意志,而中国儒者称之为本心、仁体或良知,即吾人之性体。这就是说,发布此无条件的定然命令的本心、仁体或良知就是吾人之性。“性是道德行为底超越根据,而其本身又是绝对而无限地普遍的,因此它不是个类名,所以名曰性体——性即是体。性体既是绝对而无限地普遍的,所以它虽特显于人类,而却不为人类所限,不只限于人类而为一类概念,它虽特彰显于成吾人之道德行为,而却不为道德界所限,只对于道德界而无涉于存在界。它是涵盖乾坤,为一切存在之源的。”②性体是

① 牟宗三:《现象与物自身》,27页,台北,台湾学生书局,1984。

② 牟宗三:《智的直觉与中国哲学》,引自颜炳罡:《牟宗三学术思想评传》,232页,北京,北京图书馆出版社,1998。

形而上的，绝对而无限的，它创生一切，遍润一切，体物而不可遗，其极必与天地万物为一体。

上述是牟宗三对智的直觉在理论上的肯定，在实践上，牟宗三认为也必呈现。他说，本心仁体不是一个孤悬的、假设的绝对而无限的物，不是一设准，而是在实践中随时跃动、随时呈现。如见父自然知孝，见兄自然知悌，当恻隐时则恻隐，当羞恶时则羞恶，这都表示本心是随时在跃动、在呈现。而在康德，只是把自由意志看成一孤悬的、抽象的理性体，是一设准。

上述肯定人的智的直觉存在，在牟宗三的“道德的形上学”体系中，具有重大意义。牟宗三的道德形上学就是“依道德的进路对于万物之存在有所说明”。道德的形上学由道德的实体的展露而建立，而道德实体的展露又由人的道德意识而显现。但道德实体不限于人类而为一“类名”，它是无限的实体，它不仅可以开道德界，而且可以开存在界。牟宗三所创立的道德形上学是中国传统哲学与康德哲学相互参照、相互补充、相互融合的产物。就“执的存有论”言，主要是取自康德；就“无执的存有论”言，主要是源于中国传统哲学。①

牟宗三一生，出入于康德、黑格尔、怀特海、罗素、维特根斯坦、海德格尔等诸西学大师之间，又长期默识于中国儒道佛哲学之门，学贯中西，圆融会通。尤其是他用中国哲学的理念来引导中国人理解康德，消化康德，并透过康德哲学，来彰显中国儒家的道德生命。正如当代学人指出：“牟先生立身当代中国，诠释深化了民族文化的传统，也开启了一条消化西学的新路。他建造了一套融贯中西学问的概念系统，已普遍被当代中国学人所

① 颜炳罡：《牟宗三学术思想评传》，239页，北京，北京图书馆出版社，1998。

接受。”①

（二）文化本位主义——唐君毅的新儒学主张

唐君毅（1909～1978年），四川宜宾人。幼小随父读书，受传统文化熏陶，1926年唐君毅去北京读书，先读中俄大学，后考入北京大学。在北大，他听过梁启超、胡适之、梁漱溟的讲演，独敬佩梁漱溟弘扬中国传统文化的精神，并执弟子礼。1927年，唐君毅由北京大学转入南京中央大学哲学系。时，方东美、宗白华都在中央大学任教，熊十力、汤用彤也在中央大学作过短期讲学，唐从方、汤那里了解了西方新实在论哲学，从熊十力那里了解了新唯识学，并对熊十力执弟子礼。1932年，唐君毅中央大学毕业后，先后在中央大学、华西大学、江南大学等校任教。1949年去香港，与钱穆、张丕介等人创立新亚书院，钱穆任校长，唐君毅任教务长。1963年，香港新亚、崇基、联合三个私立学校合并为香港中文大学，唐君毅被聘为教授兼文学院院长、哲学系主任等职。1974年从香港中文大学退休，1978年2月因病逝于香港。唐君毅是现代新儒家的主要人物，在港台和海外均有一定影响。唐君毅学贯中西，一生致力于弘扬中国传统文化，被称为“仁者型的哲学家”。主要著作有《道德自我之建立》、《中国文化之精神价值》、《人文精神之重建》、《中国人文精神之发展》、《文化意识与道德理性》、《中国哲学原论》、《中华人文与当今世界》、《生命存在与心灵境界》等。

1. 中西文化之比较

中国传统文化如何实现现代化，即如何与西方民主与科学接轨，是现代新儒家们共同关注的问题。唐君毅对于东西方科

---

① 王邦雄：《开启一条消化西学的新路——牟宗三先生的思想及其风范》，见罗义俊编著：《评新儒家》，674页，上海，上海人民出版社，1991。

学与人文精神的会通，主要散见于他的《中华人文与当今世界》、《人文精神之重建》、《中国人文精神之发展》、《中国文化之精神价值》等著作。

自从西学东渐以来，在近百年中西文化的冲突和碰撞中，所有关心中国文化问题的学人，无不表示他们的东西文化观，唐君毅也不例外。唐君毅认为，东西方文化的不同，主要表现在以下几个方面：

(1) 中国文化之形成为一元，西方文化之形成为多元。唐君毅认为，中国文化来源为一元，而西方文化来源是多元。在中国古代，夏、殷、周不同的民族，在文化上一贯相承，中国古代文字的统一就是明证。西方文化则相反，近代西方文化来源于希腊文化、罗马文化、希伯来文化、日耳曼文化以及回教文化，其来源明显是多元的。他说：

> 吾人今兹论中国文化，乃以西方文化为背景，而作一比较之论列。关于中西文化之差别，吾人今将首提一义：即西方文化之形成为多元，其所历之文化冲突多，而中国文化之形成，几可谓一元，其所历之文化冲突少。西方文化源于受埃及文化、巴比伦文化、叙利亚文化，与爱琴文化之影响而形成之希腊文化。罗马精神融摄希腊文化，而形成罗马文化。希伯来之犹太教、基督教精神，与阿拉伯精神侵入罗马世界而有中古文化。再加上意大利文艺复兴，与日耳曼精神之发挥，乃成西方近代之文化。其中基督教之精神，虽由其主宰中古文化，浸成西方文化之统所在，然基督教精神毕竟为后起，而与希腊精神不能全水乳交融，因而有文艺复兴时代之人，以希腊文化对抗希伯来文化精神之事。吾人今日虽可在哲学理念上，将希腊中古与近代西洋文化精神统

化中,“有宗教、艺术、哲学、科学、政治、经济、文学诸划分之分化领域,即由西方文化输入,而后为中国人所明确意识者”。① 西方文化则不同,其各文化部门,如宗教、文学、艺术、科学、哲学、政治、经济皆类别分明,其学术中之分类,尤愈分愈细。学术上之主义派别,特见纷繁。

上述唐君毅对中西文化不同特点的比较,旨在寻求东西文化的会通与融合。他说:中国文化中之人文精神与西方科学精神以至宗教精神,实实在在是人类心灵,倾向不同发展而生的二种精神。“我此文以中国人文精神与西方科学精神相对来说,不是说西方莫有人文精神,我们常说的意思,是中国之社会人文世界,是着重在内部和融贯通的社会人文世界。而西方的社会人文世界,则是各种学术文化分途展开的社会人文世界。前者主要表现仁的性情,后者主要表现智的条理。故后者与科学精神相顺应,而前者则初不与科学精神相顺应。因而缺乏科学。现在我们的理想是要把此两个打成一个,但我们却须先承认在事实上原是两个。”②

2. 中国文化之价值

唐君毅的一生都在为中国文化的重建而努力,正如他的好友、同事牟宗三所说:“唐先生书多重在正面疏通中国文化之精神与价值,使人对于中国文化有恰当之理解,纠正五四以来之否定主义。”③

唐君毅认为,中国的心性之学,即“论人之当然的义理之本

① 唐君毅:《中国文化之精神价值》,见方克立、李锦全主编:《现代新儒家学案》(下),280页,北京,中国社会科学出版社,1995。

② 唐君毅:《中国人文精神之发展》,见方克立、李锦全主编;《现代新儒家学案》(下),271页,北京,中国社会科学出版社,1995。

③ 牟宗三:《道德的理想主义》修订版序,台北,台湾学生书局,1978。

原所在者”①，是中国文化之本，是中国学术思想之核心，亦是中国思想中之所以有天人合德之说之真正理由所在。他说：

> 中国儒者所讲之德性，依以前我们所说，其本原乃在我们之心性，而此性是天理，此心亦通于天心。此心此性，天心天理乃我们德性的生生之原。此德性既能润泽我们之身体，则此身体之存在，亦即为此性之所主宰，天理天心之所贯彻，因而得被安顿调养，以真实在于天地之间。②

又说：

> 由此而人生之一切行道而成物之事，皆为成德而成己之事。凡从外面看来，只是顺从社会之礼法，或上遵天命，或为天下后世，立德、立功、立言者，从此内在之觉悟中看，皆不外尽自己之心性。……所以宋明儒由此而有性理即天理，人之本心即天心，人之良知之灵明，即天地万物之灵明，人之良知良能，即乾知坤能等之思想，亦即所谓天人合一思想，此中精微广大之说，自非我们今所能一一加以论列者。然由先秦之孔孟，以至宋明儒，明有一贯之共同认识。……此即中国心性之学之传统。今人如能了解此心性之学，乃中国文化之神髓所在，则决不容许任人视中国文化……。③

然而，中国的心性之学，今日却被中国人和西方人所忽略。究其原因，唐君毅认为一是晚清的考证训诂，二是西方文化东渐，三是于西方宗教思想相悖。他说：其所以致此者，“首因清代三百年之学术，乃是反宋明儒，而重对书籍文物之考证训诂的，故最讨厌谈心谈性。由清末西化东渐，中国人所羡慕于西方者，初乃其炮舰武器，进而及其他科学技术，政治法制。五四运动时

---

①②③ 唐君毅：《中华人文与当今世界》，见方克立、李锦全主编：《现代新儒家学案》（下），290 页，273 页，293 页，北京，中国社会科学出版社，1995。

代之中国思想界，一方讲科学民主，一方亦以清代考证之学中有科学方法，而人多喜提倡清代颜习斋、戴东原之学，以反对宋明儒。后来共产主义讲存在决定意识，亦不喜欢讲心性。在西方传入之宗教思想，要人自认本性中涵有原始罪恶，中国传统的心性之学，则以性善论为主流。此二者间亦至少在表面上是违反的"①。于是中国心性之学，遂同为今日之中国人与西方所忽略。

另外，唐君毅还认为，中国的心性学在今日所以又为人忽略的另一原因就是被误解，即把中国的心性学当做西方传统哲学中所谓理性的灵魂（Rational soul）之理论或认识论形上学之理论，或当做一种心理学。他说：

> 把中国心性哲学，当作西方心理学或传统哲学中之理性的灵魂论，及认识论形上学去讲，都在根本上不对。而从与超自然相对之自然主义的观点，去看中国心性之学，因而只从平凡浅近处去加以解释，更属完全错误。西方近代所谓科学的心理学，乃把人之自然的行为，当作一经验科学研究的对象看。此是一纯事实的研究，而不含任何对人之心理行为，作价值的估量的。传统哲学中之理性的灵魂论，乃将人心视作一实体，而论其单一不朽，自存诸形式的性质的。西方之认识论，乃研究纯粹的理智的认识心，如何认识外界对象，而使理智的知识始何可能的。西方一般之形上学，乃先以求了解此客观宇宙之究极的实在，与一般的构造组织为目标的。而中国由孔孟至宋明儒之心性之学，则是人之道德实践的基础，同时是随人之道德实践生活之深度，而加深此学之深度的。这不是先固定的安置一心理行为或

① 唐君毅：《中华人文与当今世界》，见方克立、李锦全主编：《现代新儒家学案》（下），291页，北京，中国社会科学出版社，1995。

灵魂实体作对象，在外加以研究思索，亦不是为说明知识如何可能，而有此心性之学。此心性之学中，自包含一形上学。然此形上学，乃近乎康德所谓的形上学，是为道德实践之以基础，亦由道德实践而证实的形上学。而非一般先假定一究竟实在存于客观宇宙，而据一般的经验理性去推证之形上学。①

以上是唐君毅对中国文化，尤其是对中国心性之学的态度。但作为现代新儒家，不仅是固守中国文化之传统，更重要的是如何"开新"，谋求中国文化的现代化。在这方面，唐君毅是十分矛盾的，同时，也看不出具体的"开新"方法。

首先，唐君毅看到了西方民主、科学文化的重要。他说："我们承认中国文化历史中，缺乏西方之近代民主制度之建立，与西方之近代的科学，及各种实用技术，致使中国未能真正的现代化工业。""西方科学精神，实导原于希腊人之为求知而求知。此种为求知而求知之态度，乃是要先置定一客观对象世界，而至少在暂时，收敛我们一切实用的活动，及道德实践的活动。超越我们对于客观事物之一切利害的判断，与道德价值之判断；而让我们之认识的心灵主体，一方如其所知的观察客观对象，所呈现于此主体之前之一切现象；一方顺其理性之运用，以从事其纯理论的推演；由此以使客观对象世界之条理，及此理性的运用中所展现之思想范畴、逻辑规律，亦呈现于此认识的心灵主体之前，而为其所清明的加以观照涵摄者。此种科学精神，毕竟为中国先哲之所缺。"②

但同时唐君毅也强调，我们不能承认中国文化思想中没有民主的种子，亦不能承认中国文化是反科学的。他说："我们须

①② 唐君毅：《中华人文与当今世界》，见方克立、李锦全主编：《现代新儒家学案》(下)，292页，296页，北京，中国社会科学出版社，1995。

先承认中国古代之文化，分明是注重实用技术的。故传说中之圣王，都是器物的发明者。而儒家亦素有形上之道，见于形下之器的思想，而重‘正德’利用‘厚生’，天文数学医学之知识，中国亦发达甚早。”又说：“中国今虽尚未能完成其民主建国之事业，然我们却不能说中国政治发展之内在要求，不倾向于民主制度之建立，更不能说中国文化中，无民主思想之种子。”他举例说，中国政治思想上的“民意代表天命”，制度上的“百工谏”、“庶人传语”、“近臣尽规”、“亲戚补察”、“瞽史教诲”，以及后来的谏诤君主之御史制度、选举制度、科举制度等，都可使君主在政府内部的权力受到道德上的限制。①

唐君毅反对五四新文化运动以来的科学主义。他说：“我这个忧虑，不是危言耸听。自新文化运动时之陈独秀吴稚晖诸先生以来，差不多凡中国特别在口头或文字上提倡科学的人，都是对中国文化取推翻打倒讥讽谩骂的人。而这些人却又大都非真正脚踏实地的科学家。他们之宣传科学，亦常非真有爱于科学，恒只是借科学名号以反对他们所不喜欢之中国文化，或其它讲中国文化的人。”而在实际上，而不是在口头上或文字上提倡科学研究或实业的是曾国藩、李鸿章、郭嵩涛、张之洞、孙中山、张季直、梁任公等人。②

1958年初，由牟宗三、徐复观、张君劢、唐君毅四人联名发表的《为中国文化敬告世界人士宣言》(副题为《我们对中国学术研究及中国文化与世界文化前途之共同认识》)，被认为是当代新儒家的思想纲领，也基本上反映了唐君毅的文化主张。《宣言》指出：“要使中国人不仅由其心性之学以自觉其自我之为一

---

① 唐君毅：《中华人文与当今世界》，见方克立、李锦全主编：《现代新儒家学案》(下)，297页，北京，中国社会科学出版社，1995。

② 唐君毅：《中国人文精神之发展》，见方克立、李锦全主编：《现代新儒家学案》(下)，270页，北京，中国社会科学出版社，1995。

道德实践的主体，同时当求在政治上能成为一政治的主体，在自然界、知识界成为认识的主体及实用技术的活动之主体。”①这即是说，中国人不仅由心性之学以自觉的道德实践主体，同时，还要通过主体的转化，吸收西方的民主、科学文化，从而开出“新外王”。

以上是唐君毅对中国文化未来出路的态度。与牟宗三相比，尽管牟宗三的“良知坎陷”说被理解为黑格尔的“精神之内在有机发展”，但毕竟是一次大胆的理论尝试。而在唐君毅身上，体现更多的则是文化本位主义的立场。

唐君毅晚年写出《生命存在与心灵境界》一书，是作者一生学问和思想体系的完成。该书采取了类似儒家判教的方式，旨在说明种种世间、出世间的境界，都与人的生命心灵种种活动相感通，都与感通的种种方式相应。如唐君毅在他的“三向九境”理论框架里，把人们对生命把握的程度分为九境，即依次为万物散殊境、依类成化境、功能序运境、感觉互摄境、观照凌虚境、道德实践境、归向一神境、法我二空境、天德流行境。以上九境，唐君毅认为，前三境为一组，实乃我们平时所见的客观世界；中间三境为一组，指的就是知识境；后三境为一组，“初之为神教境、二为佛教境、三为儒教境”，而最后的“儒教境”就是儒家“践仁尽性、天人合一之教”所表现的最高境界。唐君毅的《生命存在与心灵境界》一书再一次表明了他的中国儒家文化的人文立场。

（三）传统与现代化——徐复观的新儒学主张

徐复观（1903～1982 年），字佛观，湖北浠水人。1918 年考入湖北省第一师范学校，1923 年师范学校毕业后又考入湖北省

① 此《宣言》为唐君毅在香港起草，经牟宗三、徐复观、张君劢过目并修正而成。1958 年元旦分别在香港《民主评论》、《再生》杂志上同时发表。

立国学馆，受业于国学大师黄季刚（侃）。这段时间的学习，使徐复观广泛接触中国文化典籍，打下了坚实的中国文化功底。1925年弃文投军，参加驻营黄陂的国民革命军。大革命失败后，1928年，徐复观获友人资助东渡日本留学，先后就读于明治大学经济系和陆军士官学校步兵科。1931年"九一八"事变后，徐复观因抗议日本帝国主义的侵略被迫回国，在国民党军队中任职，开始了他长达15年的军旅生活。期间（1942年春），曾奉命到延安任过短暂的联络参谋，与中共毛泽东、朱德、刘少奇、周恩来、叶剑英多有往来。1943年，徐复观由延安返回重庆，受到蒋介石的器重，由此而涉足政界，参与机要。1946年，徐复观以陆军少将呈请志愿退役。1948年冬，国民党大势已去，徐复观毅然脱离国民党高层政界，开始了在台港的学术生涯。自1952年起，徐复观先后任教于台湾省立农学院、私立东海大学、香港新亚研究所，1982年患胃癌病逝于台北。

徐复观由赳赳武夫而渐成文化人，对其发生影响的是熊十力先生。早在1927年，徐复观在军营中就始闻"熊子真（十力）先生"的大名。1943年他前往北碚金刚碑勉仁书院拜谒熊十力先生，熊十力的学识、人格对徐复观都产生重大影响。徐复观后来说："我决心扣学问之门的勇气，是启发自熊十力先生。对中国文化，从20年的厌弃心理中转变过来因而多有一点认识，也是得自熊先生的启示。"①自此，徐拜了熊十力的门下，执弟子礼，并深悟熊的"亡国族者常先亡其文化"和"欲救中国，必须先救学术"的思想，从而走上了复兴儒学的治学道路。另外，徐复观后来能成为港台新儒家的重镇，还得蒙《学原》月刊和《民主评论》杂志。1947年，徐复观在南京创办学术理论刊物《学原》月

① 徐复观：《我的读书生活》，《徐复观文录选粹》，315页，台北，台湾学生书局，1980。

刊，国内名流学者，如熊十力、钱穆、柳诒徵、朱光潜、洪谦、唐兰、陈梦家、杨树达、季羡林、俞平伯、岑仲勉、牟宗三等，都在《学原》上发表文章，这就使他结识了不少学术界的朋友。1949年，徐复观又在香港创办《民主评论》半月刊，设分社于台北。该刊是海外新儒家的主要文化阵地，通过这个刊物，他又与钱穆、唐君毅、牟宗三等人结成学术师友，从而确立了他在海外思想文化界的地位。

徐复观虽与唐君毅、牟宗三等人同为港台新儒家，但在学术路数和治学方法上与二人不同，他反对营构形而上学体系，而是主张对中国文化作“现代的疏释”，直接把握中国文化的人文精神与价值意义，形成独具一格的文化哲学和中国文化观。主要代表作有《学术与政治之间》、《中国人性论史》、《两汉思想史》、《中国思想史论集》等。

1. 中西文化之比较

中国文化与西方文化有什么不同，如何在东西文化的比较中充分认定本位文化的价值，这是现代新儒家们都要面临的问题。徐复观认为中国文化是道德的文化、“仁性”的文化，西方文化是科学的文化、“知”的文化。对此，他逐一作了阐述。

徐复观首先认为，作为一个文化有一个共性和个性的问题。作为一个人，总有其共性，有了共性，然后天下的人，都可在某一点之上（如人性），作互相联系的考察，因而浮出世界史的观念。但人的生活环境，不能完全相同，各人的自身更有其主动性和创造性，因而人除了共性之外，还有其个性，并且愈是发育完成的人，其个性愈为明显。个性与个性之间，互相影响，影响的结果，一方面是共性的增大，同时，也是个性的完成。文化是人创造的，人的共性和个性，即一与多，当然反映在其创造的文化上，成为文化的个性与共性。所以文化有中西之别，中国既有文化，自然会有个性。他说：

> 在文化的共性上，我们应该承认有一个世界文化；在文化的个性上，我们应该承认各民族国家各有其民族国家的文化。并且各民族国家所反映出的文化底个性，是不断地向世界文化底共性而上升；而共性与个性之间，个性与个性之间，由不断底接触，吸收，将使某些个性的若干原有部分，发生一种解体现象。但这种解体，并非个性之消灭，而是个性新的凝集。个性之不断上升与凝集，正是人类创造文化的过程。这个过程，从观照的态度说，是文化共性之不断扩大；而从实践的态度说，又是文化个性之不断完成。无个性以外的共性，也无隔离孤独的个性。个性中有共性，而仍不失其为个性；共性中有个性，亦仍不失其为共性。……我们主张文化有中西之别，是肯定我们这一民族的长久存在，决非偶然，而系创造了自己所需要的文化；既有文化，自然会有个性。①

徐复观认为，这种文化的共性与个性，决定了中国文化与世界文化的关系。徐复观坚决反对把西方文化视为世界唯一文化，坚决反对以西方文化作为唯一的历史尺度去裁量世界各民族的不同文化。他说："各民族有各民族的价值系统，而不应以西方的价值系统作为此方面的唯一标准。"②

那么，中西文化，尤其是中西文化精神有什么不同呢？徐复观认为西方文化虽有希腊文化和希伯来文化两大来源，但形成近代文化精神的主要是希腊文化。希腊文化之初的自然哲学，即主张人的知性向自然追求剖析，人的精神便首先落在自然上，以后虽由宇宙论转为人性论，但依然执著于知识、科学，西方近

---

① 徐复观：《文化的中与西》，见方克立、李锦全主编：《现代新儒家学案》（下），634页，北京，中国社会科学出版社，1995。

② 徐复观：《孔子在中国的命运》，见方克立、李锦全主编：《现代新儒家学案》（下），598页，北京，中国社会科学出版社，1995。

代人正继承了这一传统。所以西方文化是“知性”的文化，科学的文化。他说：

> 近代西方文化，虽有希腊和希伯来两大来源，但形成其学(Scientia)的性格，因而也是形成其近代文化的主要性格的，却是希腊的产物。此一学的性格，自始即受其初期的“自然哲学”的限定，乃系人的知性，向自然的追求剖析。这种向自然追求剖析的目的，并不一定是在自然，而只是希腊人在闲暇中对于知性活动的喜爱，所以学校一词之语源即为闲暇。在闲暇中作冥想的知性的活动，以求认识真理，希腊人认这是最高的幸福。知性活动，一定要在外面有对象，于是希腊人的精神首先便落到自然，而愿意为“自然之子”。及由宇宙论转入人性论时代，虽然仅仅“为知识而知识”的好奇心，不能不随内忧外患的纷至沓来而有了曲折，但依然是以“知识者”为最有能最有用最成功的人物。所以哲学(Philosophieren)是对于知的喜爱，是希腊人教养的根源，则系始终一致的。……总之，希腊学问的主要对象是自然，是在人之外的事物，而其基本用力处则为知识。此为近代欧洲文化的传承所自。①

中国文化精神，亦即儒家的精神，和上述的恰成一相反的对照。中国学术思想起源于中国人对人生的忧患，这种忧患意识从殷周之际就已经开始。在这种忧患意识指导下，儒家以人自身的行为规范、道德修养作为探讨的内容，形成了一种以人为本的“仁的文化”，也可以说是“心的文化”。这种“仁的文化”或“心的文化”，是一种道德的实践，限制了对物的探讨，所以儒家精神中没有科学。他说：

① 徐复观：《儒家精神之基本性格及其限定与新生》，见方克立、李锦全主编：《现代新儒家学案》(下)，675页，北京，中国社会科学出版社，1995。

学的倾向。如他指出“天的人文化”，在周初即已开始，但天道天命的下落和道德的人文精神自觉，在孔子那里获得了质的飞跃。孔子虽然也讲天、天道、天命，但这都是指“道”的客观性、普遍性、永恒性，只有“道”才是孔子思想的中心范畴。“孔子追求的道，不论如何扩广，必然是解决人自身问题的人道，而人道必然在‘行’中实现。行是动进的、向前的，所以道也必是在行中开辟。”“孔子思想的合理性，不是形式逻辑的合理性，而是具体生命中的理性所展现的合理性。孔子思想的统一，是由具体生命理性的展开、升华的统一；展开、升华中的层次性，即是孔子思想的系统性。这不是逻辑推理的线状系统，而是活跃着生命的立体系统。”如果“把孔子的思想，安放到希腊哲学系统的格式中加以解释，使其坐上形而上的高位，这较之续凫胫之短，断鹤胫之长，尤为不合理。”①为什么中国思想史的研究，到现在为止，还没有产生过一部像样点的综合性著作？徐复观认为主要的问题是方法和态度问题，他们没有把中国文化精神落到具体的人的生命行为上，而是将“具体生命行为，层层向上推”，即使他的师友也不例外。他说：

> 讲中国哲学的先生们，除了根本不了解中国文化，乃至仇视中国文化，以打胡说为哲学者外，即使非常爱说中国文化，对中国文化用功很勤、所得很精的哲学家，有如熊师十力，以及唐君毅先生，却是反其道而行，要从具体生命行为，层层向上推，推到形而上的天命天道处立足，以为不如此，便立足不稳。没有想到，形而上的东西，一套一套的有如走马灯，在思想史上，从来没有稳过。熊、唐两先生对中国文化都有贡献，尤其是唐先生有的地方更为深切。但他们因

---

① 徐复观：《向孔子的思想性格回归》，见李维武：《徐复观评传》、《现代新儒家学案》(下)，608～610页，北京，中国社会科学出版社，1995。

为把中国文化发展的方向弄颠倒了，对孔子毕竟隔了一层。……这都是受了希腊系统哲学的影响。我认为孔子表现在《论语》中的思想性格，合不合希腊系统哲学的格套，完全是不相干的。孔子在人类文化史中的地位，不因其合西方哲学的格套而有所增加，也不因其不合西方哲学的格套而有所减少。今日中国哲学家的主要任务，是要扣紧《论语》，把握住孔子思想的性格，用现代语言把它讲出来，以显现孔子的本来面目……。①

总之，徐复观认为，要用现代人的眼光对以往的历史文化进行新的反省、思考，以显示人文精神的本真，从中发现那些富有生命力而足以弥补现代生活缺憾的内容，他断言“此时中国文化，便会在行为世界中再生”。

徐复观在现代新儒家思潮中，确实是别具一格。他早年投身军旅，涉足政要，后又转向学术，成一家言。在他生命垂危之际，乃立下遗嘱：“余自四十五岁以后，乃渐悟孔孟思想为中华文化命脉所寄，今以未能赴曲阜亲谒孔陵为大恨也。”

三、新一代新儒家的文化主张

进入80年代以后，以杜维明、刘述先、蔡仁厚、成中英为代表的新儒家（被视为现代新儒家的第三代或第四代），开始活跃于国际学术舞台。他们大多是唐、牟的弟子，与前辈相比，他们思想开放，视野开阔，更富于现实感。中国文化的现代化仍然是他们关心的主题，并表示了他们各自的文化主张。

---

① 徐复观：《向孔子的思想性格回归》，见方克立、李锦全主编：《现代新儒家学案》（下），693页，北京，中国社会科学出版社，1995。

展前景问题，则是针对美国加利福尼亚大学伯克利分校历史系教授的《儒教中国及其现代命运》论著而来的。该书的结论是：儒家这个源远流长的人文传统因经不起西化的考验，逐渐在现代中国销声匿迹了。杜维明则认为，对于儒学发展的前景既非含情脉脉地迷恋过去，也不是一厢情愿地憧憬未来，而是想从一个忧虑意识特别强烈的、人文传统的现代命运来认识、了解和体会今天中国、东亚乃至世界文化的认同。他说，既然儒学第三期的前景是以问题的形式标出，现就提出三个具体的问题：

一、在中国，为了坚持开放政策，为了推展四个现代化，为了赶上西方先进诸国的经济水平，为了建设中国式的社会主义文明大国，深入广泛地批判封建意识形态是有浓厚现实意义的思想工作。儒家传统能否超脱保守主义，权威主义和因循苟且的心理而成为有志青年的价值泉源是其能否进一步发展的必要条件。这项工作极为艰巨，真可谓头绪纷繁无从下手。但如何引得其源头活水来是中心课题。

比如，社会上流行着批判“中庸之道”的观点，以为这是“我们几千年来的‘大国粹’，随大流、怕冒尖、取法于中”。其实，用这种“人怕出名猪怕壮”的世俗观点来责备儒学精义是把孔孟痛恨的“乡愿”当作中庸之道的见证者；把刺而不痛、麻木僵化的“德之贼”和体现“执着”的道德勇气和在复杂的条件中取得最佳配合的道德智慧的儒者混为一谈……

二、在东亚，不少知识分子(特别是在经济发展、政治文化、社会心理、价值系统等学术领域里从事科研的专家学者)已意识到儒家传统在工业东亚的五个地区：日本、南朝鲜、台湾、香港和新加坡发挥了导引和调节的作用。……儒学研究在今天东亚的学术界已蔚然成风，但是，如何摆脱政

> 治化的枷锁（也就是说不成为少数既得利益者控制人民的意识形态）和狭隘的实用观点，站在较高的思想水平，比较广的文化视野来探究儒学传统的价值取向是儒学能否进一步发展的先决条件。
>
> 三、在欧美，儒学作为一种哲学的人学，不仅是学术界的科研课题，也是注意通才教育、道德伦理和人文思潮的知识分子所关切的学说。但和耶、犹、伊斯兰、印、佛，及希腊哲学相比，儒学在西方可以说还是个未知数。不过正因为如此，儒学研究可以在现实牵连较少的“象牙塔”里推展，不失为一种养精蓄锐、隔离沉思的机缘。可是，儒学研究必须从不探求价值、不深扣哲理、不研究宗教的传统汉学的实证和实用主义里解脱出来，和西方的社会学家、哲学家、神学家和比较宗教学家进行长期而全面的对话，严格地说，儒学能否对今天国际思潮中提出的大问题有创建性的反应是决定其能否在欧美学术界作出贡献的重大因素。……儒学要有进一步的发展，必须接受西化的考验……只有通过知识分子群体的、批判的自我意识，儒学才有创新和进一步发展的可能。①

如上所述，杜维明认为要在当代世界文化背景下建立起新儒学，一方面必须进一步发掘儒学传统的源头活水，另一方面必须将儒学置于世界思潮的背景中，同其他文化，特别是西方文化进行长期而全面的对话，接受西化的考验，只有这样儒学才有第三期发展的可能。杜维明的文化主张，表现出新一代新儒家开放、创新、务实的鲜明特点。

---

① 杜维明：《儒学第三期发展的前景问题》，见汤一介、杜维明主编：《百年中国哲学经典》（80年代以来卷），498～500页，深圳，海天出版社，1998。

(二)"境界的形上学"——刘述先的新儒学主张

刘述先(1934～　),江西吉安人,出生于上海。1951年入台湾大学哲学系,师从方东美、陈康先生。1958年研究院毕业,取得硕士学位,到东海大学执教。1964年赴美留学,入南伊利诺斯大学,师事魏曼,1966年获博士学位,留校任教。1971年起,往来于美国与香港之间。1981年,他辞去南伊大的教职,受聘为香港中文大学哲学系讲座教授兼系主任,正式移居香港。曾任国际中国哲学学会主席,现为台湾中研院文哲所特约研究员。主要著作有《中国哲学与现代化》、《文化与哲学的探索》、《大陆与海外:传统的反省与转化》等。

刘述先作为港台新一代新儒家的中坚人物,其新儒家主张主要体现在对传统思想的疏释、传统与现代的接合、未来哲学的改造等方面。

对于传统思想的疏释,刘述先并不讳言传统文化本身存在的重大缺陷。在他看来,近百年间,中国由世界文明古国的地位沦落至次殖民地的境地,是传统本身缺陷的全面暴露。其具体的表现是:

第一,我们之在工业化过程中遥遥落后,以至在现实上造成被列强宰割的局面,反映了我们自己的传统缺乏高度的抽象科学理论的建造,不重视观察实验。

第二,科学的大发达又暴露出我们的传统没有也不能发展出西方式的高度抽象的思考方式。"科学发达的一个先决条件乃是抽象的逻辑数理思考方式的表达","但中国人的思考方式一向偏重具体,切合常识;拒绝把内容与形式割裂开来,所以从来没有发展出形式逻辑的观念"。

第三,西方文化的根源是多元的,民族主义的觉醒较早,民主观念根深蒂固。反观中国,一元正统的意识一直特别强烈。

第四，中国传统文化不重人权，缺少自由、个体的观念。

第五，从西方人的宗教体现的观点看，中国文化对世界的阴暗面和人性的缺陷也似乎体认不足，从而缺少对于超越的精神力量的追求。①

总之，刘述先认为，中国文化如果不克服这些重大缺陷，也不可能走向现代化，也不可能有未来。

同时，刘述先又指出，在中国文化日益暴露缺陷而汲汲向西方文化学习之际，西方世界也正受着“现代以后”种种问题的困扰，而中国文化正好可以补西方现代文明的流弊。如中国哲学中的仁心扩充，“既不为客倾的科技、物质机械的世界所吞噬，也不必仰仗他世的福音与救赎”；中国传统哲学中拒绝形式与实质分离的观念，可以矫正自然二分的形上错误与非人性倾向；中国儒家天人合一的理想，对圣人人格的追求，可以扭转西方人戡天役物与集团人宰制以及普遍商业化偏失。据此，他说：“我们面对的真正问题既不是抱残守缺，也不是全盘西化，而是如何去解释选取东西文化的传统，针对时代的问题加以创造的综合”，“然而传统也不会自动现代化，必须通过我们的努力，有所简择，重新解释它的真精神，与当前的情况配合起来，才能在现代发生影响和力量”。②

未来哲学如何改造，亦是东西文化如何会通的问题。刘述先通过对东西方形上学观念变迁的历史考察，提出了一种试图消融东西方哲学智慧，用以解决“现代以后”人类困境的“境界的形上学”。刘述先认为，所谓的“境界的形上学”即探讨有关人的终极关怀的哲学。在刘述先看来，西方古典式的实有的形上学，通过康德的《纯粹理性批判》，认定为理性误用的结果；又通过

---

①② 刘述先：《中国哲学与现代化》，见赵德志：《现代新儒家与西方哲学》，248～249 页，252～253 页，沈阳，辽宁大学出版社，1994。

《实践理性批判》,形成一种新的形上基设。到了现代,在哲学领域内,占据优势的是反形而上学的思潮,如英美的分析哲学、欧美的存在主义以及现象学,都从不同的角度反对形上学。那么西方形而上学是否消失了呢?刘述先认为,西方的形上学并没有绝灭,而是正在蕴育一种新一代的形而上学,如柯林涡特(G. Colling Wood)把形上学定义为研究"绝对基设"(绝对的预先假定)的学问,①派柏(S. Pepper)提出的"世界假设"的观点(这些假设无法为经验所证实或否证,但它却不是认知上的无意义),田立克(Tillich,Paul)设想的"终极关怀"理论。这些,正预示着未来形上学的归趋。②

刘述先认为,现在的任务就是综合上述的智慧,开出一套适合于现时代的形上学体系。但他强调,建立这种新的形上学,不能把眼光仅仅局限于西方,还必须同时把目光转向东方,从中国儒家哲学、道家哲学和印度哲学中获得启示。对于未来形上学的改造,他说:

> 传统的形上学涵盖本体论(Ontology)与宇宙论(Cosmology)的范围。我们也仍然可以保留这样的分类,而在内容上给与全新的了解。本体论不再去追寻"物自体"(Thing-in-itself)或隐藏在现象之后并超越在现象之外的形上实体,实有的形上学是无可奈何地完全过时了。形上学的探究是要去追寻人的"终极关怀"(Uitimate Concern),对于"绝对基

---

① 所谓"绝对基设",就是人们对于世界人生所采取的最基本的观点、态度和信念。这些假定不是可以被证明的东西,而是被假设的东西,形上学的工作就是给予这些假定或基设以客观的描述,而不是给予主观的评价。刘述先认为形上学的基设是人人都有的,同时,形上学的基设也是随着时代的发展而不断改变的。见赵德志:《现代新儒家与西方哲学》,257页,沈阳,辽宁大学出版社,1994。

② 见赵德志:《现代新儒学与西方哲学》,259页,沈阳,辽宁大学出版社,1994。

设"(Absolute Presupposition)的审查。人终不能不有某种终极的托付(Ultimate Commitment),既没有科学方法帮助我们作合理的选取,于此我们只有第一步对人类已经提出的终极关怀或绝对基设加以同情的了解,给与现象学的描绘,第二步运用哲学的智慧比较其得失,第三步发挥创造力寻求一种新的综合,为自己找到安心立命的所在。宇宙论则寻求对于宇宙人生作一种合理的解释,而碰到所谓"世界假设"(World Hypothesis)的问题。人的玄想虽不必一定能够得到证实,但却是我们每一个世代突破当前共许的典范(Paradigrn)的唯一凭借。本体论的托付是绝对的,宇宙论的玄想却富于启示性,可能把我们带进过去没法预见的新境界。①

又说:

无论现代西方在科学技术的巨大贡献,以及政治社会革命意识的觉醒,内在的安心立命始终是一个不可替代的问题,这个问题是不能靠对于一个超越外在的上帝的信仰来解决。新儒家体证到,吾人所禀赋的生命人人涵有一生生不已、怵惕恻隐的仁心,由这一点仁心的体证不断扩充,即可以由内在接通超越,由有限体证无限。显然,这样的肯定不能由科学的经验推概来检证,它所牵涉到的是个人的终极的托付,惟有立志,下定决心,不断做修养功夫,才可能有所如实相应,而达到一种安心立命的境界。②

上述是刘述先对未来形上学改造的设想,试图建立一种"境界的形上学",用以解决"现代以后"人类面临的困境。

---

① 刘述先:《系统哲学的探索》,见汤一介、杜维明主编:《百年中国哲学经典》(80年代以来卷),563页,深圳,海天出版社,1998。

② 刘述先:《文化与哲学的探索》,引自赵德志:《现代新儒家与西方哲学》,262页,沈阳,辽宁大学出版社,1994。

的。只是要求民族之间相互了解、知己知彼，走出一条相互融合的道路。就现在的世界哲学情况看，只是分布于地球上各地区、各个民族的哲学的一种集合，还不具有完整内涵和内在的联系系统。但随着科学技术的发展和全人类世界意识的增强，世界哲学作为一个统一的世界观，在本世纪现阶段也初见端倪。西方哲学的发展特点，如当代西方哲学方法上的不断提出和突破，它必然走向一个更加开阔、更加广大的境地；欧洲大陆诠释分析的哲学与英美逻辑分析的哲学相互间的交叉与侧重；东西方哲学的相互影响、相互诠释等，都表明了当代人类为突破理性的自我限制，最终掌握世界的本质与真实，对建立一种世界哲学的努力。①

成中英进而指出，对本体的把握，依靠的是理性的知觉，而理性的知觉表现为一种新方法的提出。所以，现代西方哲学的发展就是一个不断提出新方法、不断展示本体的过程。现代西方哲学的各家各派，均代表着哲学方法发展过程中的一个特定阶段，各自都在一定程度上把握了本体。但是，每家每派都没有完全达到本体的真实。他说："本体是一个整体，理性显现的只是一部分。这个'部分'当初很新鲜，但不久就看出它的限定，它的问题。所以还需要突破，突破时又是另一套办法，所以又是一个问题。"②本体是一元的，方法是多元的，如何在本体的不断变动中了解方法的多元，了解本体自身，从而实现终极的本体意识，这就是作为整体意识、整体真实的本体与作为部分意识的理性自觉或哲学方法相互结合的问题。"本体诠释学也就是面临

① 赵德志：《现代新儒家与西方哲学》，271～273 页，沈阳，辽宁大学出版社，1994。

② 成中英：《中国文化的现代化与世界化》，引自赵德志：《现代新儒家与西方哲学》，274 页，沈阳，辽宁大学出版社，1994。

着本体与方法之间相互排斥、相互需要的矛盾而提出的整体思考”。①

成中英提出“本体诠释学”的目的，就是要融合中西文化。他说：“只有中国哲学与西方哲学这两大传统相互提携和融合，才能为未来人类提供坚实的基础与完美的归趋。……本体诠释学正是要做这样的尝试。”为此，他从整体本体出发，比较了中西哲学。他说：

> 第一个就是中国人是本体的，西方人是分析的。发挥一下也可以这么说：中国人重视整体的和谐，西方人重视分析的差异。中国人的这种思想主要来源是易经哲学。其中有一个要点，整体思考并不是表明它没有辩证性，它强调从多归结到一，统一的观念非常强烈。相反，西哲是按分析差异的原则建立起来的，由一到多进行分析。要了解一个事物，首先要了解它的结构，层层深入。以上不仅是方法的差异，也是本体的差异。……如上帝与太极的概念就不同。上帝是与人分离的……而太极或天，通过锻炼、修养，则是可能和人合一的。……
>
> 第二是人文主义的不同点。西方的叫作外在的人文主义，中国的叫内在的人文主义。西方的人文主义是相对中世纪神学而言的。认为人应该与客观宇宙有所不同，人应该肯定自己，不应该完全受制于上帝。这与早期的科学思想一致，人应该去认识、控制自然。中国内在的人文主义不把万物排斥于人，肯定人也就是肯定万物。不但讲究人际关系，而且也讲究人与自然之间维持一种和善关系。
>
> 第三个差异点是自然主义。西方的叫作机械的自然主

① 成中英：《中国文化的现代化与世界化》，引自赵德志：《现代新儒家与西方哲学》，275页，沈阳，辽宁大学出版社，1994。

义,中国的叫作有机的自然主义。从本体的整体意识出发,中国人把自然看成是有生命的运动的整体,人可以与之沟通。……这叫机体哲学,也叫生命哲学,把宇宙看成是变化无居、生生不已的东西,易经的思想贯穿于中国人的生命之中。……机械的自然主义是把自然看成是一个机械的工具加以运用,意义的来源是个超越的主体,即上帝。……西方现代的行为科学甚至把人也看成是复杂的机械。这都对哲学产生影响。

第四点是理性主义。中西方都有理性主义。所谓理性就是对整体性的一种反省、重新作把握的一种自觉。理性是自然发生的,只是各自的程度和方向不一样。中国人基于一种整体本体的思考,理性趋于具体化。而西方人则趋于抽象化。……所以我们往往是说写文章,西方人则说是作论文。……

最后一点,是关于实用主义的差异。中国的实用主义,是人格修养的实用主义。……西方的实用主义是功利的,他们追求个人的功利,也认为个人的功利追求最后和整体(社会)的功利是一致的。……这和儒家所提倡的讲究过程、境界、精神状态的修身养性的实用主义是截然不同的。①

以上是成中英关于中西文化差异的五个方面,在他看来,它们认识的本体是一样的,只是方法和理性知觉的方向、程度不同,而存有差异。

那么,中国哲学如何现代化和世界化?基于这个问题,成中

① 成中英:《从本体诠释学看中西文化异同》,见汤一介、杜维明主编:《百年中国哲学经典》(80年代以来卷),323～325页,深圳,海天出版社,1998。

英进一步阐明了中国哲学现代化的内涵。在他看来，无论中国或西方，哲学是关于生命的学问，而生命存在有两个层面，一是理性，一是意志。理性与意志又分别实现为知识与价值。他说："对于哲学，我有一个基本的信念：哲学是应该从对生命的肯定，产生生命的价值与知识，再进而从知识的反省来探讨价值，从价值的反省来寻绎知识，并从两者交互的反省中来彼此充实与重建。哲学是关于人的生命的智慧，而人的生命存在可以区分为两个层面：一面是理性，一面是意志。理性以知为目标，因而产生知识化的宇宙及科学的知识架构。意志以行为目标，促使人实现理想与价值。"①

成中英认为，无论是知识还是价值，是"背向同体"的两个方面，是不可分割的。一个真正意义的现代哲学或世界哲学，应该是既注意用知识去开拓价值，又用价值去开拓知识，使知识与价值互诠互释，从而达到定慧两全，然而这是需要艰辛劳力才能达到的目标。中西哲学正是价值哲学与知识哲学的区别，从整体本体出发，中西哲学未来的走向恰恰相反，西方哲学的问题是如何在知识宇宙中安排价值，中国哲学的问题则是如何在价值宇宙中建立知识。但这又是互动的，本体诠释学正是要整合本体与方法、知识与价值、主观与客观，以在一个更为完整的本体意识中融合差异。对此，成中英认为中国哲学的现代化与世界化，必须在方法、理性等方面有一个突破。他说：

> 中国哲学的现代化有两层意思：一是找出它的普遍理性形式，作为与其它思想沟通的媒介；二是必须对文化的发展和生活本身发生一种作用。更具体说，就是用知识和方法，来扩充智慧与精神，亦即用普遍的知识和理性的方法，

① 成中英：《本体诠释学与中国哲学的现代化与世界化》，引自赵德志：《现代新儒家与西方哲学》，284页，沈阳，辽宁大学出版社，1994。

来表达适应现代人当前及未来生活之价值，来创造发挥中国哲学所蕴涵的智慧与精神。①

又说：

西方哲学需要从新的出发点和新的思考来突破它的狭隘和独断；中国哲学也同样需要汲取西方哲学的养料来恢复其活力，并用这种活力来反馈世界哲学的发展。这就是重建中国哲学的重大意义。这个重建既是中国哲学的世界化，也是世界哲学的中国化。在中国哲学与世界哲学相互诠释的过程中，趋向一个相互解决问题的思维方式。这就是世界哲学中国化和中国哲学世界化的一种表现。②

总之，成中英认为他的本体诠释学既是一种本体哲学，同时也是一种方法哲学，更是一种分析和综合的重建方法。上述成中英关于中国哲学现代化与世界化的种种意见，就是他"本体诠释学"的具体发挥和运用。

(四) 文化的"开"与"合"——蔡仁厚的新儒学主张

蔡仁厚(1930～　)，出生于江西于都。早期就读于广州大学，后到台湾，受教于牟宗三。1979 年入东海大学哲学系执教。蔡仁厚是牟宗三的弟子，新一代新儒家代表人物之一，主要著作有《新儒家的精神方向》、《儒家思想的现代意义》、《儒学的常与变》等。

在新儒家阵营中，蔡仁厚是一位对传统儒学、现代新儒学诠释用功很勤的人。在东西文化的融合与会通方面，他主要探讨中国文化的"开"与"合"、儒学与现代化、新儒家的精神方向、儒家学术的反思与批判等问题。

---

①② 成中英：《世纪之交的抉择》，引自赵德志：《现代新儒家与西方哲学》，285 页，289～290 页，沈阳，辽宁大学出版社，1994。

《新儒家的精神方向》是蔡仁厚的一部学术论集，主要探讨中国文化的“开”与“合”等问题。书中认为中国文化在其发展演变过程中始终呈现“开”与“合”两种状态。所谓“开”即表示文化生命的破裂或歧出，所谓“合”则体现文化的熔铸消化与综合构造。中国几千年来的历史，就是一个在“文化生命主流”的涵盖之下，表现为大开大合的历史发展。其中，从先秦到西汉是第一度的开合，从魏晋到宋明是中国文化的第二度开合，晚明以来的中国文化是第三度的开合，西学东渐以来，中国文化在西方文化的冲击下，再一次被打开。新儒家的任务就是对民族文化进行“思想疏导”和“方向抉择”，以完成儒家第三期的“文化使命”，以期彻底开出外王事功。①

《儒家思想的现代意义》、《儒学的常与变》是蔡仁厚的另两部学术论集，主要探讨儒学与现代化、儒家学术的反思与批判以及生命、伦理、教育诸问题。在其中《儒家思想与中国现代化》一文中，蔡仁厚把中国文化的现代化问题归结为三点：(1) 儒家的传统与现代化是相顺还是相逆？关联于儒家思想而言，现代化当从哪里讲？(2) 什么叫现代化？即对于现代化的意义、内容、精神，应该如何理解？(3) 什么是中国现代化的中心问题？这个问题有解决之道吗？蔡仁厚认为，中国儒学的内圣之学，讲的是常理常道，千古不变，不存在现代化问题。中国的现代化只是解决外王事功问题。中国现代化有两大关键，一是民主建国的完成，一是知识之学的开出。其中，儒家政治思想里虽然没有近代意义的民主政治，但在儒家思想里有“民为贵”、“忧民之忧、乐民之乐”、“民之所好好之，民之所恶恶之”、“爱民、教民、养民、保民”等等观念。因此，儒家的思想与民主政治精神是不相违的。

---

① 解见伟：《蔡仁厚》，见方克立、郑家栋主编：《现代新儒家人物与著作》，361～363页，天津，南开大学出版社，1995。

1986年,南开大学方克立教授,在国家教委文科科研咨询会上做了“要重视对现代新儒家的研究”的专题发言,进一步表示了学术界对这一问题的关注。同年,方克立的研究报告在国家哲学社会科学“七五规划会议”上获得批准。至此,现代新儒家的研究成为国家的研究项目。方克立在回顾中说:“我在1986年发表《要重视对现代新儒家的研究》一文,同年争取在‘七五’国家社科规划重点项目中确立了‘现代新儒学思潮研究’课题。这一课题吸引了国内各大学和研究所的数十名优秀的中青年学者来参加。大家分工合作,从搜集、整理原始材料开始,逐步开展对现代新儒家整体宏观研究和分别的个案研究。这一课题在制定‘八五’国家社科规划时又继续被确定为重点,作为一个集体项目进行了整整十年的合作研究。今天看来,它的成效是很明显的。课题组不但自己编辑、撰写、出版了数量相当可观的一批学术资料、专著和论文,而且带动了全国范围内的现代新儒学研究,甚至有人说最近十年在中国大陆出现了‘新儒学热’。现代新儒学以断顿30多年的‘绝学’变成名噪一时的‘显学’,这是过去完全没有预料到的。”①

现代新儒学研究从1986年“现代新儒学思潮研究”课题的确立开始,至20世纪末,在这十多年的时间里,其研究成果已是蔚为大观。

由方克立、李锦全负责的“现代新儒学思潮研究”课题组的成果有:

1. 资料方面

《现代新儒家学案》,全书分上、中、下三册,计两百余万字,1995年9月由中国社会科学出版社出版。全书共收入现代新儒

① 方克立:《现代新儒学研究在中国》,《现代新儒学与中国现代化》,252页,天津,天津人民出版社,1997。

家11位，他们是梁漱溟、张君劢、熊十力、马一浮、冯友兰、贺麟、钱穆、唐君毅、牟宗三、徐复观、方东美，基本上是现代新儒家的第一代和第二代，每学案内容均包括“评传”、“资料选辑”、“论著编年”，提供了学术思想和学术资料的双重价值；《现代新儒学辑要》丛书，共15册，总计600万字。每学案中有“评传”，辑要中有“编序”，同样具有学术思想和学术资料价值，自1992年起由中国广播电视出版社陆续出版。

2. 思想研究方面

已由天津人民出版社和辽宁大学出版社先后出版了《现代新儒学研究丛书》，共计23册。已出版的有郑家栋的《本体与方法——从熊十力到牟宗三》、武东生的《现代新儒家人生哲学研究》、赵德志的《现代新儒家与西方哲学》、施忠连的《现代新儒学在美国》、陈少明的《儒学的现代转折》、韩强的《现代新儒学心性理论评述》、卢升法的《佛学与现代新儒家》、李毅的《中国马克思主义与现代新儒学》、张祥浩的《唐君毅思想研究》、郭齐勇的《熊十力思想研究》、曹跃明的《梁漱溟思想研究》、李道湘的《现代新儒学与宋明理学》等。另外，课题组成员个人的研究成果有郑家栋的《现代新儒学概论》、宋志明的《现代新儒家研究》、郭齐勇的《熊十力及其哲学》、田文军的《冯友兰新理学研究》、景海峰的《梁漱溟评传》、郑大华的《梁漱溟与现代新儒家》、韩强的《文化意识与道德理性》、李翔海的《成中英本体诠释学研究》等。除上述专著外，还在海内外报刊上发表了两百余篇论文。①

以上是由方克立、李锦全负责的“现代新儒学思潮研究”课题组10年来取得的成果。除此外，其他学者对于现代新儒家的研究也不容忽视。如资料方面，由黄克剑、吴小龙编的《当代新

---

① 方克立：《现代新儒学研究在中国》，见《现代新儒学与中国现代化》，253页，天津，天津人民出版社，1997。

儒学八大家集》，全书八册，计 300 万字，全书收入的新儒家人物有梁漱溟、熊十力、张君劢、冯友兰、方东美、唐君毅、牟宗三、徐复观。每人的内容有：①生平、思趣、人格、境界；②撰述原委与措思线索；③论著选辑。该书 1993 年由群言出版社出版。又如在思想研究方面，由戴逸主编的《二十世纪中国著名学者传记丛书》中，也有不少写的是现代新儒家人物。其中有郑大华的《张君劢学术思想评传》、《梁漱溟学术思想评传》、丁为祥的《熊十力学术思想评传》、宋志明与梅良勇的《冯友兰学术思想评传》、汪学群的《钱穆学术思想评传》、颜炳罡的《牟宗三学术思想评传》等。另外还有罗义俊的《评新儒家》、启良的《新儒学批判》以及美国学者艾恺的《最后一个儒家——梁漱溟与现代中国的困境》都是研究新儒家的专著。1949 年后，留在大陆的老一辈新儒家学者，现在都已去世，但他们的著作正在系统整理出版，如《梁漱溟全集》、冯友兰《三松堂全集》、《马一浮全集》等。

大陆对港台新儒家的回应除上述研究成果外，还有不少学术的交流活动。如 1988 年 9 月，在新加坡召开“儒学发展的问题及前景”学术讨论会，中国大陆、台湾、香港和新加坡、美国、加拿大等 40 位华人学者参加了会议，共同讨论儒学和新儒学的当代发展问题。又如 1994 年 10 月，中国孔子基金会主办的“孔子诞辰 2545 周年纪念与国际学术讨论会”在北京召开。国内（包括港、台、澳地区）和来自日本、韩国、新加坡、越南、印尼、马来西亚、美国、德国、法国、英国、俄国、澳大利亚、荷兰、瑞士等二十多个国家的学者近三百人参加了会议。这表明儒学越来越得到世界范围内学者的关注。《儒学与廿一世纪》学术论集就是这次盛会的硕果。论集不仅对 20 世纪儒学研究的状况作了回顾，而且着重从多领域、多方面、多层次对 21 世纪的儒学发展方向和未来命运，儒学在未来世界文化构成中的位置等诸多问题，作了深入的探讨。

上述是大陆学者对港台新儒家的回应，其基本态势是好的。但在“新儒学”研究的同时，国内文化思想界却也滋蔓起一股当代文化新保守主义思潮。新保守思潮明确打出“复兴儒学”和“大陆新儒家”的旗帜，要“倾听压抑太久遗忘太久的人文主义传统的声音”，宣称“21 世纪是儒学的世纪”，主张以儒学为主体、为本位来融合中西文化，再造“国学”的辉煌。对当代新保守思潮的表征，方克立在他的《现代新儒学研究在中国》和《要注意 90 年代出现的文化保守主义思潮》等文章中均有清楚的阐述。他说：

> 我想介绍一下中国 90 年代出现的一种新的思想动向，这就是文化保守主义的抬头。这大概是对 80 年代激进反传统和西化思潮的一种反动。有人公开打出了“大陆新儒家”的旗号，主张在中国大陆“复兴儒学”，要用儒学取代马列主义作为中国现代化的指导思想。也有的学者，并不从正面反对马列，但在学术立场上接受了儒家的“道统论”，提出要重新“原道”，这个“道”就是儒家所说的“民族文化之常道”，或曰五千年中国文化一以贯之之道。也有人十分欣赏丹尼尔·贝尔所说的“文化上的保守主义，政治上的自由主义，经济上的社会主义”三结合的模式，主张儒学和社会主义结合，提出了“儒家社会主义”或“社会主义新儒学”的设想。文化保守主义思想的抬头，也可以说是在中国大陆开展现代新儒学研究所产生的一种负面效应……。①

又说：

> 我带来一本杂志，其中有两篇文章，题目分别是《文化崩溃时代的逃亡与归依——90 年代文化的新保守主义精

① 方克立：《现代新儒学研究在中国》，见《现代新儒学与中国现代化》，260 页，天津，天津人民出版社，1997。

神》和《新保守主义:价值转型的表征》。

前一篇文章说:

“我发现自90年代开始,文化上新保守主义精神不作宣告地悄然形成了。……新文化保守主义的主要特征概括起来大致有如下三点:一是放弃激进的批判精神,实行温和而稳定的话语实践;二是放弃对共同处境的忧患、焦虑和怀疑,转变为对个人境遇的关怀和思考;三是放弃对终极价值、目标信仰的追求和提供,而是关注具体的局部问题的解决。显然,这是一次文化气质的大转型,对这一巨大的转变我们已有了明确的感知。”

后一篇文章说:

“进入90年代,中国大陆的文化发生了深刻的转型。人们都已注意到的一个文化现实是:一种新保守精神正在崛起,它已超越了80年代我们熟悉的文化话语,在新的话境中发挥着越来越大的影响。……这种文化思潮既包涵着对80年代以来文化运作的反思,又有对‘五四’以来激进话语的反思;而它的发展也与目前‘冷战后’的新世界格局有密切的联系,可以说是这一格局的一种文化反应。‘新保守精神’已涉及了文化的各个领域,在不同的文化空间中获得了不同的表现形式”。

这是两位生活在国内的人文学者的体认和感受。我还想介绍一位现执教于英国伦敦大学东方学院的中国学者远在异国他乡的观察和评论。这位学者在阅读了近年来国内文化讨论的一些文章后说:

“读完这些讨论,有一个局面已相当清楚:一个强大的新保守主义思潮正在中国知识界翻卷起来。新保守主义首先表现在对80年代文化热的忏悔自罪心情。……对80年代文化精神高扬的清算是新保守主义的一个共同倾向,不管讨论者是否自觉到这一点。新保守思潮表征之二是回归传统文化,'倾听压抑太久遗忘太久的人文主义传统的声音'。……从国内出版物的情况看,新国学的确已成为近年学术的中坚,文化关注点的确在转向。新保守主义潮流的最重要表征是自我唾弃精英地位或责任,转而与民间文化——俗文化认同。"①

方克立所引上述资料,旨在说明90年代的文化保守主义思潮,不是一种虚构,而是一种被许多学者感知的文化现象。方克立进而在文章中指出,90年代的文化保守主义有以下表现和特征:(1)反思和批判激进主义。从反思80年代"文化热"中的激进主义到反省五四以来以至整个中国近代思想史中的激进主义,从批判文化激进主义到批判政治激进主义;反省、反思整个中国近代史,否定近代以来的历次中国人民革命,认为太平天国革命、辛亥革命和中国共产党领导的人民革命都是政治激进主义的产物,反帝反封建的人民革命阻碍了中国现代化的进程;中国应该走改良和"君主立宪"的道路。(2)当代文化保守主义思潮和中国近现代文化保守主义一样,表现出一种回归传统的倾向。在弘扬民族文化口号下,打出"复兴儒学"和"大陆新儒家"的旗帜,宣称"21世纪是儒学的世纪",主张以儒学为主体、为本位来融合中西文化。(3)在反思中国近代思想史时,一方面批判激进主义,另一方面则表现出对近现代文化保守主义的过分偏袒和钟爱。(4)当代文化保守主义和近现代文化保守主义一脉相承,宣扬唯心主义的历史观和世界观。(5)文化保守主义作为一种批判现代化的理论,与"后现代主义"有某些表面的契合之处。(6)认为文化保守主义不同于"社会政治的保守主

① 方克立:《要注意研究90年代出现的文化保守主义思潮》,见《现代新儒学与中国现代化》,520~521页,天津,天津人民出版社,1997。

来。儒家思想作为人类多元文化中之一‘家’的地位和历史价值则将是永存的。”①

① 方克立:《现代新儒学的发展历程》,见方克立、李锦全主编:《现代新儒家学案》序言,51～52页,北京,中国社会科学出版社,1995。

第八章　科学乎、人文乎

——中国近代以来文化取向之反思

一、历史的追思：近代科学为什么没有在中国产生

谈到近代科学为什么没有在中国产生，便不能不重提“李约瑟难题”以及追寻近代以来中国人对这一问题的次次发问。

(一) 重提“李约瑟难题”

李约瑟博士(Joseph Needham，1900～1995年)，英国王室御前顾问(CH)、英国皇家学会会员(FRS)、英国学术院院士(FBA)，著名生物化学家、中国科技史巨匠及当代杰出的人文主义者。他以毕生心血撰写并出版有30册的系列巨著《中国科学技术史》而闻名于世，并成为中国人民的最亲密朋友。

1937年，李约瑟在剑桥大学受到三位中国留学生的影响，他们是燕京大学的沈诗章、金陵大学的王应睐和上海雷士德医学研究院一位南京药商的女儿鲁桂珍。三位留学生给李约瑟带来了这个东方文明古国的学术传统，尤其是鲁桂珍更给李约瑟带来了中国古代文明的坚定信念。李约瑟说，我对他们的了解越深，我与他们的思想就越接近，这就导致尖锐地提出一个问题：

李约瑟何时提出"难题"，据李约瑟回忆："大约是在1938年，当我第一次设想，要写一部系统、客观而又具有权威性的论著，用以阐明中国这个文化区域的科学、科学思想及技术的专题时，我曾把现代科学（如我们所知自17世纪伽利略时代起）为什么不在中国文明（或印度文明）中间产生，而只是在欧洲发达起来，看作是一个不容回避的基本问题。"①关于"李约瑟难题"李约瑟在《中国科学技术史》第一卷第一章的"序言"中有明确的表述，他说：

> 在不同的历史时期，即在古代和中古代，中国人对科学、科学思想和技术的发展，究竟作出了什么贡献？虽然从耶稣会士17世纪初来到北京以后，中国的科学就已经逐步融合在近代科学的整体之中，但是，人们仍然可以问：中国人在这以后的各个时期有些什么贡献？广义地说，中国的科学为什么持续停留在经验阶段，并且只有原始型的或中古型的理论？如果事情确实是这样，那么在科学技术发明的许多重要方面，中国人又怎样成功地走在那些创造出著名"希腊奇迹"的传奇式人物的前面，和拥有古代西方世界全部文化财富的阿拉伯人并驾齐驱，并在3到13世纪之间保持一个西方所望尘莫及的科学知识水平？中国在理论和几何学方法体系方面所存在的弱点，为什么并没有妨碍各种科学发现和技术发明的涌现？中国的这些发明和发现往往远远超过同时代的欧洲，特别是在15世纪之前更是如此（关于这一点可以毫不费力地加以证明）。欧洲在16世纪以后就诞生了近代科学，这种科学已被证明是形成近代世界秩序的基本因素之一，而中国文明却未能在亚洲产生与

① ［英］M.戈德史密斯，AL.马凯：《科学的科学》，148页，北京，科学出版社，1985。

此相似的近代科学，其阻碍因素是什么？另一方面，又是什么因素使得科学在中国早期社会中比在希腊或欧洲中古社会中更容易得到应用？最后，为什么中国在科学理论方面虽然比较落后，但却能产生出有机的自然观？这种自然观虽然在不同的学派那里有不同形式的解释，但它和近代科学经过机械唯物论统治三个世纪之后被迫采纳的自然观非常相似。这些问题是本书想要讨论的问题的一部分。①

以上便是李约瑟对"李约瑟难题"最详细、完整的表述。这之后，"李约瑟难题"引发了中外学者广泛讨论。据统计，从"李约瑟难题"以来到1998年，关于近代中国科学落后问题的论文有三百多篇，论著四十多部。这一现象表明，李约瑟不仅是一位科学史家，而且还是一位深刻的思想家。他不满足于史料的爬梳考证，还力图揭示具有普遍意义的规律性知识。

（二）求解"李约瑟难题"

关于"李约瑟难题"并不是李约瑟所首创，据一些学者指出，早在16世纪末，耶稣会士利玛窦在考察了当时中国科学之后，就发出了中国的天文历算何以停滞不前的疑问。清代中期，法国耶稣会士巴多明对中国科学停滞不前的原因也做过较深入的分析。

较早对中国为什么无科学这一问题发问的是中国科学社成员任鸿隽和王琎，他们在20世纪初已经提出了与后来所谓"李约瑟难题"极具相似的问题。1915年，任鸿隽在《科学》杂志创刊上发表《说中国无科学之原因》一文，他说：

今夫吾国学术思想之历史，一退化之历史也，秦汉以

---

① 李约瑟：《中国科学技术史》，第1卷导论，1～2页，北京，科学出版社，1990。

来，人心梏于时学，其察物也，知其当然而不知其所以然，其择术也，骛于空虚而引避乎实际。此之不能有科学，不待言矣。吾国学者之病，端在不恃官感而恃心能。其钻研故纸高谈性理者无论矣；乃如王阳明之格物，独坐七日；颜习斋之讲学，专尚三物；彼固各有所得，然何其与今之研究科学者殊术哉。此吾国无科学之大原因也。是故吾国之无科学，第一非天之降才尔殊，第二非社会限制独酷，一言以蔽之，是研究科学方法而已。①

显然，任鸿隽将中国无科学的原因归咎于无科学方法，而另一位中国科学社成员王琎则把中国科学不振的原因归于专制政治和学术缺乏独立性，他在《中国之科学思想》一文中说：

中国立国数千年，自命为文物之邦，然科学之发达，则远不如欧西。今日之国弱民贫，亦由科学不振之故。论者推测其因，或归咎于吾国学者之不知归纳法，或言吾国素鄙视物质科学，不加注意。此二者说，皆理由充足，针砭得当。惟除此二说之外，窃意吾国学术思想，受吾国历史与民性之甚巨。历史之影响，即专制之影响，而民性之影响，乃依赖之影响也。②

另外，较早关注这一问题的还有中国哲学家冯友兰和科学前辈竺可桢等人。1921年，冯友兰在哥伦比亚大学宣读他的第一篇正式论文，题目就是《为什么中国没有科学》。冯友兰认为中国人所关注的是人的品质和修养问题，所以中国人不重视科学，而重视人生哲学，中国之所以没有科学不是因为不能而是因为不为。这篇文章后来被他改成博士论文《人生理想之比较研究》（又名《天人损益论》）。

---

① 任鸿隽：《说中国无科学的原因》，《科学》，1915年第1卷(1)。

② 王琎：《中国之科学思想》，《科学》，1922年第7卷(10)。

1935年10月，竺可桢为纪念中国科学社成立20周年，撰写了《中国实验科学不发达的原因》一文，认为近代实验科学所以在中国不发达，一是不晓得利用科学工具，二是缺乏科学精神。他说中国古代对于天文学、地理学、数学和生物学统有相当的贡献，但是近代的实验科学，中国是没有的。实验科学在欧美亦不过近三百年来的事。意大利的伽利略可称为近代科学的鼻祖，他是和徐光启同时代的人。在徐光启时代，西洋的科学并没有比中国高明多少，我们只要比较那时候中西天文学家计算月蚀时刻分度精密的程度，便可知道了。但到了19世纪以后，欧洲的科学突飞猛进，而中国就不能与其相比了。究其原因，“一是不晓得利用科学工具，二是缺乏科学精神”①。

1944年是中国抗日战争即将取得胜利的一年，也是中国科学社成立30周年。这一年中国学术界又展开了一次关于中国近代科学落后原因的讨论。同年7月，浙江大学心理学教授陈立写了《我国科学不发达原因之心理分析》一文，从心理因素阐述了中国科学不发达的原因，如拟人思想的泛生论；没有工具思想的直观方法；没有逻辑；没有分工；客观与主观混淆；理智的不诚实等。与此同时，浙江大学教授、数学史家钱宝琮撰出《吾国自然科学不发达的原因》一文，将中国自然科学不发达的原因，归咎于中国人太重实用，而这些又是大陆文化、自给自足经济使然。同年10月1日，《科学时报》发表德籍犹太人维特福格尔(K. A. Wittfogel，即魏特夫)的“中国为甚么没有产生自然科学”的译文。10月24日至25日，在贵州湄潭浙江大学内举行了中国科学社湄潭区年会，李约瑟以中英科学合作馆馆长和中国

---

①　竺可桢：《中国实验科学不发达的原因》，见刘钝、王扬宗编：《中国科学与科学革命：李约瑟难题及其相关问题研究论著选》，46页，沈阳，辽宁教育出版社，2002。

科学社名誉社友的身份参加了会议，并作了题为“中国之科学与文化”的演讲，初步表述了“现代实验科学与科学理论体系，何以发生于西方而不于中国也”，即“李约瑟难题”。时为浙江大学校长的竺可桢也参加了这次会议。①

1945 年 8 月，竺可桢撰写了《为什么中国古代没有产生自然科学》一文，他在文中首先分析了钱宝琮、李约瑟、维特福格尔（魏特夫）和陈立四人的结论，然后再次对这一问题作了总结性的阐述，他说：

> 归根起来讲，中国农村社会的机构和封建思想，使中国不能产生自然科学，而此种机构，此种思想，到如今还大部分遗留着。人民一受教育，就以士大夫阶级自居，不肯再动手。在学校所习科目，只问其出路之好，待遇之丰，更不较量科目之基本训练如何，个人之兴趣如何。把科学之价值放在是非价值之上。而社会上一般提倡科学的人们，亦只求科学之应用。怪不得维特福格尔说：“在现在的日益走向解体过程的中国，上层阶级和最高官厅，也对于自然科学发生兴趣，加以奖励。但他们所怀抱的意义，和西洋完全不同，这是千真万确的事，谁也不能否认”，我们提倡科学已近 80 年，而仍有人主张西学为用，中学为体或类似的谬论，希望原子弹之发现能打破这班人的迷梦，而使中国入于光明灿烂的境界。②

上述是竺可桢等科学家在较早时期，对中国近代科学落后原因的探讨和分析，今天读来，仍十分中肯。

---

① 见范岱年：《关于中国近代科学落后原因的讨论》，载刘钝、王扬宗编：《中国科学与科学革命：李约瑟难题及其相关问题研究论著选》，627～629 页，沈阳，辽宁教育出版社，2002。

② 竺可桢：《为什么中国古代没有产生自然科学》，《科学》，1946 年第 28 卷(3)。

“中国近代为什么不产生科学”，也是港台学者较早关注的问题，如唐君毅在《中国科学与宗教不发达之古代历史的原因》一文中，就表示了他的意见。唐君毅指出，为了说明中国缺乏科学与宗教的历史原因，首先应明白中国缺乏科学与宗教精神上的理由。他认为“宗教精神之一必需条件是承认一超‘个人精神’的‘客观精神’或‘人格’之精神。而科学精神之一必需条件，是使我们个人之精神分别的凝注于空间中分布客观事物之精神。……如缺乏决不能有真正之宗教精神与科学精神。”这就是说，宗教精神以超自然精神为对象，科学精神以非精神的自然事物为对象，即“主客对待意识与分的意识”，乃宗教精神科学精神之必需条件，而中国文化正是缺乏这种“主客对待意识与分的意识”，这就是中国科学、宗教不发达的根源。唐君毅在对中国文化进行历史考察后，做出结论说：

总括我们以上所论，中国宗教科学不发达之故，不外宗教精神与科学精神皆根于主客对待之意识与分的意识，向中国古代民族以其自然环境与实际生活之形态之如何，遂缺乏主客之对待意识，缺乏分的意识，缺乏人与自然自己民族部落与其他民族对待之意识。由此而原始宗教信仰中神与人距离不大，神之超越性不显，亦即原始宗教之宗教性不强。而一切文化皆自宗教中分化出，其中科学精神与宗教精神乃同根于不满足之意志相反而相成者，道德精神与艺术精神则根于满足之意志异源而合作。中国古代原始宗教精神之发展遂同化于道德精神，至于中国原始之科学精神则以原始宗教精神之薄弱，中国古代宗教道德之尚仁礼而不尚智，数之意识之不发达，历法医术之融入艺术精神，而无独立之发展。又原始宗教在文化中地位之不高，或所引起之反感不大，而科学精神与宗教精神，未尝有如西洋之相激相荡相反相成，于冲突中成长之势。此即表示于中国古于中国。

在中国，关于"李约瑟难题"的讨论并形成热潮，主要是在20世纪80年代以后。1982年10月，一个题为"中国近代科学落后的原因"的研讨会在四川成都召开，会后有24篇文章结集为《科学与文化》出版。① 其中金观涛、樊洪业、刘青峰的《文化背景与科学技术结构的演变》一文，运用系统论、控制论的方法，认为西方有构造型的自然观逐步形成了科学理论与受控实验、科学与开放性技术体系相互促进的循环加速机制，因而近代科学得以形成和发展。而中国是伦理中心主义的有机自然观，不进行受控实验，大一统型技术不形成开放性技术体系，因而不能形成近代科学加速发展的机制。林文照的《论近代科学没有在中国产生的原因》一文，则是从中国传统科学的内在缺陷(重实用、轻理论、思辨性思维、用元气和阴阳学说来解释一切，缺乏严格的逻辑推理、缺乏科学实验精神、格物学说背离实践方向)，封建专制的政治制度的束缚(教育和科举制度，社会鄙弃或禁锢科学技术)，封建经济结构和经济政策的阻碍(自给自足的小农和手工业经济、官营工业和重农轻商的经济政策)等方面，回答了这个问题。另外，其他文章各自从不同的领域进行了分析探讨。②

自成都会议后，中国学术界持续了多年的关于近代中国科学落后原因及"李约瑟难题"的讨论。讨论的内容一方面是继续对这个问题的探讨和回答，另一面则是对"李约瑟难题"提出了质疑。其中代表性的文章有吴忠的《自然法、自然规律与近代科学》(《自然辩证法通讯》，1985年第6期)、《科学传统与科学革命》(《自然辩证法通讯》，1987年第4期)、吴彤的《从自组织看

---

① 《科学与文化》，西安，陕西科学技术出版社，1983。

② 范岱年：《关于中国近代科学落后原因的讨论》，见刘钝、王扬宗编：《中国科学与科学革命：李约瑟难题及其相关问题研究论著选》，631～632页，沈阳，辽宁教育出版社，2002。

'李约瑟难题'》(《自然辩证法通讯》,1997年第3期)、叶晓青的《科学史研究中的文化观》(《自然辩证法通讯》,1986年第6期)、董光璧的《移植、融合、还是革命?》(《自然辩证法通讯》,1990年第1期)、王禹凡的《浅谈中国科学史之外史研究》(《自然辩证法通讯》,1993年第5期)、陈民熙的《比较科学史中的共时分析与历时分析》(《自然辩证法通讯》,1993年第5期)、张秉伦、徐飞的《李约瑟难题的逻辑矛盾与科学价值》(《自然辩证法通讯》,1993年第6期)、席泽宗的《关于"李约瑟难题"和近代科学源于希腊的神话》(《科学》,1996年第4期)等文。

另外,科学前辈除上述竺可桢等人对这一问题的探讨外,还有物理学家杨振宁、吴大猷先生。如1997年,杨振宁在南京大学的一次题为《近代科技进入中国的历史回顾和前瞻中国科技落后的原因》的演讲中,对中国近代科技落后的原因提出了四条意见:第一,中国这些年中没有一个独立的中产阶级,思想完全为皇帝政府所控制。第二,传统思想中没有出现自然科学(对自然现象发生正面兴趣)。第三,中国长期实行的科技制度对科技发展极为不利。第四,中国没有严格的逻辑系统。①

总之,关于"李约瑟难题"的讨论是一个既有学术意义又有现实意义的课题。"李约瑟难题"是一个"震惊世界的难题",这是因为它是从世界史的高度提出来的,它既涵盖了技术史,又涵盖了文化史,既涵盖中国(或印度)文明,又涵盖欧洲文明,既涵盖了古代,又涵盖了近代。所以,"李约瑟难题"的讨论其意义不在于它的答案,而在于对东西方科学文化交流的推动。正如英国剑桥大学李约瑟研究所所长、李约瑟博士的继任者何丙郁(Ho Peng Yoke)教授在《李约瑟与"李约瑟之谜":即将面世的〈中国科学技术史〉"结束篇"》中所说:"即将面世的《中国科学技

① 《南大报》,1997年6月20日。

化有所贡献,这样才能自立于世界文化之林。①

上述是张岱年对未来中国文化取向的主张,不失为一家之言,其中明确告诫国人,要吸取“拒绝西学”的惨痛教训。

上个世纪20年代,梁启超先生写下了有名的《欧游心影录》,喊出“欧洲人做了一场科学万能的大梦,到如今却叫起科学破产来”,由此断言东方文化可以救西方文化的弊端。几十年已经过去,但这种盲目乐观的人文传统情结,至今在国人中仍然不衰,认为现代自然科学的进步给人类带来的各种精神的或道德的问题,可以从中国文化所包含的伟大精神和道德中取得解答;中国古代圣人的天才思想,可以把陷入唯科学主义深渊中的西方人救出来。这就是为什么一百多年来,在中国文化的取向中,科学与人文经常处于对立状态。

这里引用欧洲史专家、资深学者陈乐民先生的话,他给我们阐明了这样一个事实和道理,他说:“欧洲的文化传统是一个世纪一个世纪地通向现代化,乃至‘全球化’的。欧洲的文化传统在传承中同源而分流,有批判、有扬弃,但在批判和扬弃中代有创新。远的不说,从十五世纪以来的科学思维和实践、自由民主理念的从胚胎孕育到发芽和生成,这条道路在‘精神的历史’里真可谓历历在目。……从世界看发展问题,只能是从欧洲看世界,而无法从中国看世界。”“简括一句话,就是:‘欧洲的精神’或西方文明,在实质上点出了‘世界历史的走向’。”②

上述,陈乐民说是他脑子里的第一条线:“了解欧洲”,横踞在脑子里的第二条线是与“了解欧洲”互为“参照系”的中国。他说:“我曾经认同过‘二十一世纪是中国的世纪’,是‘东方文化或中国文化的世纪’,以及将来有一天西方文明的‘危机’要靠东方

① 《张岱年学术文化随笔》,145页,北京,中国青年出版社,1996。

② 陈乐民:《西方文化传统与世界历史》,《学术界》,2002(3)。

文化来'挽救'等等。我也曾认同过某些海外'新儒家'的观点。然而,这些看法终于在我的脑子里没能停留太久,很快就被我自己否定了。在九十年代中叶,我发现我的感情(对中国的传统文化)和理性(对人类社会的发展问题)发生了无法化解的矛盾。中国的传统文化致广大而尽精微,刻着悠久历史的沧桑痕迹;它深邃幽远的哲理,独特的美学价值以及某些可以抽象继承的道德操行,都是可贵的精神财富。对于一个知识分子,它还代表着某种文化学养。有没有这份学养是大不相同的。但是,在涉及现代化以及人类社会发展前途问题时,我们的传统文化和它的形成的'道统'无论如何却是无能为力的。中国没有、也不可能从自己的土壤里发出近代文明,中国是同西方文明有了大面积接触以后才有近代史的,更不用说当代史了。"①

上述,陈乐民先生旨在说明两个道理:一是"'欧洲精神'点出了'世界历史'的走向",二是中国自己文化土壤里发不出近代文明。陈乐民这精辟的论述,是否可以为中国未来文化的取向所借鉴!

20世纪初,新文化运动的领袖们提倡科学和民主(又称"科学和人权"),欢迎"赛先生"和"德先生",有学者说,科学和民主是"欧洲精神"的"高度提炼","浓缩又浓缩"。② 近一百年已经过去,今天不正仍需要这种文化精神吗?著名学者龚育之先生在一篇序言中说:"科学精神是现代化在文化方面的一个基本要求。如果追求民主,可以叫做民主主义,那么,要求重视科学、发扬科学精神,叫做'科学主义'也无妨。""我们现在仍然缺乏足够的科学知识,缺乏足够的科学精神,缺乏对科学知识、科学精神、科学方法的足够的理解和重视,而不是多了个'科学主义'。总之,我们提倡的人文精神应该是具有现代科学(自然科学和社会

---

①② 陈乐民:《西方文化传统与世界历史》,《学术界》,2002(3)。

科学)意识的人文精神,我们提倡的科学精神应该是充满高度人文关怀的科学精神。”①

中国科学院院士、著名理论物理学家何祚庥先生在一篇序言里也说:“近来,在中国,一部分人文工作者,提出了一个批判‘科学主义’的问题,这一批判声浪有日渐高涨之势,并且将这一批判和呼唤人文精神相联系起来。……科学的、健康的、向上的、先进的人文精神不仅和科学精神不相违背,而且彼此补充,相得益彰。为什么必须提出批判‘科学主义’,才算是弘扬人文精神呢?批判或反对‘科学主义’的理由之一,是由于科学技术的发展,从而发明了大规模的杀人武器。但是,产生战争的根源不正是由于社会制度的不尽合理,亦即人文精神受到了伤害和扭曲吗?批判或反对‘科学主义’的理由之二,是由于科学的发展破坏了生态环境、消耗了物质资源。然而,这正是人类要在地球上生存和发展,才产生出这些后果,而且这些问题的解决,也仍然要靠发展科学技术。……今天的中国,决不是什么科学过多过滥,而是科学才扎下一些根底,有待茁壮成长。胡适就曾认为,中国还没有什么资格来批判什么科学主义。”②未来中国文化的取向需要“赛先生”、“德先生”,这是不容置疑的。

---

① 龚育之:《对科学技术发展的人文思考》,见王文章、侯样祥主编:《中国学者心中的科学·人文》前言,昆明,云南人民出版社,2002。

② 何祚庥:《呼唤科学精神和人文精神的结合》,见侯样祥编:《科学与人文对话》序言,昆明,云南教育出版社,2000。

主要参考书目

1. 马克思恩格斯选集.1～4卷.北京:人民出版社,1972

2. 列宁选集.1～4卷.北京:人民出版社,1972

3. 毛泽东文集.1～8卷.北京:人民出版社,1993～1999

4. 建国以来毛泽东文稿.1～11卷.北京:中央文献出版社,1987～1996

5. 何兆武.西方哲学精神.北京:清华大学出版社,2002

6. [美]郭颖颐著,雷颐译.中国现代思想中的唯科学主义.南京:江苏人民出版社,1989

7. 肖峰.论科学与人文的当代融通.南京:江苏人民出版社,2001

8. 余党绪.人文探究.上海:上海教育出版社,2003

9. 刘大椿,吴向红.新学苦旅——科学·社会·文化的大撞击.南昌:江西高校出版社,1995

10. 胡滨主编.西方文化与现代中国.长春:吉林文史出版社,1995

11. 魏源集.(上).北京:中华书局,1983

12. 冯桂芬.校邠庐抗议.郑州:中州古籍出版社,1998

13. 王先明.近代新学——中国传统学术文化的嬗变与重构.北京:商务印书馆,2000

14. 董光璧. 传统与后现代. 济南:山东教育出版社,1996

15. 李文忠公全集. 光绪三十一年金陵本

16. 张之洞. 劝学篇. 郑州:中州古籍出版社,1998

17. 喻大华. 晚清文化保守思潮研究. 北京:人民出版社,2001

18. 梁启超. 饮冰室合集. 北京:中华书局,1989

19. 康有为. 新学伪经考. 北京:中华书局,1956

20. 姜义华编校. 康有为全集. 上海:上海古籍出版社,1992

21. 刘振岚. 戊戌维新运动专题研究. 北京:首都师范大学出版社,1999

22. 论语注. 北京:中华书局,1984

23. 谭嗣同著,印永清评注. 仁学. 郑州:中州古籍出版社,1998

24. 丁守和主编. 中国近代启蒙思潮. 1～3 卷. 北京:社会科学文献出版社,1999

25. 孙中山全集. 北京:人民出版社,1981

26. 天演论. 北京:商务印书馆,1981

27. 严复集. 北京:中华书局,1986

28. 桑咸之,林翘翘. 中国近代政治思想史. 北京:中国人民大学出版社,1986

29. 张君劢,丁文江. 科学与人生观. 济南:山东人民出版社,1997

30. 陈独秀文章选编. 1～3 册. 北京:生活·读书·新知三联书店,1984

31. 高瑞泉. 中国近代社会思潮. 上海:华东师范大学出版社,1996

32. 胡明主编. 胡适精品集. 北京:光明日报出版社,1996

33. 胡适哲学思想资料选. 上下卷,上海:华东师范大学出

版社,1981

34. 郭湛波.近五十年中国思想史.北平:人文书店,1936

35. 现代中国思想家.1～5卷.台北:巨人出版社,1978

36. 冒荣.科学的播火者——中国科学社述评.南京:南京大学出版社,2002

37. 汤一介,杜维明主编.百年中国哲学经典.1～5卷.深圳:海天出版社,1998

38. 邵汉明主编.中国文化研究二十年.北京:人民出版社,2003

39. 葛懋春,蒋俊编.梁启超哲学思想论文选.北京:北京大学出版社,1984

40. 朱耀垠.科学与人生观论战及其回声.上海:上海科学技术文献出版社,1999

41. 许纪霖.无穷的困惑——近代中国两个知识者的历史旅程.上海:三联书店,1988

42. 董德福.生命哲学在中国.广州:广东人民出版社,2001

43. 罗荣渠主编.从“西化”到现代化.北京:北京大学出版社,1990

44. 刘集林.陈序经文化思想研究.天津:天津人民出版社,2003

45. 杨深编.走出东方——陈序经文化论著辑要.北京:中国广播电视出版社,1995

46. 许纪霖,田建业编.一溪集.北京:生活·读书·新知三联书店,1999

47. 蔡尚思主编.中国现代思想史资料选编.1～5卷.杭州:浙江人民出版社,1982

48. 孙尚扬,郭兰芳编.国故新知论——学衡派文化论著辑要.北京:中国广播电视出版社,1995

49. 鲁迅全集.第1卷.北京:人民出版社,1982

50. 梁漱溟全集.1～8卷.济南:山东人民出版社,1989

51. 郑师渠,史革新.近代中西文化论争的反思.北京:高等教育出版社,1991

52. 冯友兰.贞元六书.上下卷.上海:华东师范大学出版社,1996

53. 胡伟希.观念的选择——20世纪中国哲学与思想透析.昆明:云南人民出版社,2002

54. 冯友兰.中国哲学简史.北京:北京大学出版社,1985

55. 张耀南,陈鹏.实在论在中国.北京:首都师范大学出版社,2002

56. 李维武.20世纪中国哲学本体论问题.长沙:湖南教育出版社,1991

57. 胡军.分析哲学在中国.北京:首都师范大学出版社,2002

58. 冯契.中国近代哲学的革命进程.上海:上海人民出版社,1989

59. 冯友兰.三松堂全集.第5卷.郑州:河南人民出版社,2002

60. 冯友兰学术精华录.北京:北京师范学院出版社,1988

61. 冯友兰集.北京:群言出版社,1993

62. 熊十力.新唯识论.北京:中华书局,1985

63. 熊十力.十力语要.北京:中华书局,1996

64. 贺麟.当代中国哲学.南京:胜利出版社,1947

65. 赵德志.现代新儒学与西方哲学.沈阳:辽宁大学出版社,1994

66. 方克立,李锦全主编.现代新儒家学案.上中下三卷.北京:中国社会科学出版社,1993

67. 金岳霖.论道.北京:商务印书馆,1985

68. 杨书澜编.金岳霖学术文化随笔.北京:中国青年出版社,2000

69. 金岳霖.知识论.北京:商务印书馆,1983

70. 郭一曲.现代中国新文化的探索——张申府思想研究.广州:广东人民出版社,2002

71. 张申府学术论文集.济南:齐鲁书社,1985

72. 张耀南.知识与文化——张东荪文化论著辑要.北京:中国广播电视出版社,1995

73. 左玉河.张东荪学术思想评传.北京:北京图书馆出版社,1999

74. 张东荪.知识与文化.上海:商务印书馆,1946

75. 张汝伦.现代中国思想研究.上海:上海人民出版社,2001

76. 郭庆堂等.20 世纪西方哲学在中国.徐州:中国矿业大学出版社,2002

77. 秦英君.当代中国哲学思想史.开封:河南大学出版社,1999

78. 艾思奇.胡适实用主义批判.北京:人民出版社,1955

79. 李达.胡适反动思想批判.武汉:湖北人民出版社,1955

80. 欧阳哲生.自由主义之累——胡适思想的现代阐释.上海:上海人民出版社,1993

81. 朱文华.自由之师——名人笔下的胡适.上海:东方出版中心,1998

82. 梁漱溟思想批判.第 2 辑.北京:生活·读书·新知三联书店,1956

83. 樊瑞平,要兴磊.中国当代哲学.东营:石油大学出版社,1990

84. 晓地.文革之谜.北京:朝花出版社,1993

85. 张允熠.中国文化与马克思主义.太原:山西教育出版社,1999

86. 顾准日记.北京:经济日报出版社,1997

87. 顾准文集.贵阳:贵州人民出版社,1994

88. 罗银胜编.顾准.民主与"终极目的".北京:中国青年出版社,1999

89. 顾骧.晚年周扬.上海:文汇出版社,2003

90. 苏晓康,王鲁湘.河殇.郑州:河南美术出版社,1988

91. 曹维劲,魏承恩主编.中国80年代的人文思潮.上海:学林出版社,1992

92. 郑家栋.现代新儒学概论.南宁:广西人民出版社,1990

93. 方克立.现代新儒学与中国现代化.天津:天津人民出版社,1997

94. 启良.新儒学批判.上海:上海三联书店,1995

95. 罗义俊.评新儒家.上海:上海人民出版社,1989

96. 颜炳罡.牟宗三学术思想评传.北京:北京图书馆出版社,1998

97. 方克立,郑家栋主编.现代新儒家人物与著作.天津:南开大学出版社,1995

98. 杜维明文集.1～5卷.武汉:武汉出版社,2002

99. 鞠曦.中国之科学精神.成都:四川人民出版社,2000

100. 中国孔子基金会编.儒学与廿一世纪.上下册.北京:华夏出版社,1996

101. 汪澍白.二十世纪中国文化史论.北京:中国青年出版社,1999

102. 贺麟.文化与人生.北京:商务印书馆,1947

103. 刘钝,王扬宗编.中国科学与科学革命.李约瑟难题及

其相关问题研究论著选.沈阳:辽宁教育出版社,2002

104. 王文章,侯样祥主编.中国学者心中的科学·人文.1~3卷.昆明:云南教育出版社,2002

105. 吴国盛.让科学回归人文.南京:江苏人民出版社,2003

106. 刘大椿.科学哲学.北京:人民出版社,1998

107. 侯样祥.科学与人文对话.昆明:云南教育出版社,2000

108. 陈乐民.欧洲文明十五讲.北京:北京大学出版社,2004

109. 王钱国忠主编.东西方科学文化之桥——李约瑟研究.北京:科学出版社,2003

110. [英]李约瑟.李约瑟文录.杭州:浙江文艺出版社,2004

111. 孟建伟.论科学的人文价值.北京:中国社会科学院出版社,2000

112. 钱时惕.科学与宗教.北京:人民出版社,2002

113. 王大珩,于光远主编.论科学精神.北京:中央编译出版社,2001

114. 段治文.中国现代科学文化的兴起.上海:上海人民出版社,2001

115. 杨国荣.科学的形上之维——中国近代科学主义的形成与衍化.上海:上海人民出版社,1999

116. 梁启超.中国近三百年学术史.北京:中国书店,1985

117. 李申.中国古代哲学和自然科学.上海:上海人民出版社,2002

118. [英]李约瑟.中华科学文明史.上海:上海人民出版社,2002

119. 龙佳解.中国人文主义新论.长沙:湖南大学出版社,2001

120. 袁运开,周瀚光主编.中国科学思想史.合肥:安徽科学技术出版社,2001

121. 路甬祥.科学之旅.沈阳:辽宁教育出版社,2001

122. 杨寿堪,王成兵.实用主义在中国.北京:首都师范大学出版社,2002

123. 苑书义主编.20世纪中国经世文编.1～8卷.北京:中国和平出版社,1998

124. 陈乐民,周弘.欧洲文明的进程.北京:生活·读书·新知三联书店,2003

125. 殷海光.中国文化的展望.上海:上海三联书店,2002

126. 何兆武.中西文化交流史论.北京:中国青年出版社,2001

后　记

本书原是我"中外文化思想比较"课的其中一讲。[①] 几年来，除在首都师范大学讲课外，我还先后在清华大学、国家行政学院、郑州大学、新疆大学、海南师范大学、洛阳师范学院、临沂师范学院等高校以及新疆军区、兰州军区、喀什军区和鞍山、佳木斯等地，为研究生、研究生班及干部学员讲课。这些学员大部分是成人学员，其本身具有较高的理论素养，加上多年社会工作体会，使我们在课堂上很容易沟通，以至后来，不少学员成为我的朋友。在上述地方讲课时，学员们一个普遍要求就是希望有一本这样内容的书，这也是我萌生写此书的缘由。

本书的中心议题是科学与人文。记得近代著名学者王国维先生说过这样的话："知其可信而不能爱，觉其可爱而不能信，此二三年中最大之烦闷。"[②]这"可爱"与"可信"不就是本书中的科学与人文(哲学)吗？王国维先生最后带着这个困惑跳进了颐和园的昆明湖，唉，这个该死的"形而上"与"形而下"竟让这么一位大师带着这个烦闷走了(关于王国维自沉原因的说法很多，这里不论)。中国近代以来，关于科学与人文的两难选择已经过去，上个世纪总要给21世纪提供一些借鉴，这是撰写本书的旨意所在。

---

① 本讲稿共五讲：1. 中西文化比较中的科学与人文思潮；2. 中西哲学思想比较；3. 中西伦理思想比较；4. 中西宗教思想比较；5. 马克思主义与中国文化。此书即为在第一讲内容基础上的进一步补充与整理。

② 《王国维文学美学论著集》，244页，北岳文艺出版社，1987。

将讲稿整理成书并不是一件轻松的事，我几乎是从头重来。前两年仅是收集了一些资料，直到2003年底始动笔，至2004年9月完稿，历时将近一年。本书上下迄贯一百多年历史，涵盖诸多交叉学科，尤其是其中大师级的人物就有三十多位，如近代的魏源、冯桂芬、张之洞、康有为、谭嗣同、梁启超、严复，五四以后的陈独秀、胡适、蔡元培、吴稚晖、任鸿隽、张君劢、丁文江、杜亚泉、吴宓、梁漱溟、陈序经，"抗战"以后的冯友兰、金岳霖、贺麟、熊十力、张东荪、张申府，以及港台学者牟宗三、唐君毅、徐复观等人。所以我不敢稍有松懈。一年下来，疲惫至极。

本书是在极其孤独的心境中完成的，每当此时我便想起我已故的父亲。父亲（1915～1991年）是一位和蔼、质朴、极普通的乡村教师，谈不上有高深的学问，但却给了我们无限多的爱（父亲善书法，在县城里也排得上名）。父亲一生省吃俭用，在生活极困难的条件下，供我读了大学。当我生活好转起来要孝敬他的时候，他却因一次偶然的事故，永远离开了我。十多年来，我从未淡过对他的思念，每当忆起他一次次冒着凛冽的寒风送我寒假归校的情景；每当忆起我们父子间一幕幕融融的长谈；每当忆起在那极左的年代，他所经历的坎坷，一切都恍如昨日。谨以此书作为对他的告慰和纪念。

关于科学与人文的研究是一件很有意义的事情，本人的学识功底有限，仅是对一百多年来的科学与人文思潮作了粗线条的梳理，其中一些观点和看法不免浅薄，希望读者能够谅解。另外，本书在撰写过程中，参考了学术界诸多学人的大量研究成果，从中获得许多教益，没有这些成果作为铺垫，本书是不可能完成的。在这里，我衷心感谢他们。

作　者

2004年9月于北京花园村